抗日战争档案汇编

满铁与七七事变档案汇编

4

辽宁省档案馆 编

中華書局

本册目录

十二、总裁室文书课

十二、总裁室文书课

总裁室文书课职员藤田康忠军事功绩调查资料（一九三七年七月七日）

列次	002

㊙

甲號

軍事功績調査資料

（自昭和十二年七月七日 至昭和 年 月 日）

所属：總裁室文書課

略歴：

- 昭和一二、七、卅一 事変勤務ニ就ク（總、文）
- 同 一二、七、三一 特信班員トシテ本部ニ派遣 北支
- 同 一二、一一、二五 帰還
- 同 一三、四、一 月俸六八円
- 同 一四、一、一 月俸七五円
- 同 一四、四、一 月俸八二円

部長査定等級及序列：

官位勲功爵氏名

資格職名	俸給
職員	六三円
	六八円
	七五円
	八二円

13 10 17

官位爵氏名：藤田康忠（フジタ ヤスタダ）

舊氏名：（ 年 月改姓）

大正五年二月十一日生

勲功

種別	等級	勲記番號	發令年月日及事由	敍勲當時ノ資格職名
旭				
瑞				
功				

本籍地：山口縣吉敷郡大内村大字矢田一六四番屋敷

居住地：

箇所長査定等級及序列：

本氏名 戸籍謄本照合濟

責任者印

（13. 12. 50,000枚 滿日[illegible]）

003

乙號

功績等級及序列	
年月日	自昭和十二、七、三一 至昭和十二、一一、一五
戰闘若クハ勤務ノ名稱	北支ニ於ケル特信業務

所屬 總裁室文書課

氏名

功績事項

事変勃発ニ伴ヒ會社ハ軍事関係暗號班ノ設置ヲ必要トスルニ至ルヤ本名ハ七月三十一日午前突然天津ニ會社軍事関係暗号書ヲ携行スヘキコトヲ命セラレ急遽仝日十七時五〇分大連発列車ニテ出發翌八月一日塘沽着同日午后十一時五〇分軍用列車ニ便乗八月二日午前二時天津着直ニ天津満鐵輸送班ニ於テ會社軍事関係暗号業務ヲ開始セリ

天津ノ治安未タ完キヲ得ス當直ノ夜ハ銃ヲ抱キテ寝ニ就キ且従事ノ人員少キ為隔日ニ夜勤トナリ事務所ニ寝台

3

乙號

功績等級及序列	
年月日	
戰鬪若クハ勤務ノ名稱	

功績事項

無キ為疲勞ヲ匿シ難ク超テ同十八日豊台暗号迄勤務ヲ命セラレ同日午后二時豊台着、同所ハ該業務従事者ハ僅ニ名ニテ寝具、食事ノ設備整ハス且暗号ノ責ノ確實ナル保管箇所ナキ為休息ヲトルコト意ニ任セス、二十日要員二名来豊シ為暗号業務ニ大體支障ナキ程度ノ設備ナレル為天津ニ歸還スヘク午前十一時豊台發、翌二十四日午前0時三十分天津着爾後九月二十日迄滿鐵天津輸送事務所(天津輸送班改稱)自十月一日至同十一月十日迄滿鐵北支事務局ニ於テ特信業務ニ從事シタル

所屬

氏名

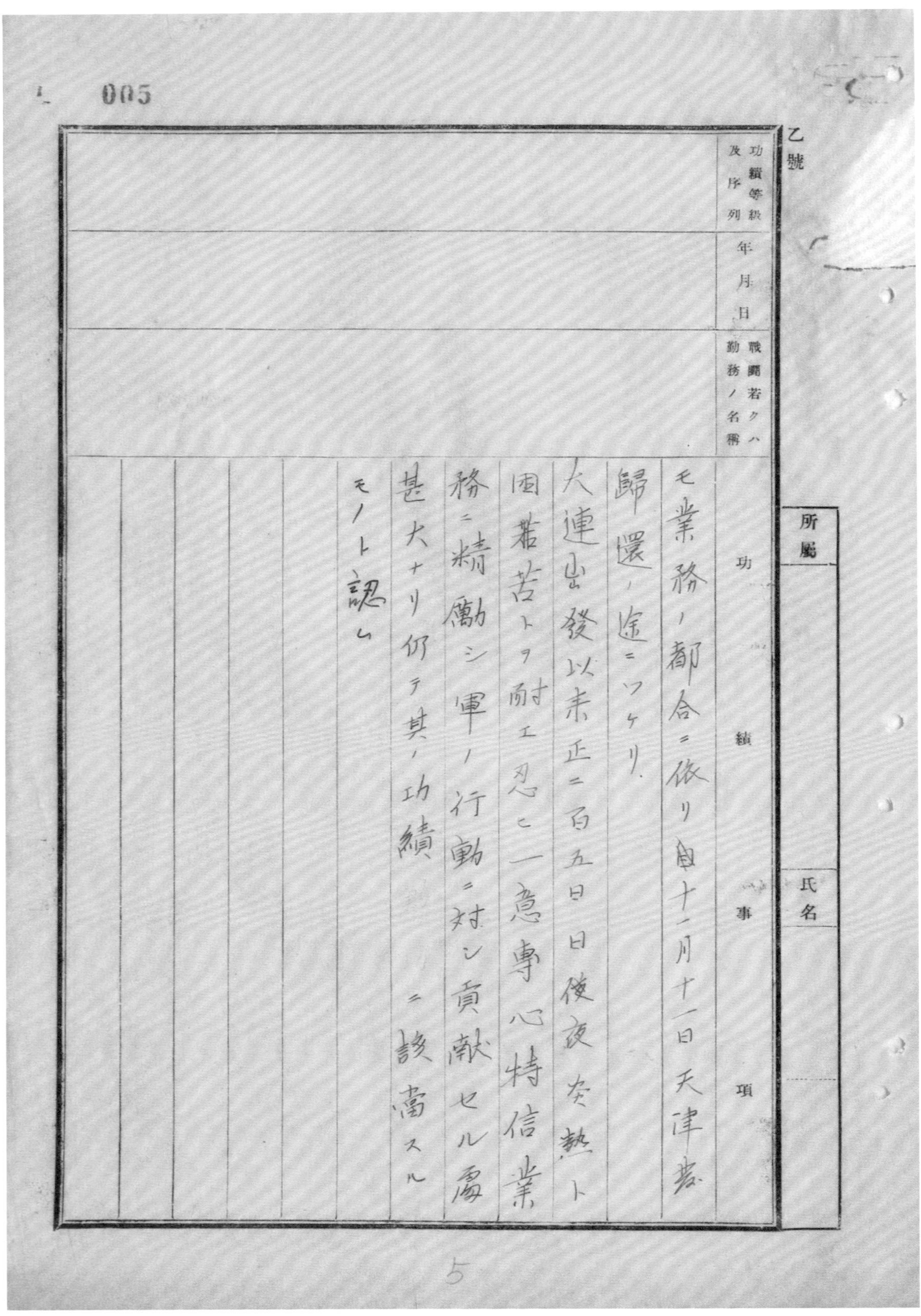
005

乙號

功績等級及序列	
年月日	
戰鬪若クハ勤務ノ名稱	
功績事項	モ業務ノ都合ニ依リ自十一月十一日天津出 歸還ノ途ニツケリ。 大連出發以来正ニ百五日日夜炎熱ト 困難苦トヲ耐エ忍ビ一意專心特信業 務ニ精勵シ軍ノ行動ニ対シ貢献セル處 甚大ナリ仍テ其ノ功績ニ該當スル モノト認ム

所屬

氏名

5

列次 006

祕

甲號

軍事功績調査資料

（自昭和十二年七月七日 至昭和　年　月　日）

資格職名	俸給
職員	七八円
	八六円
	九五円
	一〇五円

官位爵氏名：内田初雄（ウチダハツヲ）

舊氏名：ナシ（　年　月改姓）

明治四十四年十一月二十三日生

所屬	歷略
總裁室文書課	昭和一二・七・七　事変勤務ニ就ク（總文）
	一三・四・一　月俸八六円
	一四・一・一　月俸九五円
	一四・四・一　月俸一〇五円

部長査定等級及序列：

本籍地：熊本縣本市蔚山町八〇番地

居住地：

功勲（種別等級／勲記番號／發令年月日及事由／敍勲當時ノ資格職名）：旭　瑞　功

箇所長査定等級及序列：

氏名本籍戶籍謄本照合濟

責任者印

（13.12.50,000枚 滿日印刷）

6

乙號

功績等級及序列

年月日
自昭和一二・七・七
至　一五・四・二八

戰鬪若クハ勤務ノ名稱
事變關係文書業務

所屬

氏名　内田初雄

功績事項

本名ハ上記期間總裁室文書課ニ於テ左記
業務ニ從事セリ
一、會社ノ事變對策根本方針ノ確立
事變勃發スルヤ總裁室文書課長補佐ヲ
補佐シ會社ノ事變對策應急措置確立ノ
重要樞機ニ參劃シ軍事輸送ノ完遂ニ全
機能ヲ發揚スルニ遺憾ナキヲ期シ刻々進展スル
情勢ニ對應シテ上司ト共ニ寢食ヲ忘レテ連日
社議決定ノ礎石確定ヲ劃策シ時局ノ
進展ニ伴ヒ現地緊急措置タル輸送連絡
機關ノ綜合整備ノ急務ナルニ鑑ミ現地ニ於
ケル統一整備セル機構ノ制定ニ參劃シ以テ

乙號

功績等級及序列	
年月日	
戰闘若クハ勤務ノ名稱	

功績事項

軍作戰ノ遂行ニ遺憾ナカラシメタリ

二、本社連絡委員會ノ設置

事變ノ急角度ノ進展ニ伴ヒ軍事輸送ノ完璧ハ軍作戰上最緊要不可缺ニシテ會社ハ天津山海關奉天等ニ輸送班及連絡班ヲ設置シ其ノ統括本部機關トシテ本社ニ連絡委員會ヲ設置セラル、ヤ本名ハ委員トシテ各種重要企畫ニ參畫シ各員ヲ督勵シテ情報、各種資料ノ蒐集ニ當リ不眠不休以テ軍ノ作戰遂行ニ寄與セリ

三、北支事務局設置

七月九日軍命令ヲ受ケ北支鐵道ノ接收管理ニ當ルコトトナリ多數ノ社員ト資材ヲ現地ニ送リシ

所屬

氏名

009

乙號

功績等級及序列

年月日

戰鬪若クハ勤務ノ名稱

功績事項

モ地理的事情ニ依リ北支ニ之等ヲ統轄スル會社機関ノ設置ヲ必要トスルニ至リ従来北支所在會社機関ハ天津、北京ノ両事務所ナリシガ昭和十二年八月二十五日天津ニ北支事務所ヲ設置シ軍ト輸送ノ完璧ヲ期セリ

爾后ハ之ガ職制ノ制定、機構ノ完備ニ努メ戰区ノ擴大ニ伴ヒ随時出先機関ヲ擴充シ北支交通運營ノ萬全ヲ期シタリ其ノ後軍機関ノ北京移轉ニ伴ヒ北京ニ移セリ

華北交通會社設立ノ議起ルヤ之ガ円満ナル移行ヲ図リ昭和十四年五月之ガ移行ヲ完遂セリ

四、會社重要企畫業務

所屬

氏名

乙號

功績等級及序列	
年月日	
戰闘若クハ勤務ノ名稱	
功績事項	會社機構ヲシテ戰時體制ニ即應セシメ以テ軍事輸送作戰上些ノ遺憾ナキヲ期シ會社重要政策及軍部ノ要求ニ関スル重要企畫ノ大綱的研究ヲ適時且迅速ニ為サンカ為副總裁ヲ委員長トシテ本社ニ企畫委員會ヲ設置セリ~~本名ハ~~文書課之カ處理ニ當リタルカ本名ハ該委員會ノ幹事ヲ補佐シ屢々委員ヲ参集シ大陸交通運營機構調整、現下飛躍期ニ於ケル滿鐵ノ經營方針研究、日滿支經濟ノ將來北支及北滿厚生施設調査方針會ノ設置及器材購入對策、職制改正、増資問題等重要企畫ヲ適切ニ審議検討シ以テ軍ノ作戰及軍事

所屬

氏名

011

乙號

功績等級及序列	
年月日	
戰鬪若クハ勤務ノ名稱	

所屬

氏名

功績事項

輸送上貢獻セル處甚大ナリ
五、(八)ノ項
六、現地連絡
事變ノ擴大ニ伴フ業務量ノ增大複雜化ニ應シ現地機關ノ連絡又重要トナリ上司ノ命ヲ受ケ十三年三月二十五日ヨリ四月四日ニ亘リ北京天津濟南青島ノ直接現地ニ赴キ現地機關トノ意思ノ疎通ヲ計リ中央ノ方針ニ即應スル動向ヲ採ラシメ以テ軍作戰ニ一層寄與スル所アラシメタリ。

特ニ現地鐵道運營ノ實況ヲ詳ニ視察シテ妥當ナル對策樹立ヲ考究シ軍事輸送ノ完遂ヲ期

11

乙號

功績等級及序列	
年月日	
戰鬪若クハ勤務ノ名稱	

所屬

氏名

功績事項

スル機構確立ノ促進劃策ニ盡瘁シタリ

以上ノ如ク重要ナル根本對策ニ參劃スルト共ニ日夜困難ヲ排シテ責務ノ遂行ニ精勵シ軍ニ寄與セル所大ナリ

七、大同炭礦開發ニ對スル努力

北支蒙疆ニ於テ埋藏量百億噸ヲ有スル大同炭礦ノ地位ハ蓋シ軍事上將亦產業上特筆スヘキ存在ニシテ本炭礦ノ開發ハ實ニ重大ノ意義ヲ有スルモノナリ

昭和十四年八月十八日社内ニ大同炭礦經營調査委員會設置サルヽヤ同日附ヲ以テ委員附ヲ被命九月十五日ヨリ張家口ニ出張会地ニ設ケラレタル委員會事務所ニ於テ大同炭礦會社設立事務ニ參劃蒙古聯合自治政府駐蒙軍、興亞院蒙疆連絡部等

013

乙號

功績等級及序列	
年月日	
戰闘若クハ勤務ノ名稱	

功績事項

関係軍部官廳トノ接衝ニ当リ或ハ設立要綱案ヲ
携行シ東京ニ於テ興亜院ト接衝ス又十二月二十八日附ヲ
以テ蒙古聯合自治政府ヨリ大同炭礦財産評價委
員ヲ委嘱サレ本件炭礦評價事務ニ当ル等昭
和十五年一月十日新会社設立ニ至ル迄設立事務ニ盡瘁
セリ尚引続キ十二月七日帰任ニ至ル迄同社嘱託トシテ
文書科長事務取扱ヲ為シ機構整備ニ努力セルハ
軍事上、該産業開発上貢献セル處甚大ナリ
以上ヲ綜合シ其ノ功績ニ該当スルモノト認ム

所屬

氏名

13

总裁室文书课职员松田和夫军事功绩调查资料（一九三七年七月七日）

列次 014

祕

甲號

軍事功績調査資料

（自昭和十二年七月七日 至昭和　年　月　日）

本籍 氏名 戸籍謄本照合濟 責任者印

所屬	略歷
昭和一三・九・二八	總裁室文書課
	地方部學務課
昭和十二・七・七	事變勤務ニ就ク（地方部學務課）
一二・七・二八	總裁室文書課（一三・九・二八）
一二・一〇・一	月俸六三円
一三・一〇・一	月俸六八円
一四・一・一	月俸七五円
一四・一〇・一	月俸八三円

部長査定等級及序列

資格職名	俸給
職員	五八円
〃	六三円
〃	六八円
〃	七五円
〃	八三円

官位爵氏名：松田（マツダ）和夫（カズオ）

舊氏名：ナシ（　年　月改姓）

明治四三年二月廿日生

勳功：種別等級　勳記番號　發令年月日及事由　敍勳當時ノ資格職名　旭　瑞　功

本籍地：香川縣高松市塩上町九一七番地

居住地

箇所長査定等級及序列

（13.12.50,000枚　滿日社印）

14

015

乙號

所屬	總裁室文書課
氏名	松田和夫
功績等級及序列	〃〃 級 佳
年月日	自昭和一二 九・二八 至〃一三 四・二八
職闘若クハ勤務ノ名稱	特信業務 事務局総 文書業務

功績事項

本名ハ上記期間本社特務事務連絡委員ノ一員トシテ勤務シ特ニ軍ト緊密ナル關係ヲ有スル軍事暗號ヲ擔當シ且宿直當番トシテ精勵克ク其ノ任務ヲ盡セリ

其ノ間不時ノ軍事暗號電報ニ對シ午前二時或ハ三時頃出社セシコト屢々ニシテ精神的、肉體的ニ相當苦痛ヲ伴ヒタルモ克ク其ノ責務ノ重要性ヲ認識シテ精勵其ノ任務ヲ遂行シ些少ノ過失モ無ク之ヲ處理シ以テ軍ニ寄與セル處尠カラス

15

乙號

功績等級 改序列	
年月日	
戰鬪若クハ勤務ノ名稱	北支事務局移行ニ於ケル努力 北支事務局整理

所屬

氏名

功績事項

北支ノ情勢ニ順應シ華北交通会社設立案決定スルヤ各関係箇所ト密接ナル連絡ニ当リ克ク国策ニ則リ大陸交通経営ノ重要性ニ立脚シ両社ノ共通目的ニ対スル提携ヲ前提トシテ諸般ノ移行準備ニ万全ヲ期シ以テ北支事務局移行華北交通会社設立ニ多大ノ貢献ヲ為シタリ

北支事務局ハ支那事変勃発ニ伴ヒ軍ト密接ナル聯繋ノ下ニ行動シ来リタルモノニシテ同事務局関係費モ軍事費支弁トシテ取扱来リタル部分多キニ付キ之ガ移行ニ伴ヒ残務整理モ慎重処理ノ必要

017

乙號

功績等級及序列	
年月日	
戰鬪若クハ勤務ノ名稱	四 中南支会社調査機関拡充ニ対スル協力

所屬

氏名

功績事項

アルヲ以テ会社ハ総裁室ニ北支事務局残務整理委員会ヲ設置シ之ガ整理ニ当ラシメタリ右委員会設置ニ付テハ文書課ハ北支現地機関ト連絡事務処理ノ方針ノ決定等多大ノ努力ヲ拂ヒタリ

中南支ニ於ケル政治産業ノ再建ハ東亜新秩序建設上重大ナル意義ヲ有スルモノニシテ会社ハ今次事変ノ勃発ト同時ニ上海事務所ノ拡充整備ヲ計リ調査員ノ派遣、漢口、南京、香港各地ノ出張所ノ再開等之ガ部面ニ対スル軍ヘノ貢献ハ

ハ実ニ多大ナリ

17

018

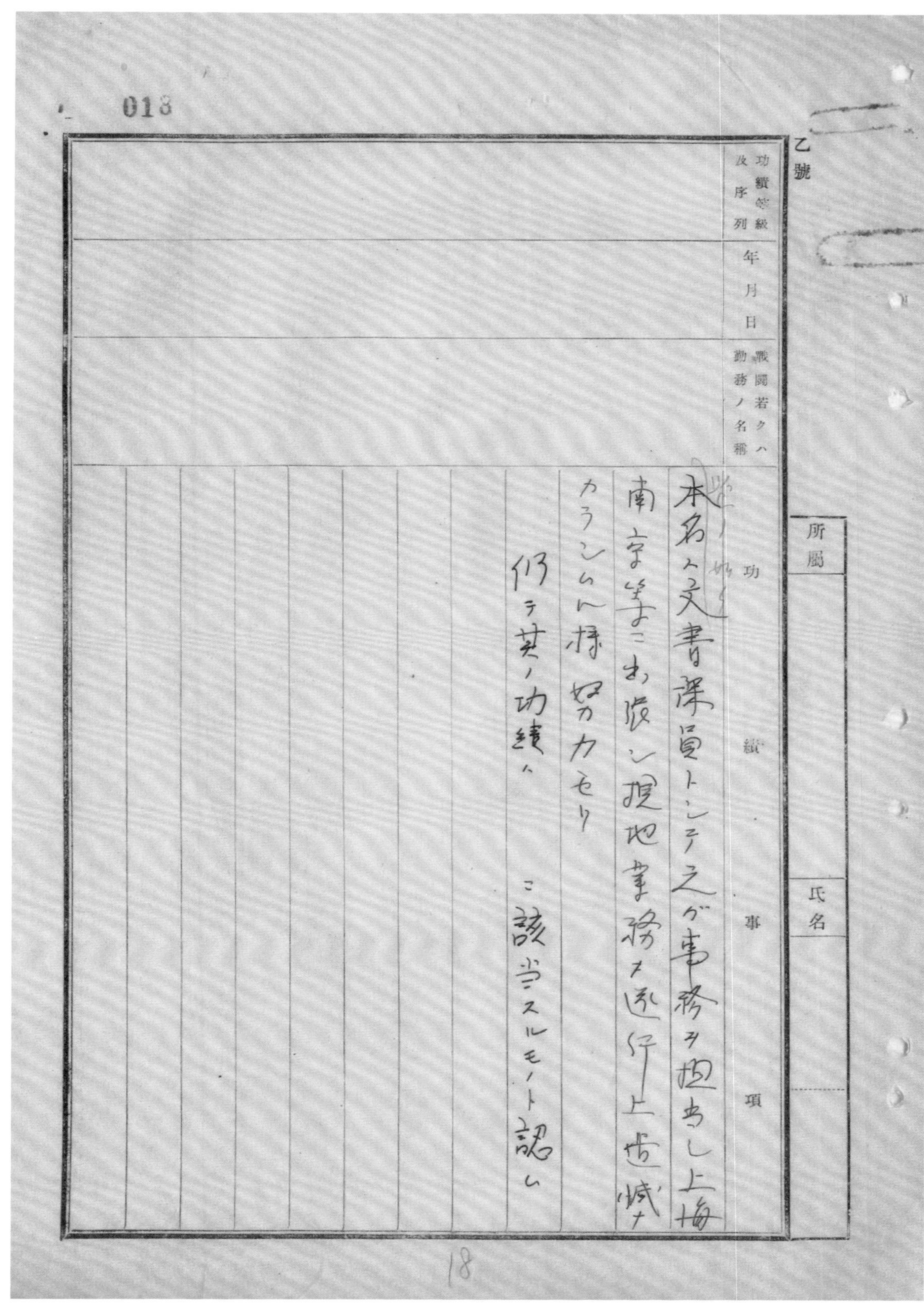

乙號

功績等級及序列

年月日

戰鬪若クハ勤務ノ名稱

功績事項

本名ハ文書課員トシテ之ガ事務ヲ担当シ上海南京等ニ於テ戦地業務ノ遂行上遺憾ナカラシムル様努力セリ

仍テ其ノ功績ハ　ニ該当スルモノト認ム

所屬

氏名

18

总裁室文书课职员盐川荒雄军事功绩调查资料（一九三七年七月七日）

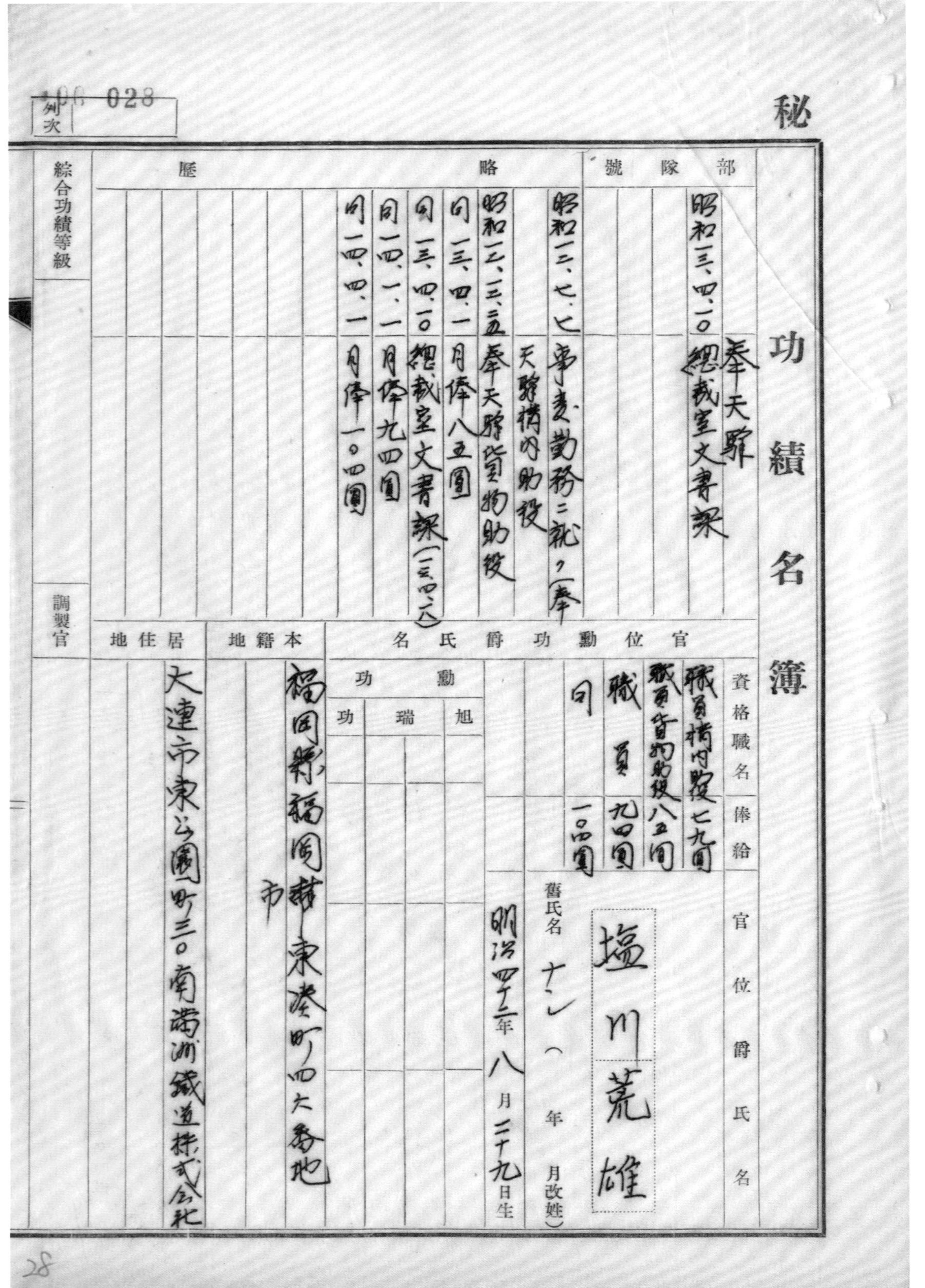

秘

列次 06 028

功績名簿

部隊號	
	昭和一三、四、一〇 奉天驛 總裁室文書課

歷略	
昭和一二、七、七	事変勤務ニ就ク（奉天驛構内助役
昭和一三、三、五	奉天驛貨物助役
同 一三、四、一	月俸八五圓
同 一三、四、一〇	總裁室文書課（一三、四、一〇）
同 一四、一、一	月俸九四圓
同 一四、四、一	月俸一〇四圓

綜合功績等級

調製官

官位勳功爵氏名	
資格職名 俸給	職員構内助役 七九圓
	職員貨物助役 八五圓
	職員 九四圓
	同 一〇四圓
官位爵氏名	鹽川荒雄
舊氏名	ナシ（ 年 月改姓）
	明治四十二年八月二十九日生
功勳	功 瑞 旭

本籍地	福岡縣福岡市東湊町四大番地
居住地	大連市東公園町三〇 南滿洲鐵道株式會社

28

功績事項	戰鬪若ハ勤務ノ名稱	年月日	功績等級及序列	上官所見
本名ハ上記期間中軍輸送上樞要地タル奉天驛構内列車扱助役トシテ勤務シ軍用列車ノ取扱ニ從事セリ 軍用列車取扱數　一八四九箇列車 軍用列車取扱車數　一二四八三六輛 其ノ功績ハ別紙奉天第六三停車場司令官功績現認書ノ如シ	奉天驛軍事輸送取扱業務	自一二、七、七 至一二、一二、二四	十三名 七位	
十二年十二月二十五日ヨリハ奉天驛貨物助役トシテ勤務シ鐵道業務ノ繁激ノ内ニ在テ多數係員ヲ北支ニ派遣シ殘余ノ小數係員ヲ督勵輸送業務ヲ擔當シ軍トノ密接ナル連繫ヲ保持シ軍ノ要求ニ依ル業務ヲ完全ニ遂行シ以テ軍事行動ニ多大ノ貢獻ヲナセリ 仍ツテ其ノ功績ハ　　ニ該當スルモノト認ム	奉天驛ニ於ケル軍事貨物取扱業務	自一二、一二、二五 至一三、四、九	五四名 三五位	

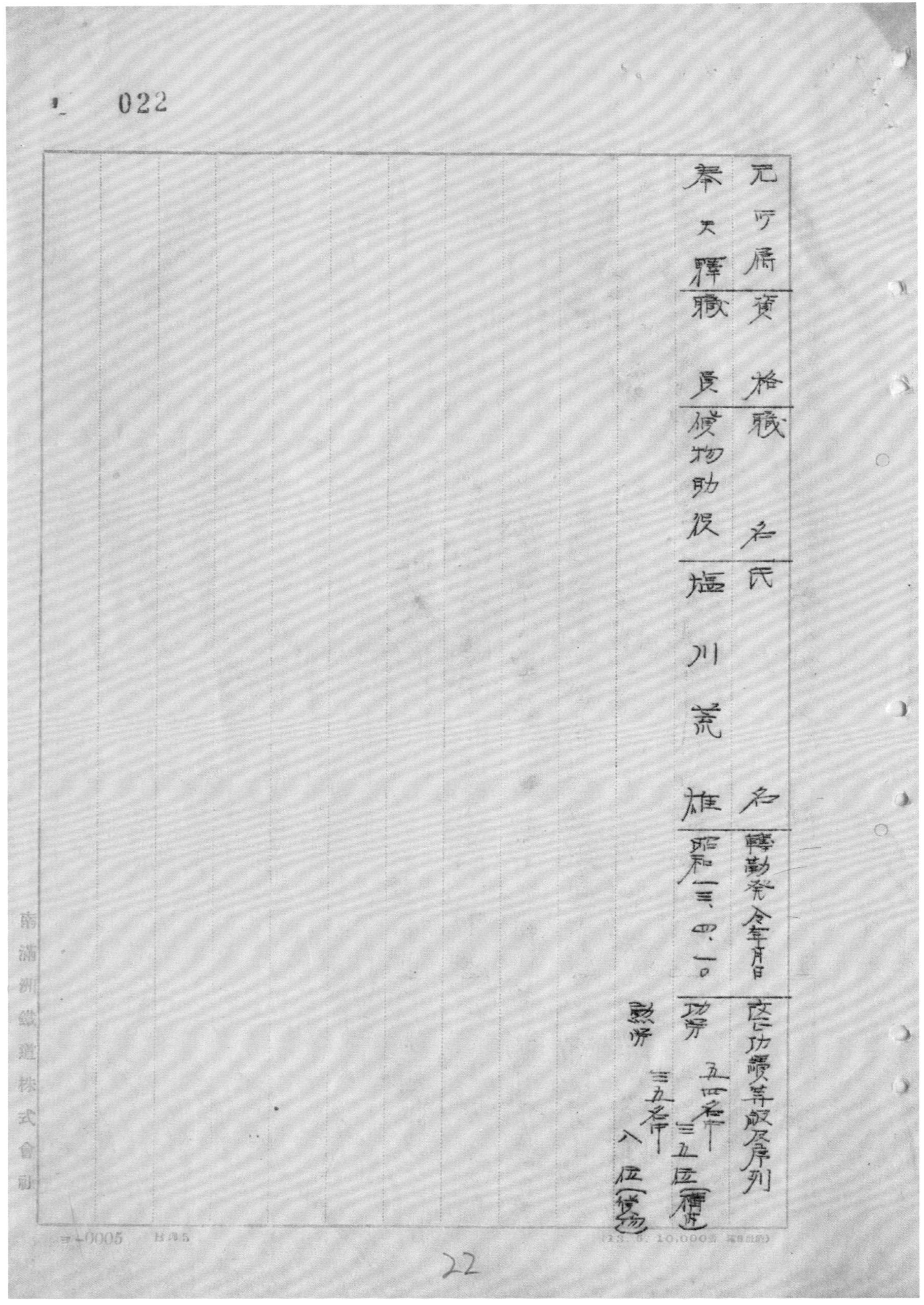

022

元所属	資格	職名	氏名	轉勤発令年月日	在官勛爵等級及序列
奉天驛	職員	貨物助役	塩川荒雄	昭和一三、四、一	功労 五四名中 三五位（曆近） 勲労 三五名中 八位（從場）

南滿洲鐵道株式會社

ヨ-0005 B5

22

乙號

功績等級及序列	
年月日	自一三、四、一〇 至一五、四、八
戰闘若クハ勤務ノ名稱	事變關係 文書立案並對策業務

所屬

氏名 塩川荒雄

功績事項

上記期間總裁室文書課ニ於テ左ノ業務ニ從事セリ

一、北支事務局設置

七月九日ノ軍命令ニ基キ北支鉄道ノ接收管理ニ當ルコトトナリ多数ノ社員ト資材ヲ現地ニ送リシモ地理的事情ニ依リ北支ニ之等ヲ統轄スル會社機関ノ設置ヲ必要トスルニ至レリ從來北支所在會社機関ハ天津北京ノ両事務所ナリ依テ昭和一二年八月二十五日天津ニ北支事務局ヲ設置シ軍事輸送ノ完璧ヲ期セリ本局ハ其ノ職制ノ制定機構ノ完備ニ努メ戰送ノ擴大ニ伴ヒ随時出先機関ヲ擴充シ北支交通運營ノ萬全ヲ期シタリ其ノ後軍機関ノ北京移轉ニ伴ヒ北京ニ移セリ

024

乙號

功績等級及序列	
年月日	
戰闘若クハ勤務ノ名稱	

功績事項

華北交通會社設立ノ議起ルヤ之カ圓滿ナル
移行ヲ圖リ昭和十四年五月之カ移行ヲ完遂セリ

一、會社重要企畫業務

會社機構ヲシテ戰時體制ニ即應セシメ以テ軍事輸送作戰上些ノ遺憾ナキヲ期シ會社重要政策殊ニ軍部ノ要求ニ関スル重要企畫ノ大綱的研究ヲ適時且迅速ニ為サンカ為副總裁ヲ委員長トシ本社ニ企畫委員會ヲ設置セラレ文書課之カ處理ニ當リタルカ為本名ハ該委員會ノ幹事ヲ補佐シ屢委員ヲ參集シ大陸交通經營機構調整、現下飛躍期ニ於ケル滿鐵ノ經營方針研究、日滿支經濟ノ將來、北支及北滿厚生施設調査方針會ノ設置、諸器材購入對策

所屬

氏名

24

乙號

功績等級及序列	
年月日	
戰闘若クハ勤務ノ名稱	
功績事項	職制改正、增資問題等重要企畫ニ適切ニ審議 検討シ以テ軍ノ作戰並軍事輸送上貢献セシ處大ナリ 三、北支事務局移行並同殘務整理ノ對策 北支ノ情勢推移ニ順應シ華北交通會社設立案決定セル ヤ関係箇所ト密接ナル連繫ヲ計リ大陸交通經 營ノ重要性ニ立脚シ國策ニ則リテ諸般ノ移行準備 ニ萬全ヲ期シ以テ華北交通會社設立ニ多大ノ貢献 ヲ為シタリ北支事務局ハ軍ト密接ナル連繫ノ下ニ行 動シ来リタルモノニシテ同事務局関係モ亦軍事費 支辨トシテ取扱ヒ来リタル部分多ク之カ移行ニ伴 フ殘務整理モ慎重處理ノ必要アルヲ以テ會社ハ 總裁室ニ北支事務局殘務整理委員會ヲ設置シ

所屬

氏名

026

乙號

所屬	氏名

功績等級及序列

年月日

戰鬪若クハ勤務ノ名稱

功績事項

伊澤理事ヲ委員長トシ之カ整理ニ當ラシメタリ
右委員會設置ニ對シテハ北支現地機関トノ連絡
事務處理方針ノ決定等多大ノ努力ヲ要シタリ

四、増資関係

會社第三次増資ニ関シテハ昭和十四年頭初頃ヨリ内々進
捗シアリタルカ同年七月十三日関東軍案ノ登場ヲ
見ルニ至リ問題ハ本格的折衝ニ移リタリ
現下ノ時局ニ鑑ミ日満共同防衛力ノ強化就中
作戰準備ノ完遂及國防産業ノ確立ニ萬遺憾ナカ
ラシムルヲ目途トシ満洲ニ於ケル新事態ニ照應
シテ満鉄ノ増資並社鉄、國鐵ノ實質上一元的運營
ノ強化ヲ圖リ以テ交通運輸ノ飛躍的擴大ヲ期スルヲ以

26

乙號

功績等級及序列	
年月日	
戰闘若クハ勤務ノ名稱	

所屬

氏名

功績事項

テ主眼トセリ

運輸ノ飛躍的擴大ヲ期スルヲ以テ主眼トセリ

本名ハ各方面ノ連絡ニ當リ中央機関トノ折衝竝重役會議開催ノ準備手配ヲ爲シ以テ六億増資ヲ成功セシメタリ之ガ増資決定ニ依リ滿鉄ハ刻下ノ急務タル鉄道網ノ擴充、輸送力ノ増強、港湾設備石炭、製油事業ノ擴大等ノ遂行ヲ可能ナラシメ以テ軍ノ作戰遂行上將又軍事輸送竝産業開發ニ寄與セル處甚大ナリ

总裁室文书课职员内田周市军事功绩调查资料（一九三七年七月七日）

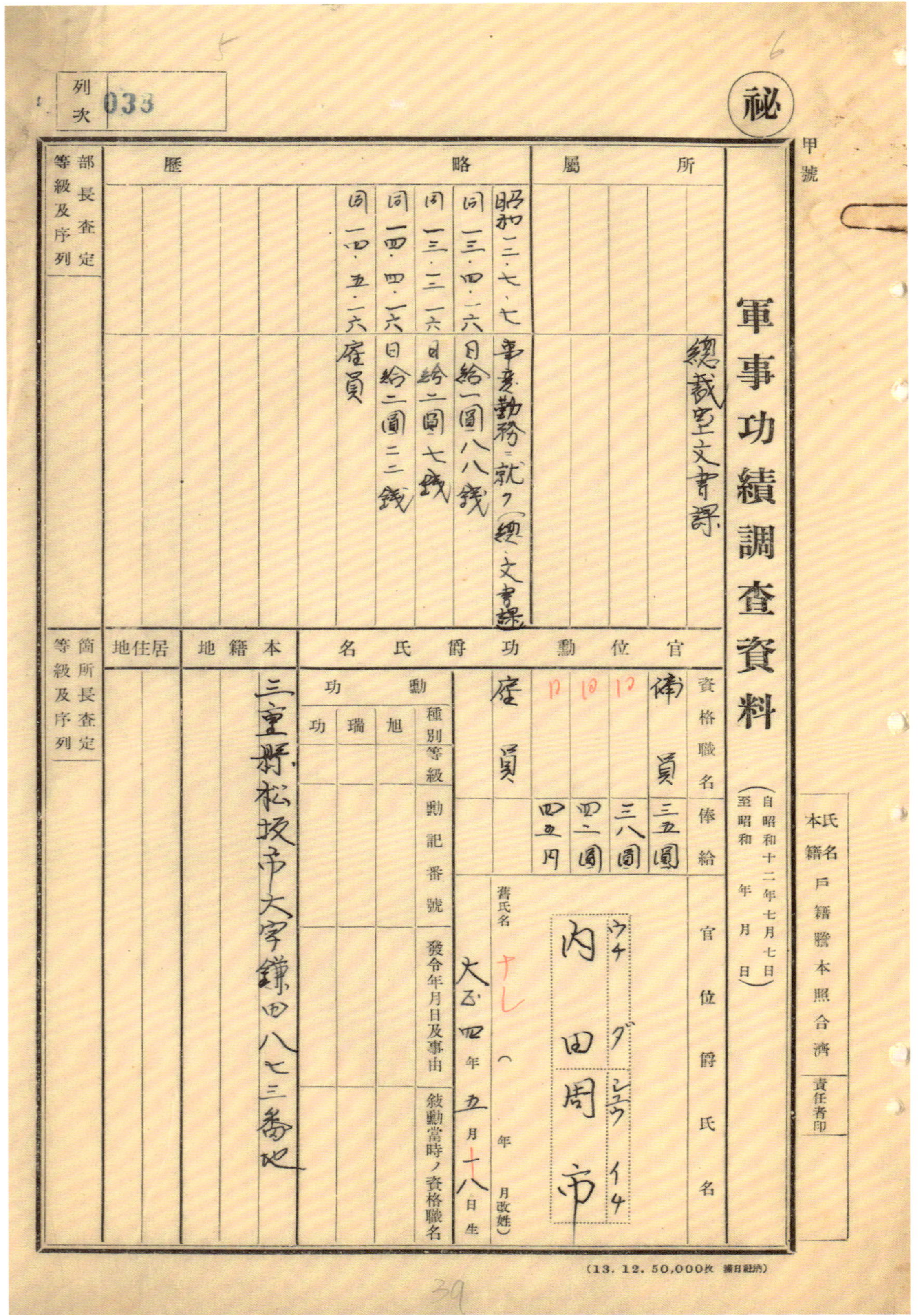

列次 033

㊙

甲號

軍事功績調査資料

（自昭和十二年七月七日　至昭和　年　月　日）

官位勳功爵氏名	
資格職名	傭員 12 12 12 雇員
俸給	三五圓　三八圓　四二圓　四五円
官位爵氏名	ウチダ シュウイチ 内田周市
舊氏名	ナシ（　年　月改姓）
生年月日	大正四年五月十八日生
本籍地	三重縣松坂市大字鎌田八七三番地
居住地	

所屬	歴略
總裁室文書課	昭和一二・七・七 事変勤務ニ就ク（總、文書課）
	同 一三・四・一六 日給一圓八八錢
	同 一三・二・一六 日給二圓七錢
	同 一四・四・一六 日給二圓二三錢
	同 一四・五・一六 雇員

勳功：種別等級、勳記番號、發令年月日及事由、敍勳當時ノ資格職名（旭、瑞、功）

部長査定等級及序列

箇所長査定等級及序列

氏名、本籍戸籍謄本照合濟　責任者印

（13. 12. 50,000枚 滿日印刷）

039

乙號

所屬	總裁室文書課
氏名	内田周市

功績等級及序列	
年月日	自昭和一二、七、七 至昭和一五、四、二八
戰鬪若クハ勤務ノ名稱	特信班事變關係連絡及文書處理業務

功績事項

本名ハ上記期間總裁室文書課ニ於テ左ノ業務ニ從事セリ

一、特信業務

本事變勃發スルヤ本社時局事務連絡要員ノ一員トシテ勤務シ、特ニ軍ト緊密ナル關係ヲ有スル軍事暗號ヲ担當シ且宿直當番トシテ精勵克ク其ノ任務ヲ完フセリ

其ノ間不時ノ軍事暗號電報ニ對シ午前ニ時或ハ三時頃出社セシコト多キ爲精神的、肉體的ニ相當苦痛ヲ伴ヒタルモ克ク其ノ責務ノ重要性ヲ認識シテ

040

乙號

功績等級及序列	
年月日	
戰鬪若クハ勤務ノ名稱	

所屬

氏名

功績事項

精勵其ノ任務ヲ遂行セリ

二、事變當直制度ノ確立ト服務

時局ニ關スル本社各箇所ノ業務連絡ヲ圖ル爲本社時局事務連絡委員會設置セラルルヤ文書課ハ連絡本部トナリタルヲ以テ各員非常召集ノ準備確立ト相俟ッテ勤務時間外ニ於ケル時局業務連絡ニ當ルヘク宿直ニ服シ不眠不休情報ノ回報、或ハ各部所處理事項ノ回報又ハ各部所時局ノ状況回報並命令及通知傳達其ノ他時局業務ノ連絡ヲ所定ノ各部所連絡責任者ニ対シ迅速確實ニ手配シ以テ時局業

41

041

乙號

所屬	
氏名	

功績等級及序列

年月日

戰鬪若クハ勤務ノ名稱

功績事項

務連絡ニ遺憾ナカラシメタリ

三、事變關係文書電報處理

事務ノ擴大ニ連レテ文書課ニ於ケル業務ハ頓ニ增加ヲ来シ殊ニ事變ニ關連セル各種文書、電報ノ處理ニ當リテハ確實、迅速ヲ期シ克ク上司ノ命ヲ遂行日夜精勵是ニ勉メ以テ些ノ遺漏ナキヲ期シタリ

上記ノ如ク相當業務ノ遂行ニ精勵シ軍ニ寄與セル所尠カラス

其ノ功績ハ　　　　ニ該當スルモノト認ム

042

乙號

功績等級及序列

年月日

戰鬪若クハ勤務ノ名稱

功績事項

四、大同炭礦開発ニ対スル努力
北支蒙疆ニ於テ埋藏量百億瓲ヲ有スル大同炭礦ノ地位ハ蓋シ軍事上將又産業上特筆スヘキ存在ニシテ本炭礦ノ開発ハ実ニ重大ノ意義ヲ有スルモノナリ
故ニ之カ経営方針並投資方法等ニ付テハ関係各方面ノ連繫上多大ノ手數ヲ要スルモノアリ　本名ハ上記期間右ニ対スル連絡事務遂行ノ為現地大同張家口ニ出張スルコト二ケ月内軍並関係各機関ノ連絡業務並開発促進ニ関シ多大ノ貢献ヲ為セリ

所屬

氏名

43

总裁室文书课职员上野一洋军事功绩调查资料（一九三七年七月七日）

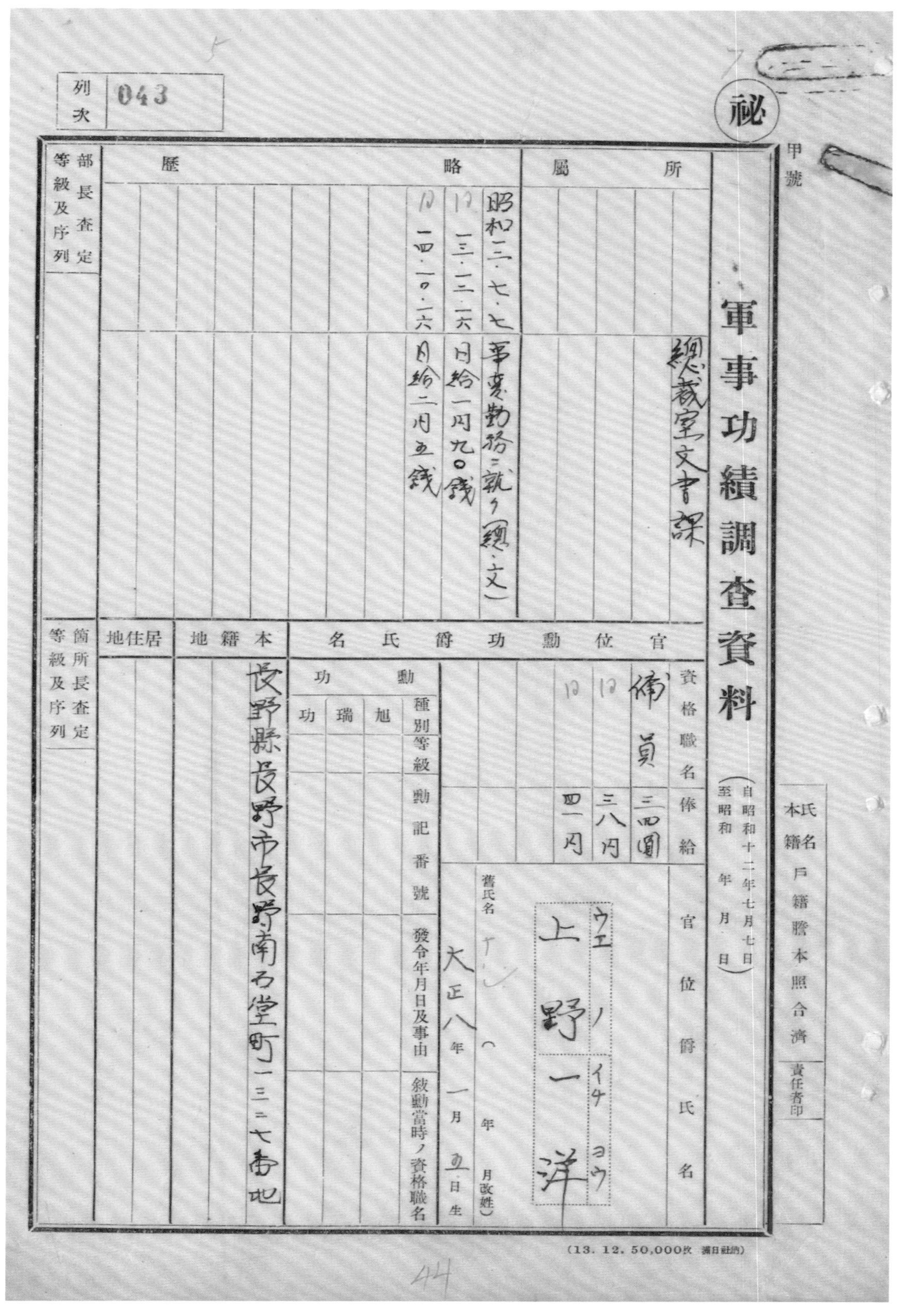

列次 043

秘

甲號

軍事功績調查資料

（自昭和十二年七月七日 至昭和 年 月 日）

所屬	略歷	部長查定等級及序列
總裁室文書課	昭和一二・七・七 事變勤務ニ就ク（總・文） 12 一三・一二・一六 日給一円九〇錢 12 一四・一〇・一六 日給二円五錢	

官位勳功爵氏名		
資格職名	傭員	12 12
俸給	三四圓	三八円 四一円
官位爵氏名	ウエノ イチヨウ 上野一洋	
舊氏名	（ 年 月改姓）	
生年月日	大正八年一月五日生	

勳功 種別等級	旭	瑞	功
勳記番號			
發令年月日及事由			
敍勳當時ノ資格職名			

本籍地	居住地	箇所長查定等級及序列
長野縣長野市長野南石堂町一三二七番地		

本籍氏名戶籍謄本照合濟 責任者印

（13.12.50,000枚 滿日社印）

44

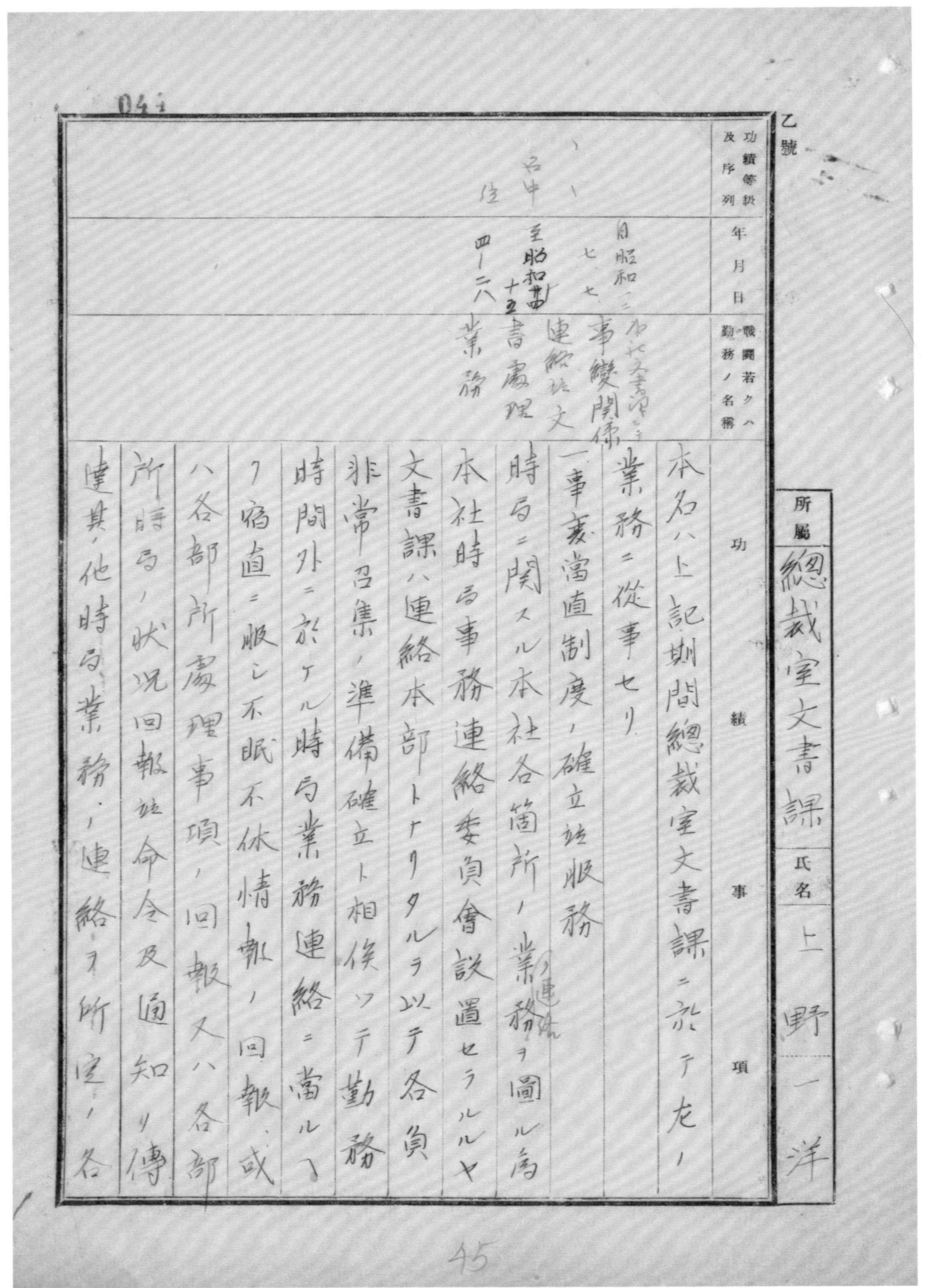

乙號

所屬：總裁室文書課
氏名：上野一洋

功績等級及序列：名中 位

年月日：自昭和一二、七、七 至昭和十五、四、一八

戰鬪若クハ勤務ノ名稱：事變關係連絡及文書處理業務

功績事項：
本名ハ上記期間總裁室文書課ニ於テ左ノ
業務ニ從事セリ
一、事變當直制度ノ確立及服務
時局ニ關スル本社各箇所ノ業務ノ連絡ヲ圖ル為
本社時局事務連絡委員會設置セラルルヤ
文書課ハ連絡本部トナリタルヲ以テ各員
非常召集ノ準備確立ト相俟ツテ勤務
時間外ニ於ケル時局業務連絡ニ當ルヿ
ヲ宿直ニ服シ不眠不休情報ノ回報、或
ハ各部所處理事項ノ回報又ハ各部
所時局ノ狀況回報及命令及通知ノ傳
達其ノ他時局業務ノ連絡ヲ所定ノ各

045

乙號

功績等級及序列	
年月日	
職屬若クハ勤務ノ名稱	

所屬

氏名

功績事項

部所連絡責任者ニ対シ迅速確實ニ手配シ以テ時局業務連絡ニ遺憾ナカラシメタリ

二、事變関係文書電報處理

事變ノ擴大ニ連レテ文書課ニ於ケル業務ハ頓ニ増加ヲ來シ殊ニ事變ニ関連セル各種文書、電報ノ處理ニ當リテハ確實、迅速ヲ期シ克ク上司ノ命ヲ遂行、日夜精勵是ニ勉メ以テ些ノ遺漏ナキヲ期シタリ

前記ノ如ク相當業務ノ遂行ニ精勵シ間接的軍ニ寄與セル所尠カラス

其ノ功績

46

总裁室文书课职员池田繁次郎军事功绩调查资料（一九三七年七月七日）

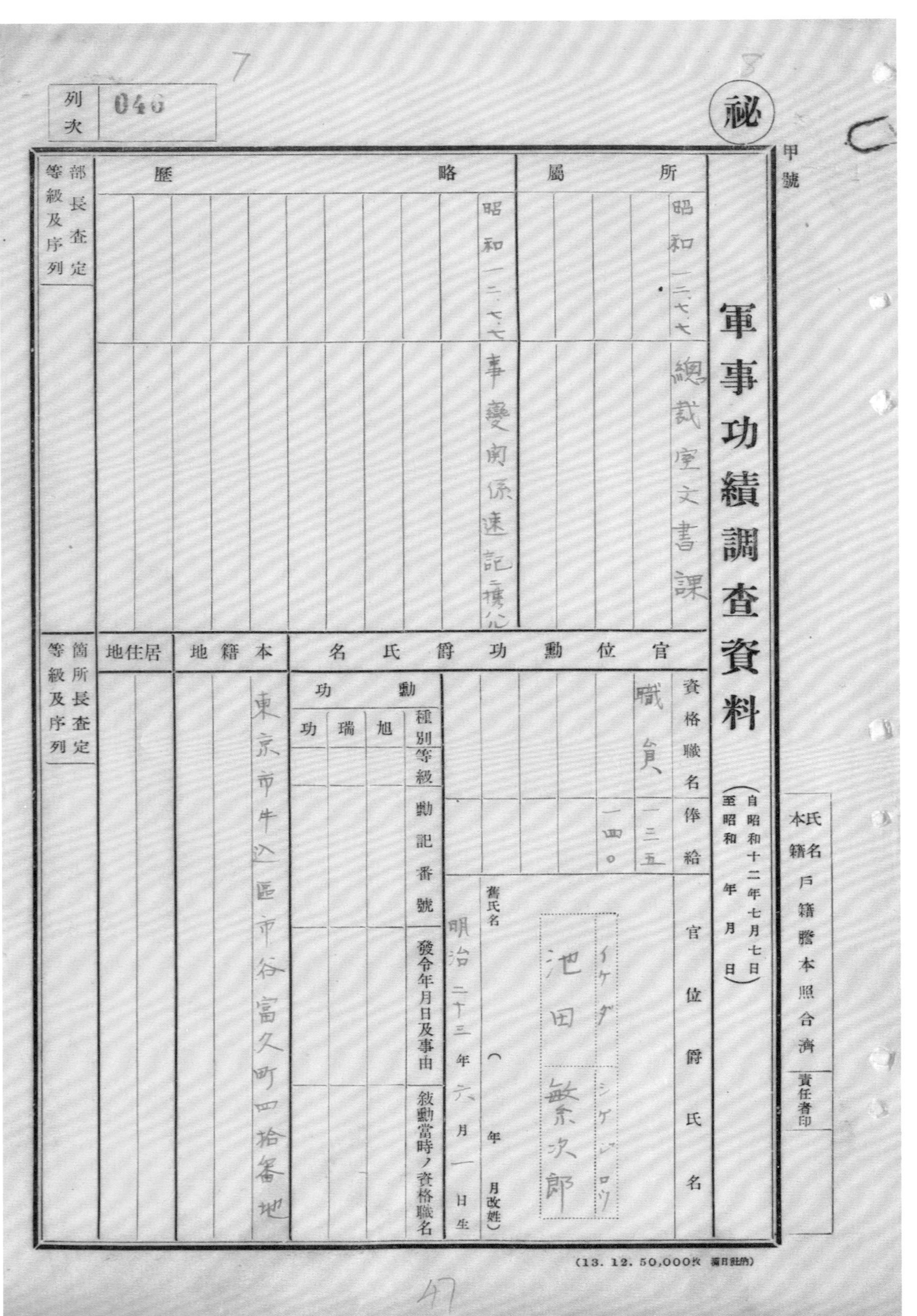

秘

列次 046

甲號

軍事功績調查資料

（自昭和十二年七月七日 至昭和　年　月　日）

所屬：昭和一二、七、七 總裁室文書課

歷略：昭和一二、七、七 事變關係速記ニ携ハ

官位勳功爵氏名

資格職名：職員

俸給：一三五 一四〇

官位爵氏名：池田（イケダ）繁次郎（シゲジロウ）

舊氏名（　年　月改姓）

明治二十三年六月一日生

本籍地：東京市牛込區市谷富久町四拾番地

居住地：

勳功：種別等級／勳記番號／發令年月日及事由／敍勳當時ノ資格職名

功　瑞　旭

部長查定等級及序列

箇所長查定等級及序列

氏名本籍戶籍謄本照合濟

責任者印

（13.12.50,000枚 滿日社納）

047

乙號

功績等級及序列	
年月日	自一二、七、七 至一五、四、六
戰鬪若クハ勤務ノ名稱	事變關係速記

所屬	總裁室文書課
氏名	池田繁次郎

功績事項

支那事變発生スルヤ滿鉄ハ軍ニ全幅ノ協力ヲ惜シマズ事變ノ進轉ニ凡有努力ヲ爲セリ之ガ爲滿鉄自体ニ於テ又滿鉄ト共同スル軍、官衙、會社ニ於テノ事變対應ノ重要會議屢々開催セラレタリ本名ハ是等極要ナル會議ノ速記ニ從事シ能ク記録ヲ整理シテ事變善処ノ功績顕著ナリ而モ平素速記業務ノ指導者トシテノ責ヲ果シ支那事變関係速記ニ從事セル他ノ速記者ヲ鼓舞激勵シ一層ノ寄与ヲ爲セリ

48

总裁室文书课职员汤地利市军事功绩调查资料（一九三七年七月七日）

列次 043

㊙ 甲號

軍事功績調査資料

（自昭和十二年七月七日 至昭和 年 月 日）

氏名 本籍 戸籍謄本照合済 責任者印

所屬：總裁室文書課

官位勲功爵氏名

資格職名	俸給
副参事 浄書係主任	一五〇圓
同	一六五圓
同	一八五圓

官位爵氏名：湯地利市（ユヂリイチ）

舊氏名 （ 年 月改姓）

明治二十六年九月十八日生

功勲：種別等級／勲記番號／發令年月日及事由／叙勲當時ノ資格職名；旭／瑞／功

本籍地：宮崎縣宮崎郡瓜生野村大字大瀬町六一四五

居住地：

箇所長査定等級及序列：

歴略

昭和一二、七、七	事変勤務ニ就ク（総裁室文書課）
一二、一〇、一	月俸一五〇圓
一二、一一、一〇	天津、北京、豊台、通州
	張家口出張
一三、二、二	帰還
一三、三、九	上海、青島、済南及北支出張
一三、四、五	帰還
一四、一、一	月俸一六五圓ニ（給額改訂）
一四、一〇、一	月俸一八五圓
同一四、一二、一	内地ニ出張

部長査定等級及序列：

(13. 12. 50,000枚 滿日社納)

49

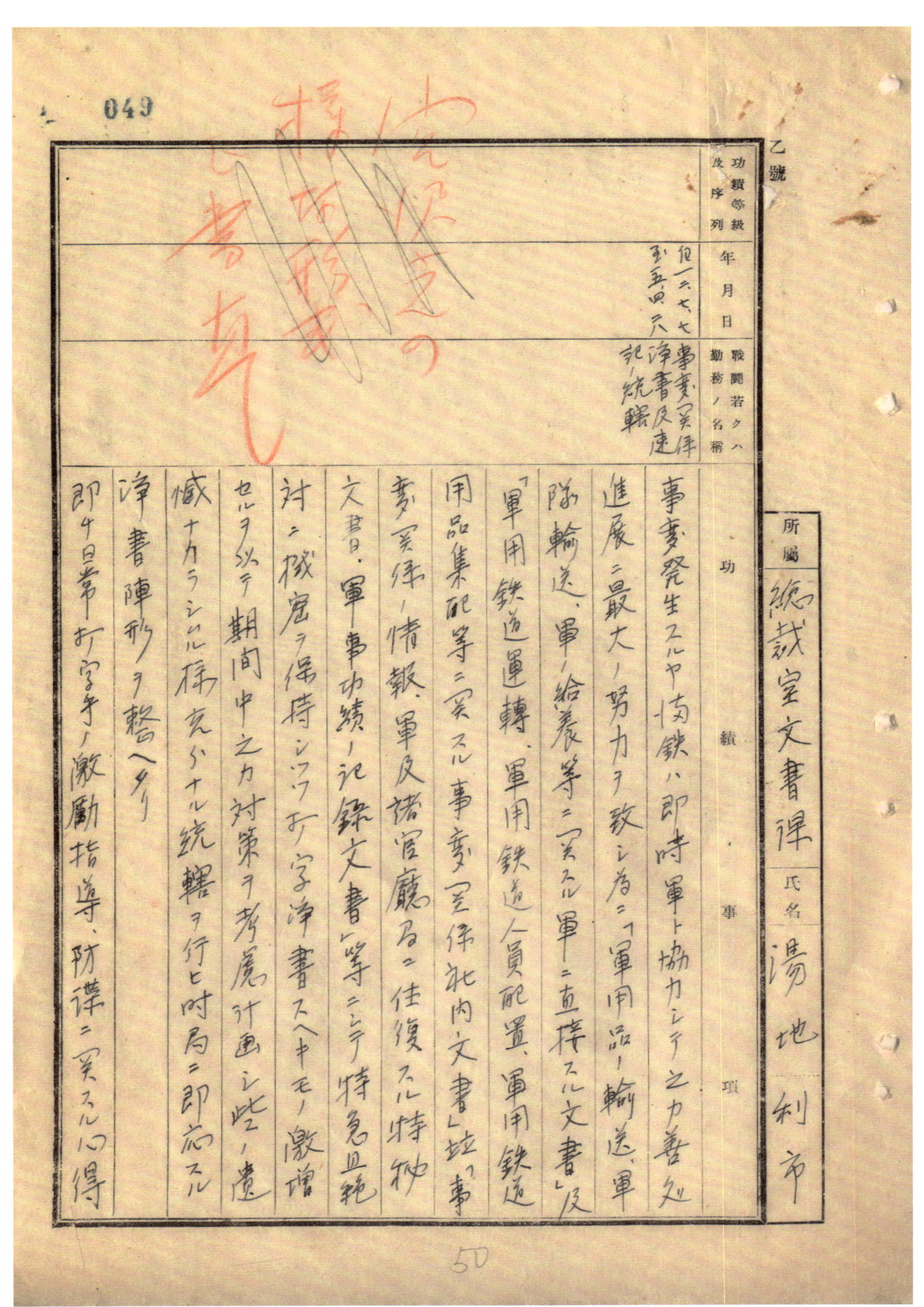

049

乙號

功績等級及序列	
年月日	自一二、七、七 至一五、四、六
戰鬭若クハ勤務ノ名稱	事變関係淨書及速記ノ統轄

功績事項

事變發生スルヤ満鉄ハ即時軍ト協力シテ之カ善処進展ニ最大ノ努力ヲ致シ為ニ「軍用品ノ輸送、軍隊輸送、軍ノ給養等ニ関スル軍ニ直接スル文書」及「軍用鉄道運轉、軍用鉄道人員配置、軍用鉄道用品集配等ニ関スル事變関係社内文書」並「事變関係ノ情報、軍及諸官廳等ニ往復スル特秘文書、軍事功績ノ記録文書」等ニシテ特急且絶対ニ機密ヲ保持シツツ打字淨書スヘキモノ激増セルヲ以テ期間中之カ対策ヲ考慮計画シ些ノ遺憾ナカラシムル様充分ナル統轄ヲ行ヒ時局ニ即応スル淨書陣形ヲ整ヘタリ

即チ日常打字手ノ激励指導、防諜ニ関スル心得

所屬	總裁室文書課
氏名	湯地利市

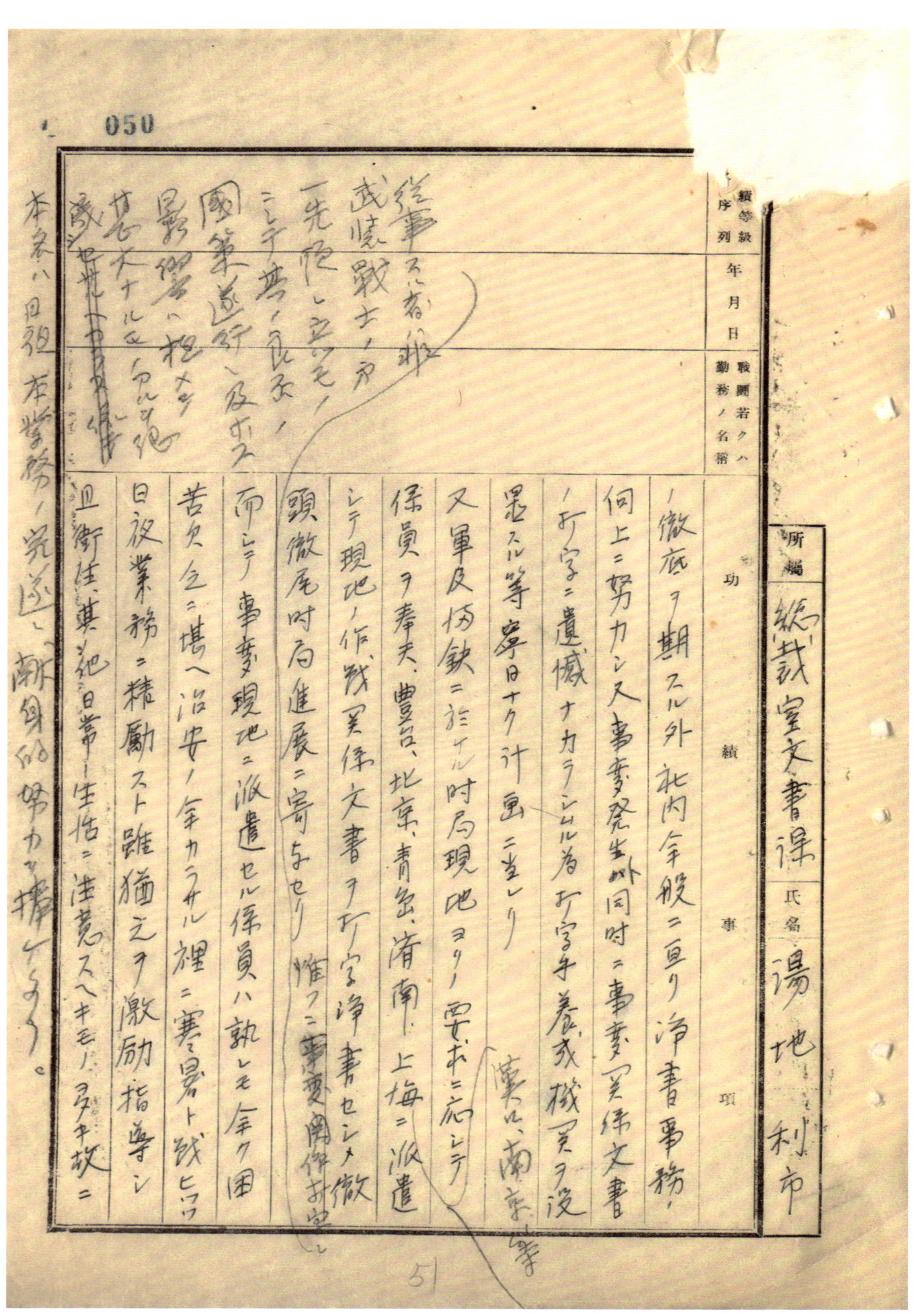

050

所属 総裁室文書課
氏名 湯地利市

續等級序列
年月日
戰鬪若クハ勤務ノ名稱
功績事項

ノ徹底ヲ期スル外社内全般ニ亘リ浄書事務ノ
向上ニ努力シ又事変発生以来同時ニ事変関係文書
ノ打字ニ遺憾ナカラシムル為打字手養成機関ヲ設
置スル等寧日ナク計画ニ当レリ
又軍及協鉄ニ於ケル時局現地ヨリノ要求ニ応シテ
係員ヲ奉天、豊台、北京、青島、済南、上海、漢口、南京等ニ派遣
シテ現地ノ作戦関係文書ヲ打字浄書セシメ徹
頭徹尾時局進展ニ寄与セリ
惟フニ事変関係打字ニ従事スル者ハ非武装戦士ノ一先陣ニ立ツモノニシテ其ノ良否ノ国策遂行ヘ及ホス影響ハ極メテ甚大ナルモノアルヲ痛感セリ
而シテ事変現地ニ派遣セル係員ハ孰レモ全ク困
苦欠乏ニ堪ヘ治安ノ全カラサル裡ニ寒暑ト戦ヒ
日夜業務ニ精励スト雖猶之ヲ激励指導シ
且衛生、其ノ他日常ノ生活ニ注意スヘキモノ多キ故ニ
本人ハ日夜本業務ノ完遂ニ献身的努力ヲ捧ケタリ。

51

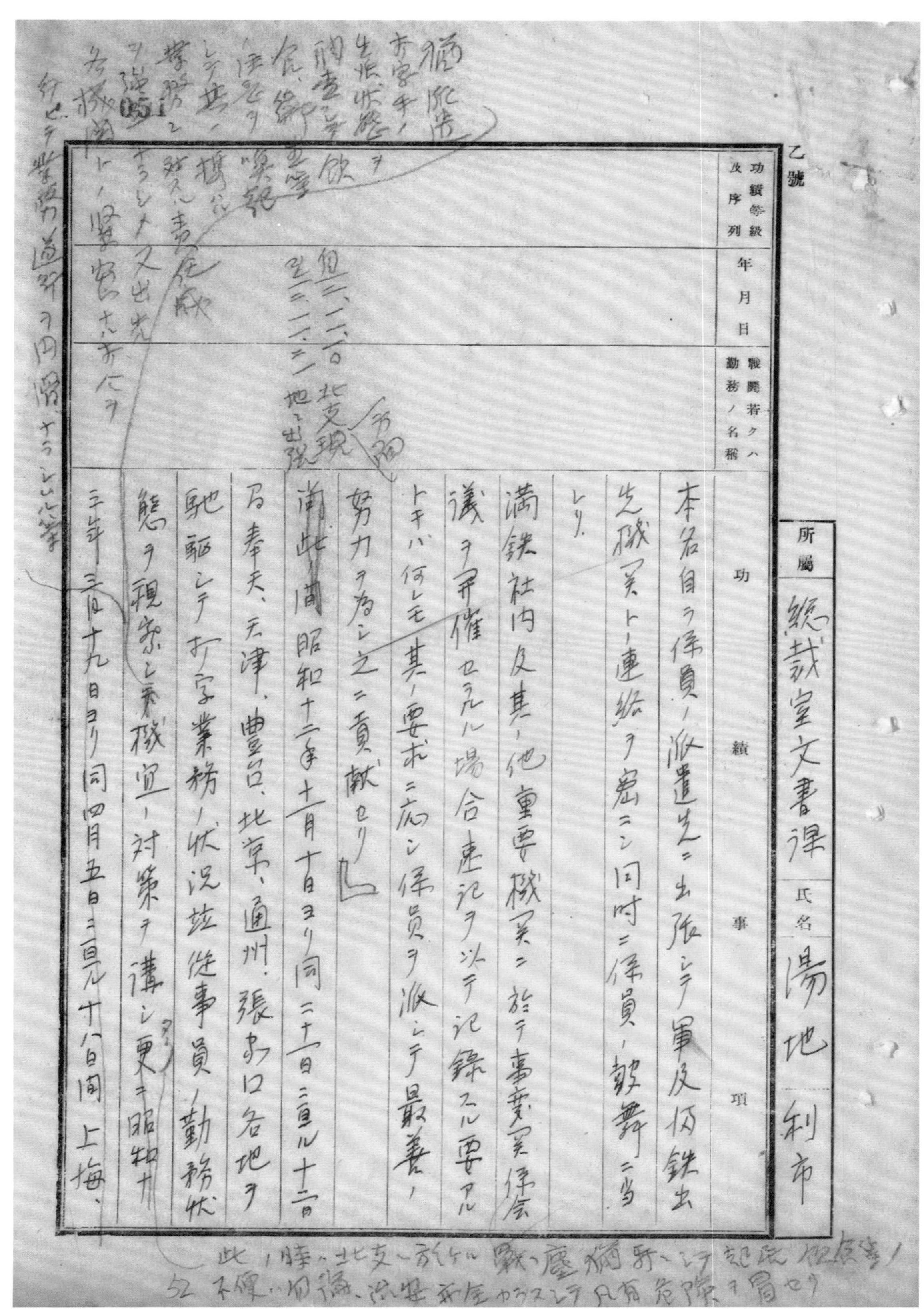

乙號

所屬　總裁室文書課

氏名　湯地利市

功績等級及序列	年月日	戰鬪若クハ勤務ノ名稱
	自一二、一一、一〇 至一二、一一、二一	北支現地ニ出張

功績事項

本名自ラ係員ノ派遣先ニ出張シテ軍及仍鉄出先機関ト連絡ヲ密ニシ同時ニ係員ノ鼓舞ニ当レリ。

満鉄社内及其ノ他重要機関ニ於テ重要会議ヲ開催セラルル場合速記ヲ以テ記録スル要アルトキハ何レモ其ノ要求ニ応シ係員ヲ派シテ最善ノ努力ヲ為シ之ニ貢献セリ

尚此ノ間昭和十二年十一月十日ヨリ同二十一日ニ亘ル十二日乃奉天、天津、豊台、北京、通州、張家口各地ヲ馳駆シテ打字業務ノ状況竝従事員ノ勤務状態ヲ視察シ兼機宜ノ対策ヲ講シ更ニ昭和十三年三月十九日ヨリ同四月五日ニ亘ル十八日間上海、

猶派先打字手ノ生活状態ヲ調査シ衣食ノ欠乏ヲ慰籍シ使命ヲ喚起シテ其ノ業務ニ対スル責任感ヲ強メナラシメ又出先各機関トノ緊密ナル連絡ヲ[illegible]

行セテ業務ノ遂行ヲ円滑ナラシムル等[illegible]

此ノ時ハ北支ニ於ケル戦ノ塵猶新ニシテ起居飲食ノ不便ハ固ヨリ治安亦全カラスシテ凡有危険ヲ冒セリ

52

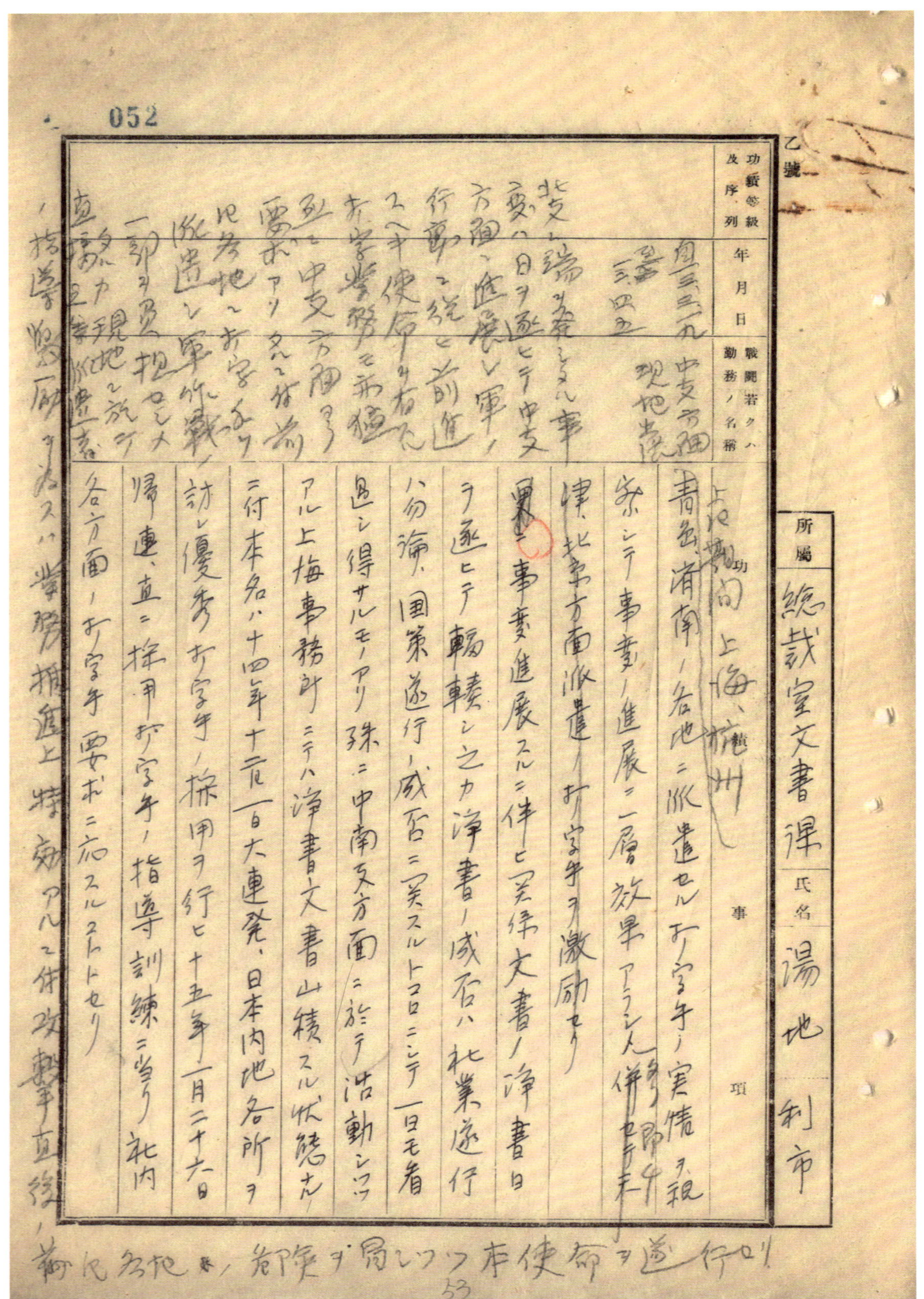
052

乙號

功績ノ等級及序列	年月日	戰鬪若クハ勤務ノ名稱
	自一二、七、九 至一三、四、五	中支方面現地派遣

北支ニ端ヲ発シタル事変ハ日ヲ逐ヒテ中支方面ニ進展シ軍ノ行動ニ従ヒ前進スヘキ使命ヲ有スル打字業務モ亦極メテ重要ナル且ツ中支方面ヨリ要求アリタルニ於テ前記各地ニ打字手ヲ派遣シ軍ノ作戦ノ一部ヲ担当セシメ直轄シ現地ニ於テ派遣者

所屬 總裁室文書課
氏名 湯地利市

功績事項

上記期間上海、杭州、青島、済南ノ各地ニ派遣セル打字手ノ実情ヲ視察シテ事変ノ進展ニ一層効果アラシメ併セテ天津、北京方面派遣ノ打字手ヲ激励セリ

然シテ事変進展スルニ伴ヒ関係文書ノ浄書日ヲ逐ヒテ輻輳シ之カ浄書ノ成否ハ社業遂行ハ勿論、国策遂行ノ成否ニ関スルトコロニシテ一日モ看過シ得サルモノアリ殊ニ中南支方面ニ於テ活動シツツアル上海事務所ニテハ浄書文書山積スル状態ナルニ付本名ハ十四年十二月一日大連発、日本内地各所ヲ訪ヒ優秀打字手ノ採用ヲ行ヒ十五年一月二十六日帰連、直ニ採用打字手ノ指導訓練ニ当リ社内各方面ノ打字手要求ニ応スルコトトセリ

ノ指導監督ヲ為スハ業務推進上特ニ効果アルニ依リ攻略直後ノ前記各地ニ於テ危険ヲ冒シツツ本使命ヲ遂行セリ

53

总裁室文书课职员长谷好平军事功绩调查资料（一九三七年七月七日）

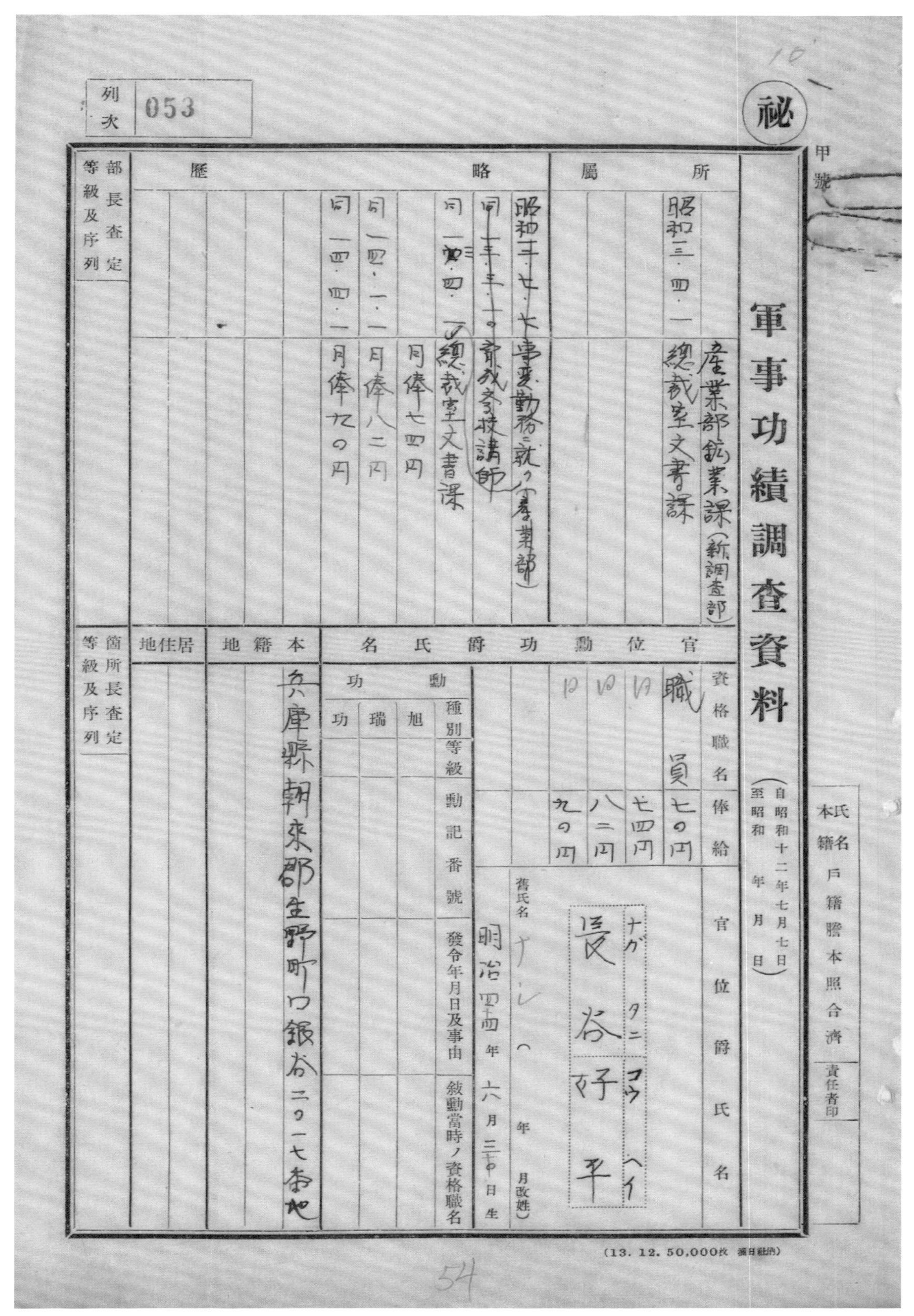

10

列次 053

秘

甲號

軍事功績調查資料

（自昭和十二年七月七日 至昭和　年　月　日）

本籍戸籍謄本照合濟

責任者印

所屬
産業部鉱業課（新調査部）
總裁室文書課

歷略	
昭和三・四・一	
昭和十二・七・七	事変勤務ニ就ク（産業部）
同十三・三・一〇	育成学校講師
同一三・四・一	總裁室文書課
	月俸七四円
同一四・一・一	月俸八二円
同一四・四・一	月俸九〇円

部長查定等級及序列：

資格職名	俸給
職員	七〇円
〃	七四円
〃	八二円
〃	九〇円

官位勳功爵氏名：ナガタニコウヘイ 長谷好平

舊氏名（　年　月改姓）

明治四四年六月二〇日生

勳功			
種別	旭	瑞	功
等級			
勳記番號			
發令年月日及事由			
敍勳當時ノ資格職名			

本籍地：兵庫縣朝来郡生野町口銀谷二〇一七番地

居住地：

箇所長查定等級及序列：

（13. 12. 50,000枚 滿日印刷）

54

乙號

功績等級及序列	年月日	戰鬪若クハ勤務ノ名稱
1 1 名中 位	自昭和十二、七、七 至昭和一四、四、二八	中南支会社調査機関拡充ニ対スル勇並ニ大同呉淞関東業務

所屬	氏名

功績事項

本名ハ上記期間中総裁室文書係ニ於テ左記ノ業務ニ従事セリ

中南支ニ於ケル政治産業ノ再建ハ東亜新秩序建設上大ナル意義ヲ有スルモノデアル

会社ハ今次事変ノ勃発ト同時ニ上海事務所ノ拡充整備ヲ計リ調査員ノ巡遣又ハ漢口南京香港各地ノ公所ノ再開等此ノ部面ニ対スル軍ヘノ貢献ハ実ニ多大ナリ

本名ハ文書課員トシテ之ガ事務ヲ担当シ上海南京等ニ出張シ現地業務遂行上遺憾ナカラシムル様努力セリ

55

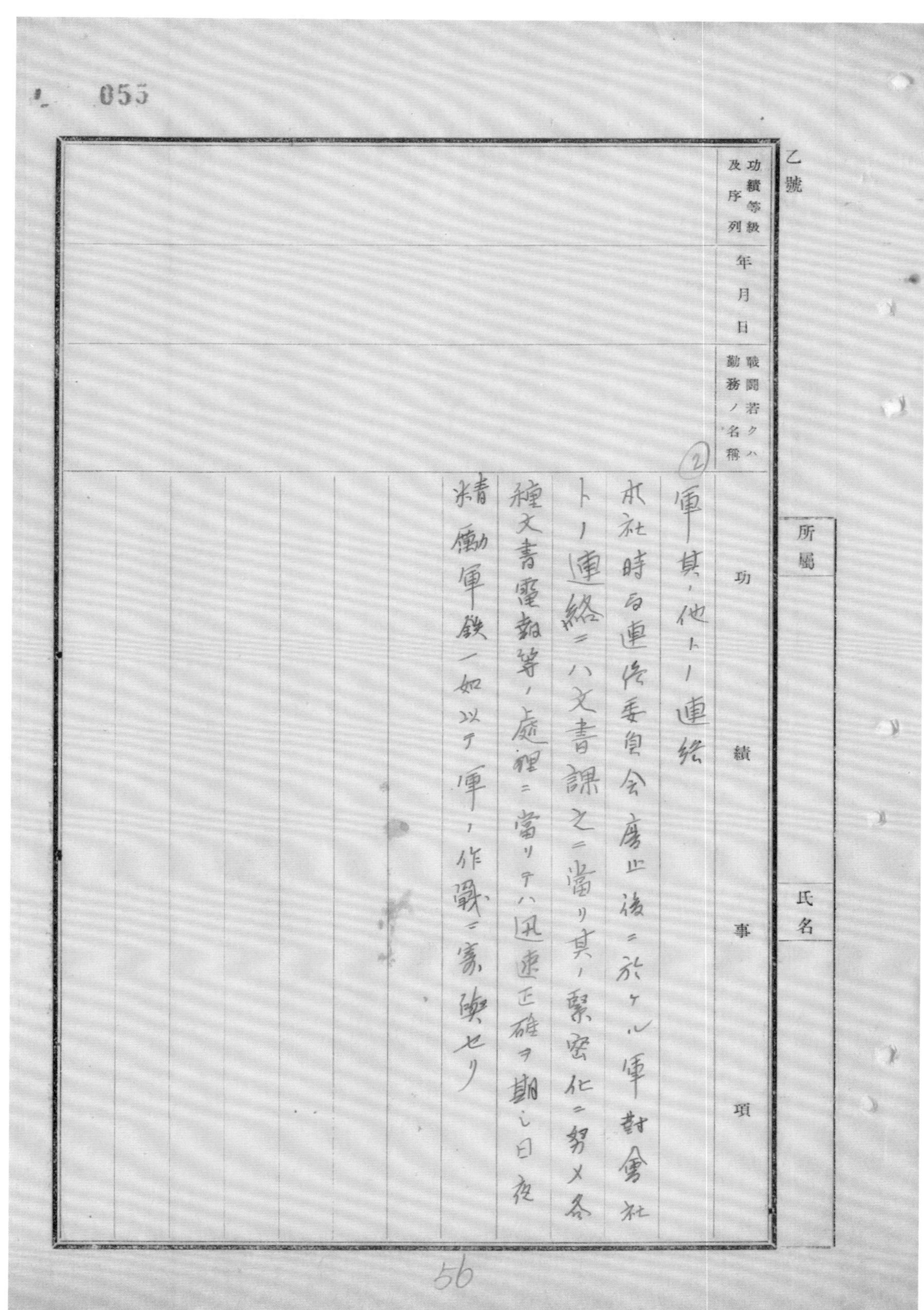

055

乙號

功績等級及序列

年月日

戰鬪若クハ勤務ノ名稱

功績事項

所屬

氏名

②
軍其ノ他トノ連絡
本社時局連絡委員会廢止後ニ於ケル軍對會社トノ連絡ニハ文書課之ニ當リ其ノ緊密化ニ努メ各種文書電報等ノ處理ニ當リテハ迅速正確ヲ期シ日夜精勵軍鐵一如以テ軍ノ作戰ニ寄與セリ

56

056

乙號

功績等級及序列	
年月日	
戰闘若クハ勤務ノ名稱	(3)

所属	
氏名	

功績事項

會社重要企畫業務

會社機構ヲシテ戰時體制ニ即應セシメ以テ軍事輸送作戰上些ノ遺憾ナキヲ期シ會社重要政策諸軍部ノ要求ニ関スル重要企畫ノ大綱的研究ヲ適時且迅速ニ為サンカ為副總裁ヲ委員長トシ本社ニ企畫ノ委員會ヲ設置セシ文書課之ニ當リタルカ為本名ハ該委員會ノ幹事ヲ補佐シ業務ヲ擔當セシカ為要委員ヲ参集シ大陸交通運營機構調整、現下飛躍期ニ於ケル満鉄ノ経営方針研究、日満支経済ノ時来、北支及北満厚生施設調査分科會ノ設置、諸器材購入對策、職制改正、増資問題等重要企畫ヲ適切ニ審議検討シ以テ軍作戰諸軍事輸送上貢獻セル處甚大ナリ。

57

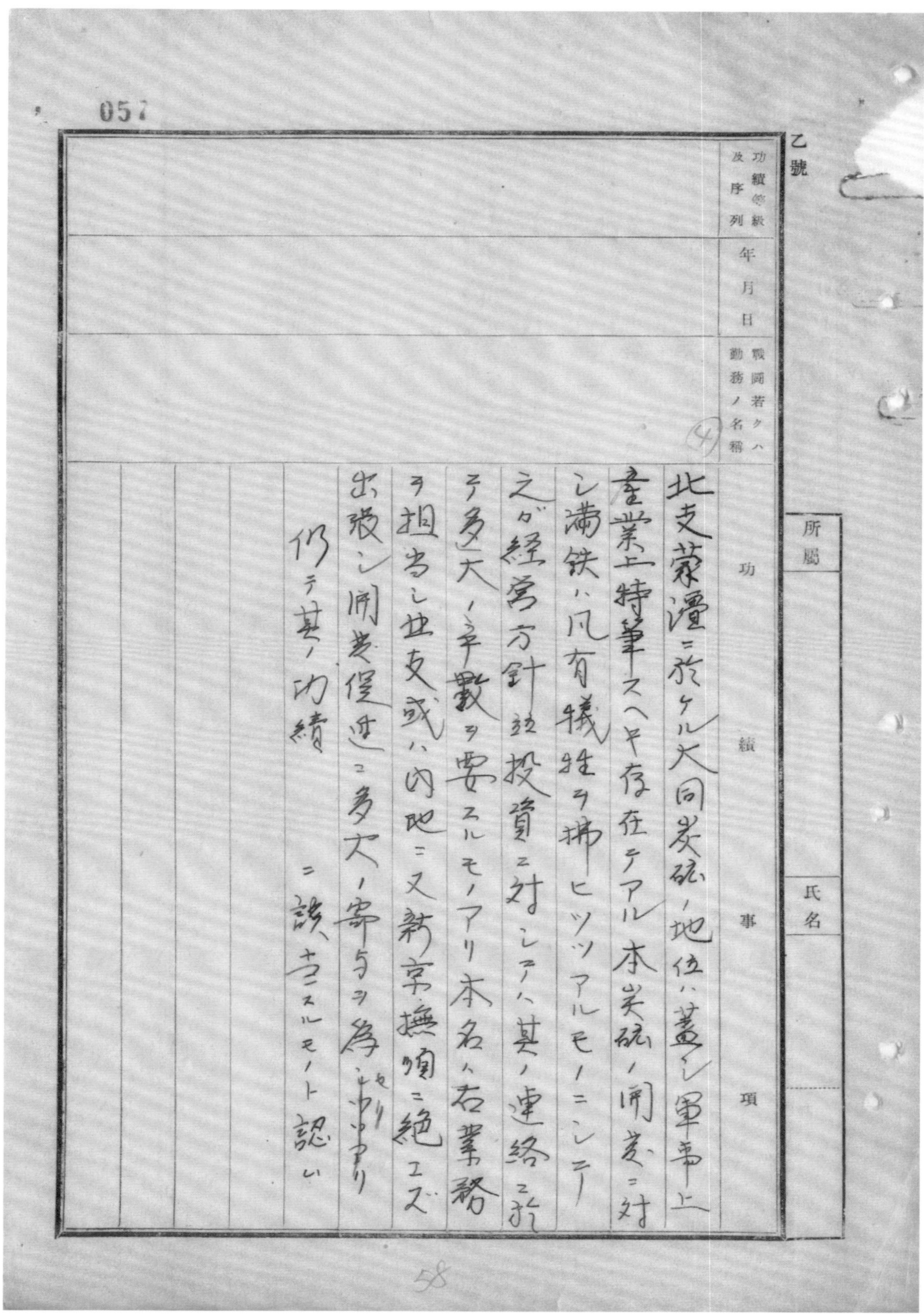

057

乙號

功績等級及序列

年月日

戰鬪若クハ勤務ノ名稱

(4)

功績事項

北支蒙疆ニ於ケル大同炭砿ノ地位ハ蓋シ軍事上
産業上特筆スヘキ存在テアル本炭砿ノ開発ニ対
シ満鉄ハ凡有犠牲ヲ拂ヒツツアルモノニシテ
之ガ経営方針並投資ニ対シテハ其ノ連絡ニ於
テ多大ノ辛勞ヲ要スルモノアリ本名ハ右業務
ヲ担当シ北支或ハ内地ニ又新京撫順ニ絶エズ
出張シ開発促進ニ多大ノ寄与ヲ為シタリ
仍テ其ノ功績ニ該当スルモノト認ム

所屬

氏名

58

总裁室文书课职员安村忠臣军事功绩调查资料（一九三七年七月七日）

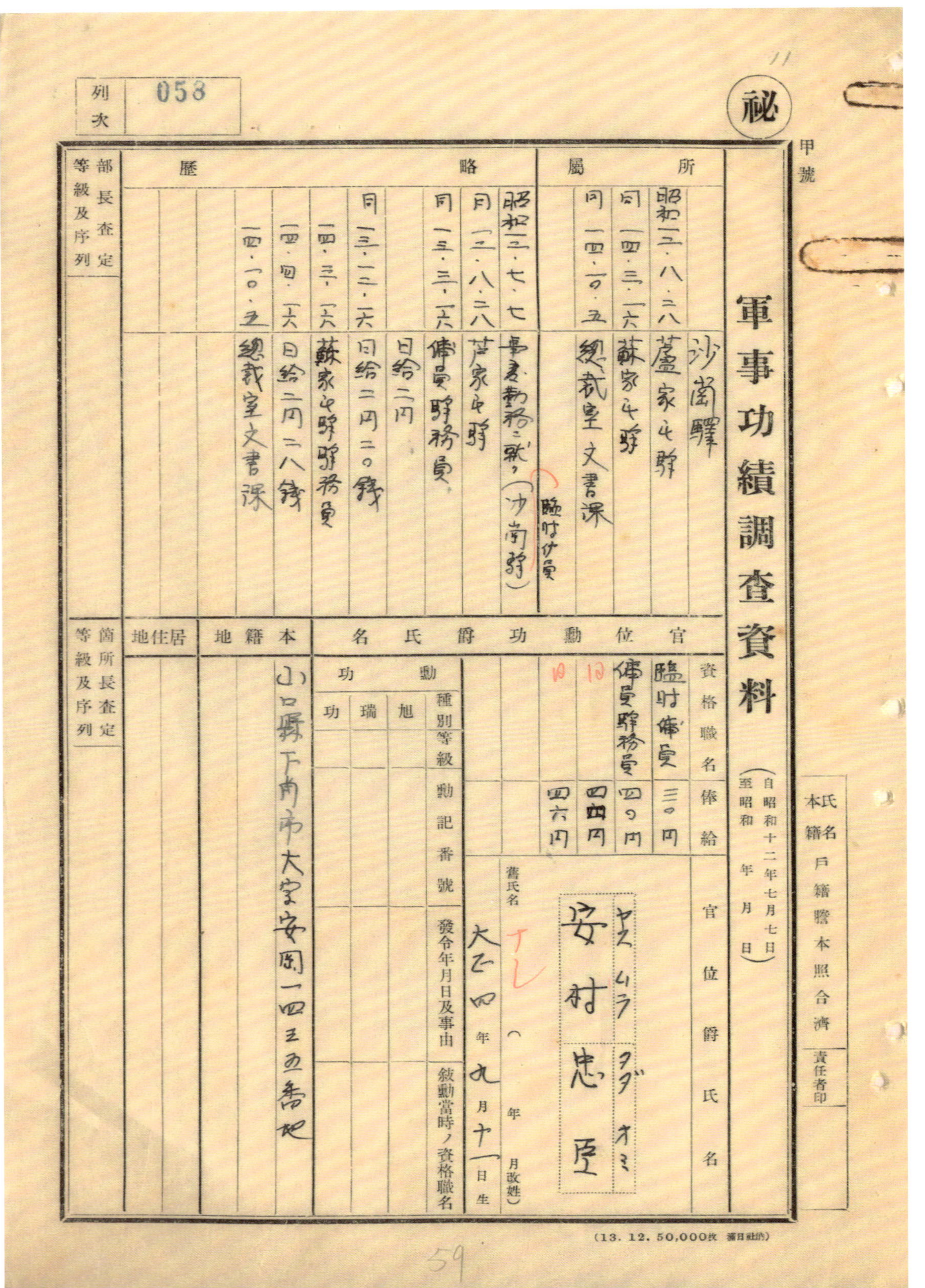

列次 058

秘

甲號

軍事功績調査資料

（自昭和十二年七月七日 至昭和　年　月　日）

氏名 本籍 戸籍謄本照合濟 責任者印

官位爵氏名：ヤスムラ タダオミ 安村忠臣（舊氏名　年　月改姓）大正四年九月十一日生

資格職名：臨時傭員、傭員驛務員

俸給：三〇円、四〇円、四四円、四六円

本籍地：山口縣下関市大字安岡一四三五番地

所屬：沙崗驛、蘆家屯驛、蘇家屯驛、總裁室文書課

略歷：
昭和一二·七·七 事変勤務ニ就ク（沙崗驛）臨時傭員
同一二·八·二八 芦家屯驛
同一三·三·一六 傭員驛務員 日給二円
同一三·一二·一六 日給二円二〇錢
一四·三·一六 蘇家屯驛驛務員
一四·四·一六 日給二円二八錢
一四·一〇·五 總裁室文書課

(13. 12. 50,000枚 滿日社納)

乙號

功績等級及序列	年月日	戰闘若クハ勤務ノ名稱
	自昭和一三 七、七 至昭和一三 八、二七	沙嶺驛ニ於ケル軍事輸送業務
	自昭和一三 八、二八 至昭和一四 三、一五	蘆家屯驛ニ於ケル軍事輸送業務

功績事項

本名ハ上記期間中沙嶺驛臨時傭員トシテ軍用列車取扱業務ニ從事シ事變勃發當初ニ於ケル連京線經由軍用列車輻輳ヲ極メル折カラ之カ運轉ヲ全カラシメ以テ軍ノ行動ニ寄與セリ

本期間中ノ業務量次ノ如シ

軍用列車取扱　一三七四

本名ハ上記期間中蘆家屯驛々務員トシテ勤務シ軍用列車取扱業務ニ從事シ始終極メテ繁忙ナリシモ不拘些カノ遺漏モナク

所屬

氏名

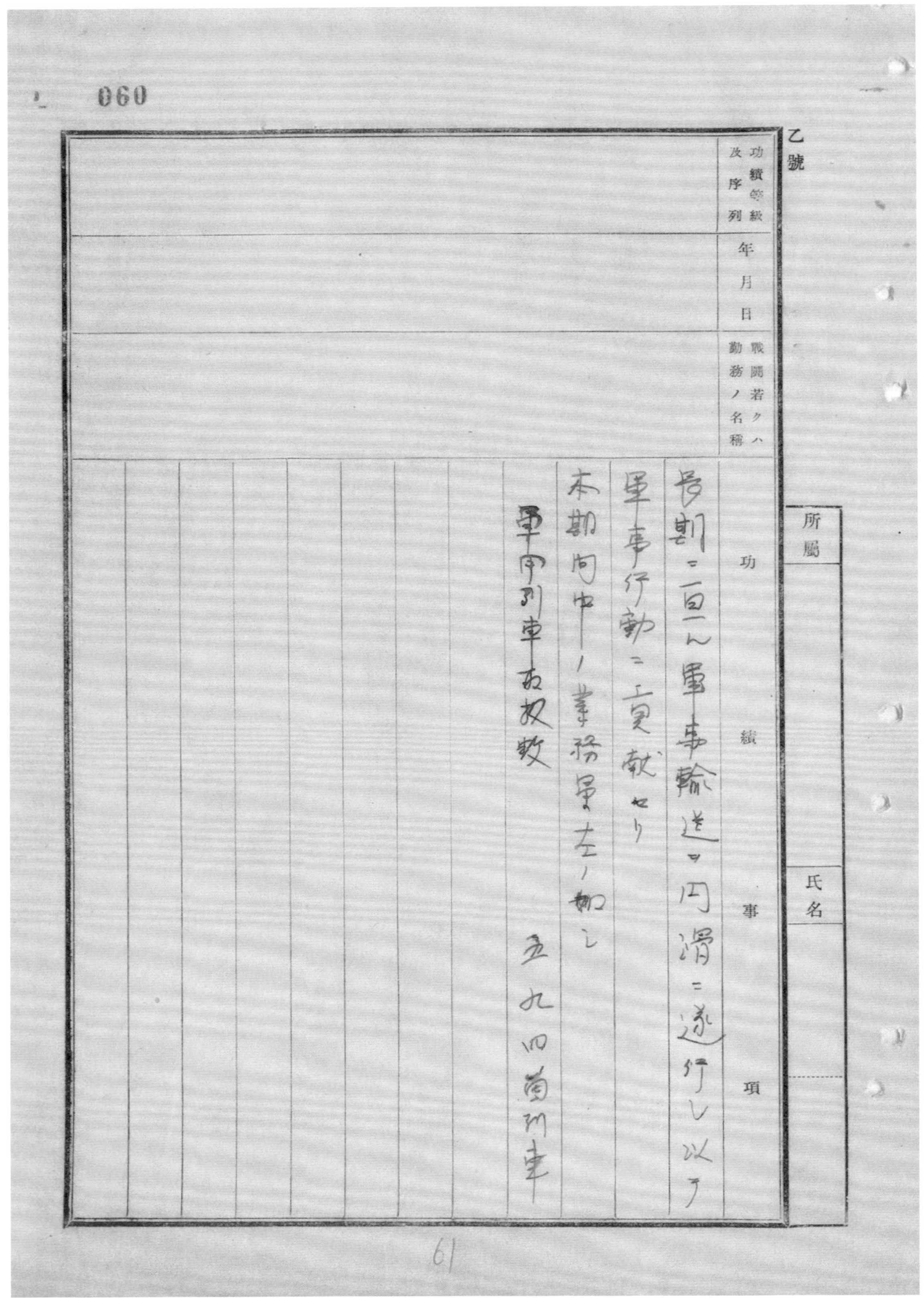

060

乙號

功績等級及序列

年月日

戰鬪若クハ勤務ノ名稱

功績事項

長期ニ亘ル軍事輸送ヲ円滑ニ遂行シ以テ
軍事行動ニ貢献セリ
本期間中ノ業務量左ノ如シ
軍用列車取扱数　五九四箇列車

所屬

氏名

61

061

乙號

功績等級及序列	慰労金 六六名中 六六位
年月日	自昭和一四、三、一六 至昭和一四、一〇、四
戰闘若クハ勤務ノ名稱	軍事輸送業務
所屬	蘇家屯驛
氏名	安村忠臣

功績事項

本名ハ上記期間中輸送上連京、安奉両線ノ接續驛トシテ軍事輸送上重要ナル位置ニ在ル蘇家屯驛ニ勤務シ驛務員トシテ小荷物員代務ヲ為ス

此ノ間軍需品小荷物ノ中継輸送ニ當リテハ克ク関係者ト連絡ヲトリ迅速正確以テ繁忙ナル中継作業ヲ遺漏ナク遂行セリ、又昭和十四年七月ヨリハ派遣員ニ對スル旅費假拂、残留家族送金等金錢出納事務ニ従事セルカ之等事務遂行ノ如何ハ前線出動派遣者ノ士気ニ影響スルトコロ尠カラサルヲ認識シ出來得ル限リノ便宜ヲ與ヘ軍事行動ヲ援助セリ、[illegible]

記

軍需品小荷物取扱　二八六箇

62

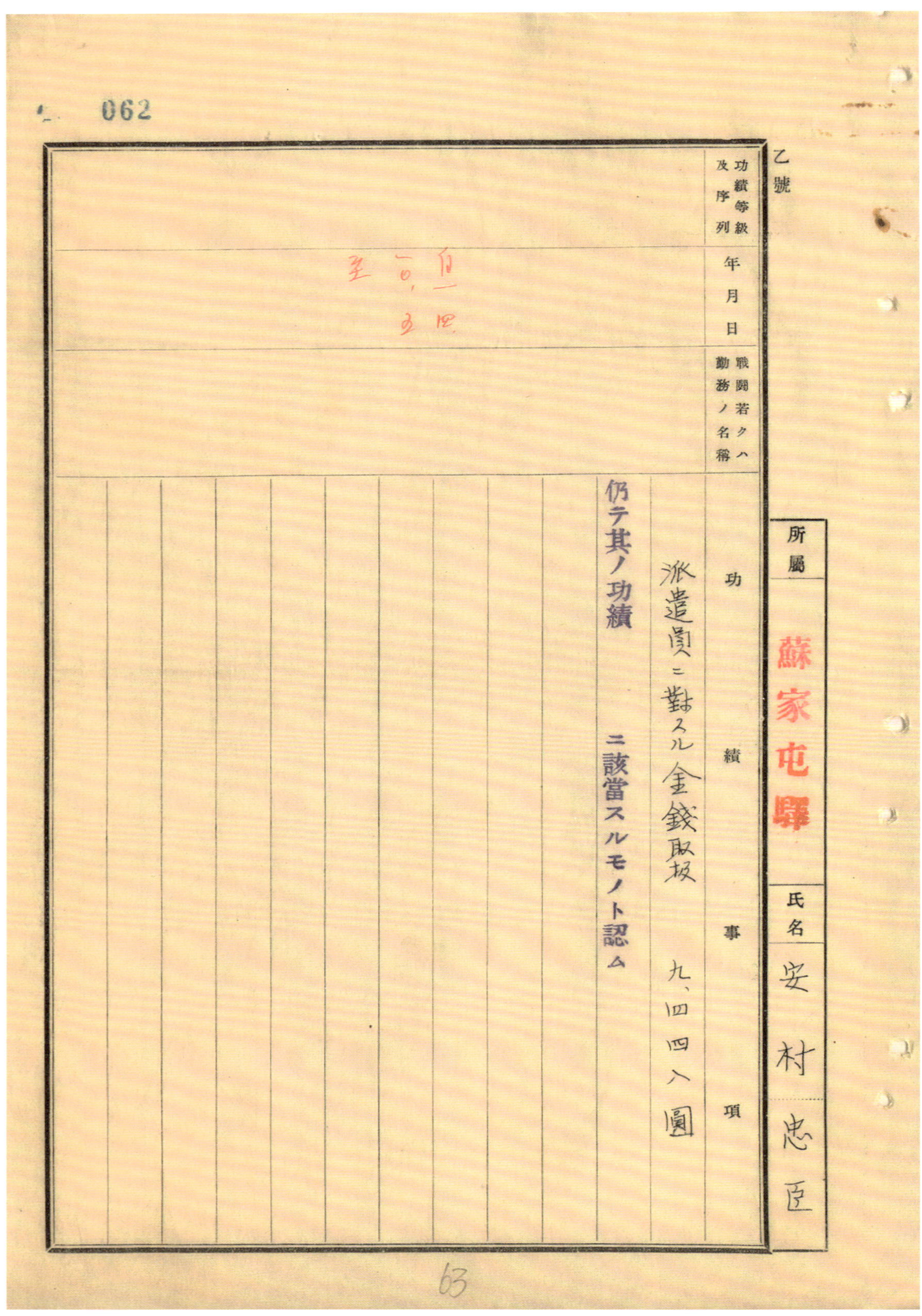

062

乙號

功績等級及序列

年月日

自一〇、一四
至一〇、五

戰闘若クハ勤務ノ名稱

功績事項

派遣員ニ對スル金錢取扱 九、四四四八圓

仍テ其ノ功績ニ該當スルモノト認ム

所屬 蘇家屯驛

氏名 安村忠臣

63

063

乙號

功績等級及序列	
年月日	自昭和十四、一〇、一五 至昭和十五、四、二八
戰鬪若クハ勤務ノ名稱	本邦文書課ニ於ケル人事關係事務所屬員ノ派遣出張竝ニ伴フ給與諸業務功績調査

所屬	
氏名	

功績事項

事變ノ進展ニ伴ヒ軍竝現地機關ヨリ職員派遣ノ要求頻リニシテ其ノ都度人員ヲ差繰リ所要ノ人員ヲ派遣シ當該箇所ノ業務ヲ援助セリ

而シテ派遣者ハ何レモ北京、天津、青島、濟南、上海、大同等現地ニ於テ軍ニ協力セリ

本名ハ之等派遣者ノ出張手續、給與、防疫其ノ他課員全部ノ功績調査竝上申等常時事務繁忙ナルニモ拘ラズ上記期間迅速適確ニ克ク諸事務ヲ處理セリ　其ノ處理件數左ノ如シ

一、派遣人員　三五名

一、功績調査取扱數　二五〇件

64

总裁室文书课职员奥山勤军事功绩调查资料（一九三七年七月七日）

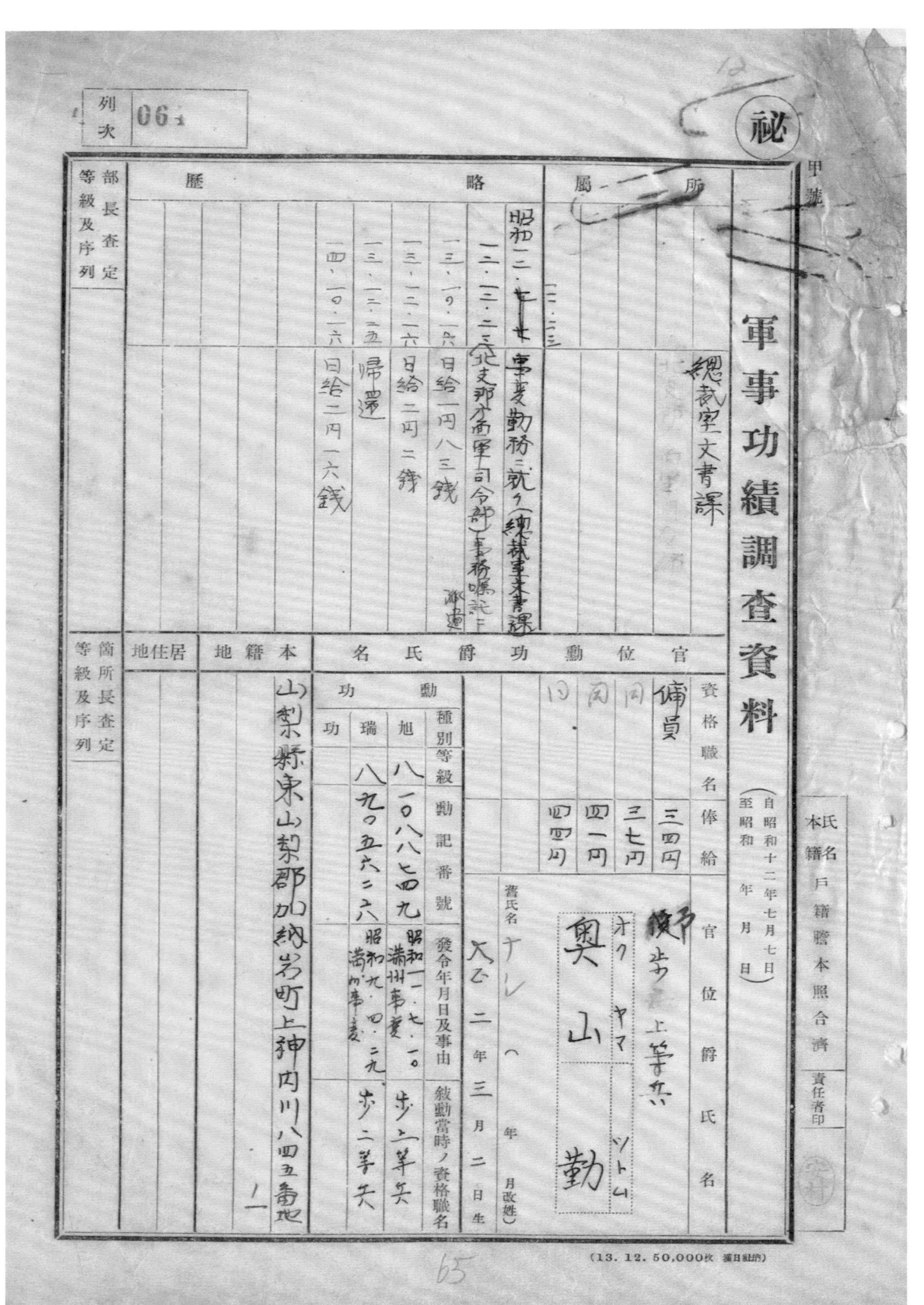

列次 061

秘

甲號

軍事功績調査資料

（自昭和十二年七月七日 至昭和　年　月　日）

所屬	歷略
總裁室文書課	昭和一二・七・七 事変勤務ニ就ク（總裁室文書課）
	一二・一二・二三 （北支那方面軍司令部）事務嘱託トシテ派遣
	一三・一〇・一六 日給一円八三銭
	一三・一二・一六 日給二円二銭
	一三・一二・二五 帰還
	一四・一〇・一六 日給二円一六銭

部長査定等級及序列：

資格職名	俸給
傭員	三四円
同	三七円
同	四一円
同	四四円

官位爵氏名：陸步上等兵 奥山勤（オク ヤマ ツトム）

舊氏名（　年　月改姓）

大正二年三月二日生

種別等級	勲記番號	發令年月日及事由	敍勲當時ノ資格職名
旭八	一〇八八七四九	昭和一一・七・一〇 満洲事変	歩上等兵
瑞八	九〇五六二八	昭和九・四・二九 満洲事変	歩二等兵

本籍地：山梨縣東山梨郡加納岩町上神内川八四五番地

居住地：

箇所長査定等級及序列：

氏名本籍 戸籍謄本照合濟

責任者印

（13. 12. 50,000枚 滿日印刷）

65

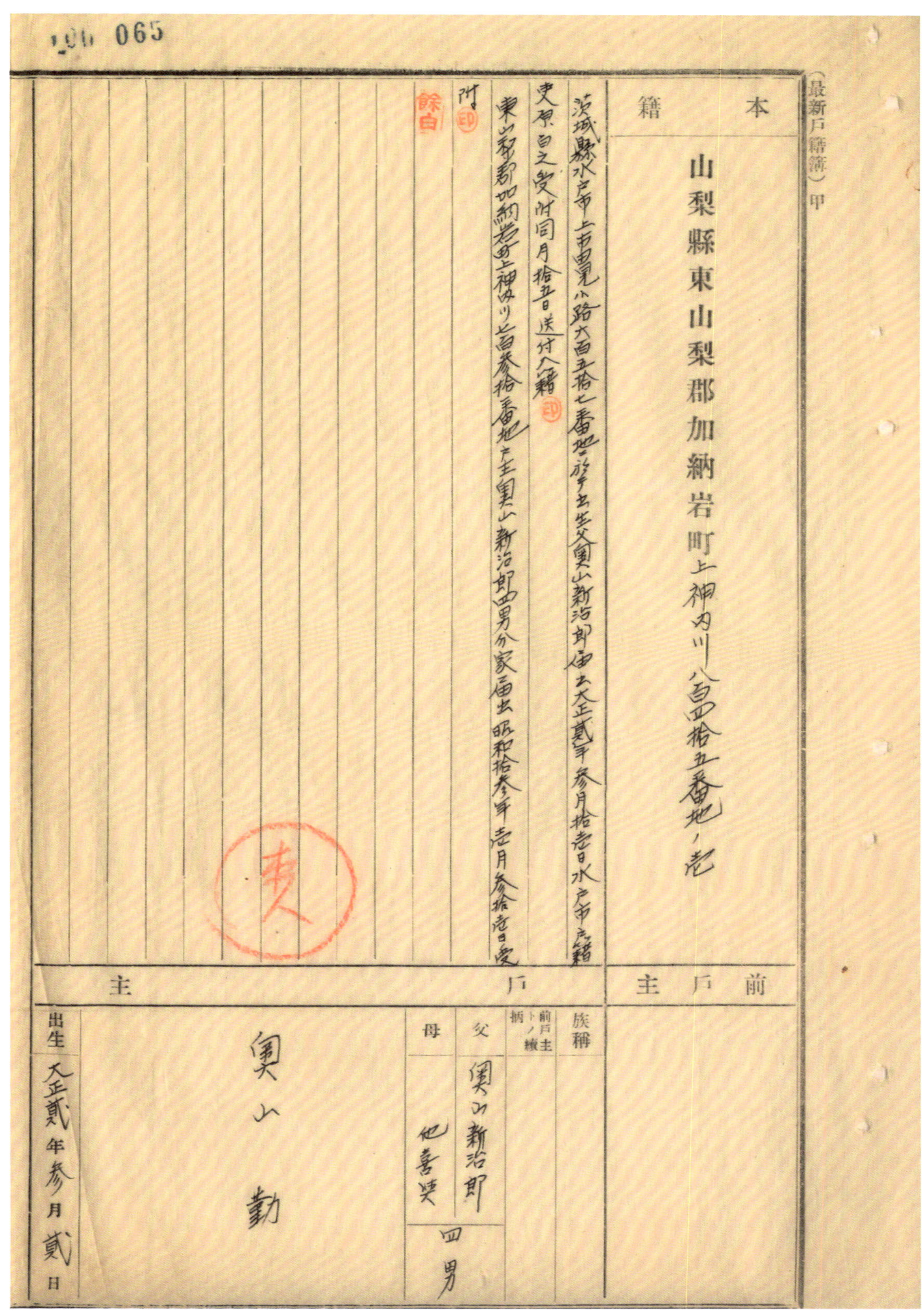

（最新戸籍簿）甲

本籍	山梨縣東山梨郡加納岩町上神内川八百四拾五番地ノ壱

茨城縣水戸市上市田見小路六百五拾七番地ニ於テ出生父奥山新治郎届出大正貳年參月拾壹日水戸市戸籍吏原白之受附同月拾五日送付入籍 印

東山梨郡加納岩町上神内川七百參拾番地戸主奥山新治郎四男分家届出昭和拾參年壹月參拾壹日受附 印

餘白

前戸主	戸主
	奥山勤

族稱	前戸主トノ續柄	父	母	出生
	四男	奥山新治郎	他喜英	大正貳年參月貳日

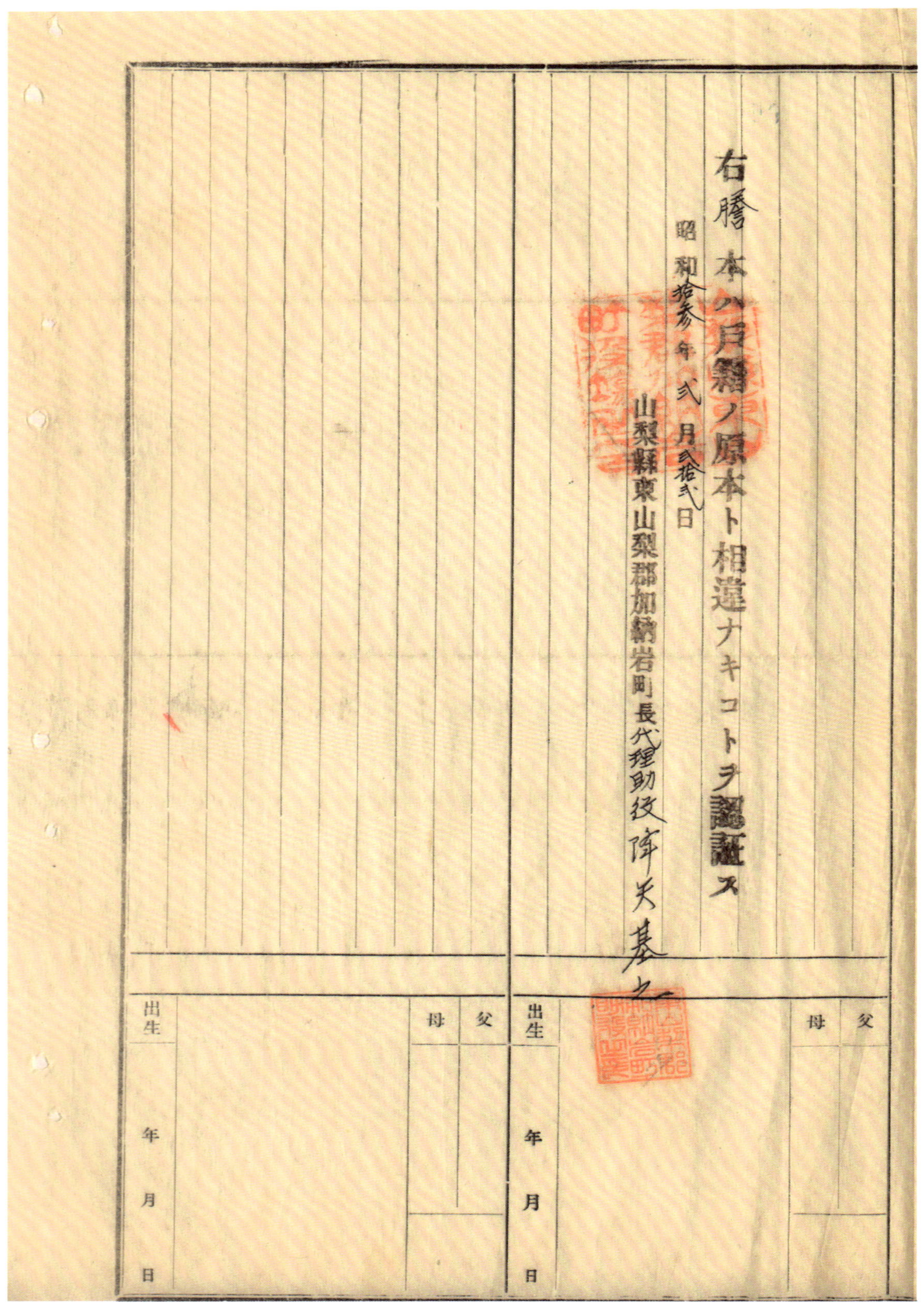
右謄本ハ戸籍ノ原本ト相違ナキコトヲ認證ス
昭和拾参年弐月弐拾弐日
山梨縣東山梨郡加納岩町長代理助役降矢甚之

出生		母	父
年 月 日			

出生		母	父
年 月 日			

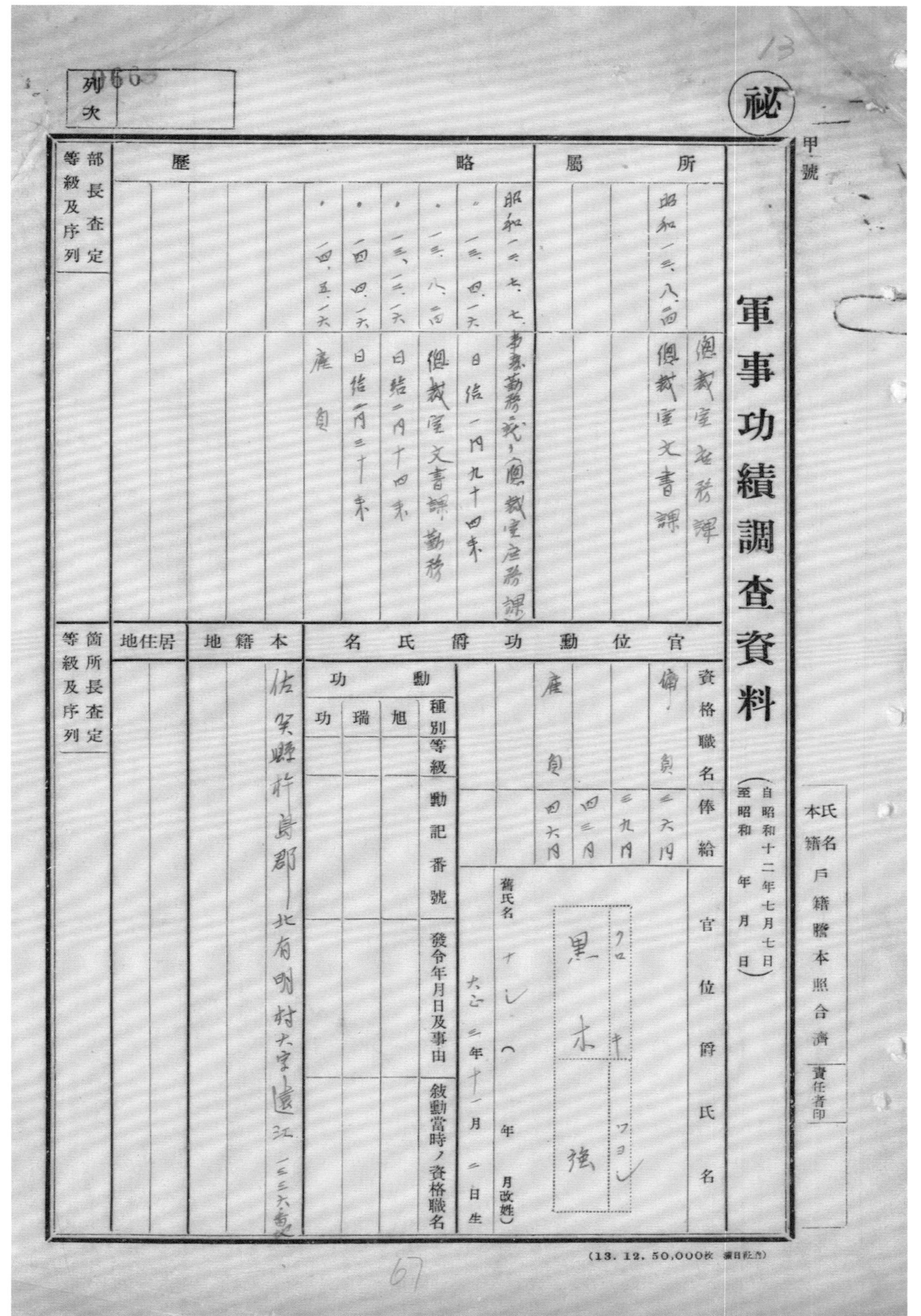

列次 060

13

㊙

甲號

軍事功績調査資料（自昭和十二年七月七日 至昭和 年 月 日）

所屬

昭和一三、八、四 總裁室庶務課

總裁室文書課

歴略

昭和一二、七、七 事變勤務ニ就ク（總裁室庶務課）

一三、四、一六 日給一円九十四銭

一三、八、四 總裁室文書課勤務

一三、一二、一六 日給二円十四銭

一四、四、一六 日給二円三十銭

一四、五、一六 雇員

部長査定等級及序列

官位勲功爵氏名

資格職名 傭員 雇員

俸給 二六円 三九円 四三円 四六円

官位爵氏名 黒木（クロキ）強（ツヨシ）

舊氏名 ナシ（ 年 月改姓）

大正二年十一月二日生

勲功			
種別等級	旭	瑞	功
勲記番號			
發令年月日及事由			
敍勲當時ノ資格職名			

本籍地 佐賀縣杵島郡北有明村大字遠江一二三六番地

居住地

箇所長査定等級及序列

氏名 本籍 戸籍謄本照合濟 責任者印

（13. 12. 50,000枚 滿日社印）

67

乙號

功績等級及序列	
年月日	自昭和一二、七、七 至昭和一三、八、二三
職闘若クハ勤務ノ名稱	人事関係事務社職務傷病事務取扱業務

所属：總裁室庶務課

氏名：黒木強

功績事項

事変勃発スルヤ會社ハ軍[illegible]一致ノモトニ皇軍
ノ活躍ト相俟チ忽遽前線各地ニ治安工作又
ハ宣撫班トシテ多数社員ヲ派遣セリ
本処ハ上記期間之等派遣者又ハ轉勤者ノ轉勤
通知、北支旅行証明書、傳染病予防注射証明書
ノ発行取扱ニ従事セルカ前記派遣者ハ任地
ト業務ノ関係上單独派遣ナル為之等社員
ヲシテ後顧ノ憂ナカラシメ専心事変勤務ニ精
励努力以テ皇軍ノ目的貫徹ニ邁進セシムル為
更ニ之等家族（社員留守宅家族）ノ萬般ニ亘ル
相談、世話、援助指導ヲナスヘク詳細ナル留守
宅家族調書等ヲ作成整ヘセシ為頻ニ事

068

乙號

功績等級及序列	
年月日	
戰闘若クハ勤務ノ名稱	

所屬

氏名

功績事項

務輻輳セシモ克ク苦精勵克ク該事項ヲ處理セリ。當時北支ハ炎熱酷暑ノ為悪疫流行シ冬期ハ零下三十数ヲ降ル嚴寒ナリシモ派遣者ハ命ヲ賭シ寸暇休養ノ暇モ無ク文字通リ困苦欠乏業務ニ邁進セシ為多数社員中ニハ身心ニ自然無理ヲ生シ右事由ニ依リ罹病発熱シ負傷帰還ノ止ムナキニ至リタル者多キヲ数ヘタリ、之等社員ヲ職務傷病者トシテ取扱方ヲ申請手續セリ

其ノ處理件数左ノ如シ

一、轉勤通知　一七六件、

一、職務傷病者取扱数　一六件、

計　一九二件、

69

069

乙號

功績等級及序列	
年月日	自昭和一三、八、二四 至昭和一五、四、二八
戰鬪若クハ勤務ノ名稱	人事関係事務 所属員ノ派遣出張並之ニ伴フ諸業務

所屬	總裁室文書課
氏名	黒木　強

功績事項

上記ノ如ク間接的軍ニ寄與セル所勘カラス

仍テ其ノ功績ハ　　ニ該當スルモノト認ム

事変ノ進展ニ伴ヒ軍ノ現地機関ヨリ社員派遣ノ要求頻リニシテ其ノ都度人員ヲ差繰リ所要ノ人員ヲ派遣シ當該箇所ノ業務ヲ援助セリ

而シテ派遣者ハ何レモ北京、天津、青島、濟南上海、大同等現地ニ於テ軍ニ協力セリ

本処ハ之等派遣者ノ出張手續キ、給與、防疫其ノ他課員全部ノ功績調査並上申等常時事務繁忙ナルニモ拘ラス上記期間迅速適確ニ克ク該事務ヲ處理セリ、

70

乙號

功績等級及序列	年月日	戰鬪若クハ勤務ノ名稱

所屬

氏名

功績事項

陸軍ノ要求ニ依リ多数優秀社員ヲ現地ヘ派遣セシ為当然本来ノ業務遂行上人員ニ不足ヲ来シ之等派遣社員ノ補充等ヲナシ困難ナ軍部ノ要求ニ即応シ以テ些ノ支障ヲモ来サザル様終始事局ノ重大ヲ認識シ万遺漏ナキヲ期シ採用地養成ニ努メタリ其ノ処理件数左ノ如シ

一、派遣人員累計　一七三名

一、延日数累計　六、六七八日

一、新採用　一二三名

一、功績調査取扱数　二五〇件

右ハ間接的軍事行動遂行上貢献セル所大ナル

71

071

乙號

所屬　總裁室文書課

氏名　黒木　強

功績等級及序列	年月日	職闘若クハ勤務ノ名稱
	自昭和一五、一、八 至昭和一五、一二、一二	大同炭礦開發ニ對スル努力

功績事項

モノアリ。

仍テ其ノ功績ハ　　ニ該當スルモノト認ム

北支蒙疆ニ於テ埋蔵量百億噸ヲ有スル大同
炭礦ノ地位ハ蓋シ軍事行動上將亦産業
上特筆スヘキ存在ニシテ本炭礦ノ開發ハ
實ニ重大ノ意義ヲ有スルモノナリ。故ニ之カ経營
方針並投資方法等ニ付テハ關係各方面ノ連
繫上多大ノ手数ヲ要スルモノアリ。
本名ハ上記期間右ニ對スル連絡業務遂行
ノ為現地大同、張家口ヘ出張シ軍並關係
機關トノ連絡業務ニ當リ開發促進ニ多大ノ貢献

72

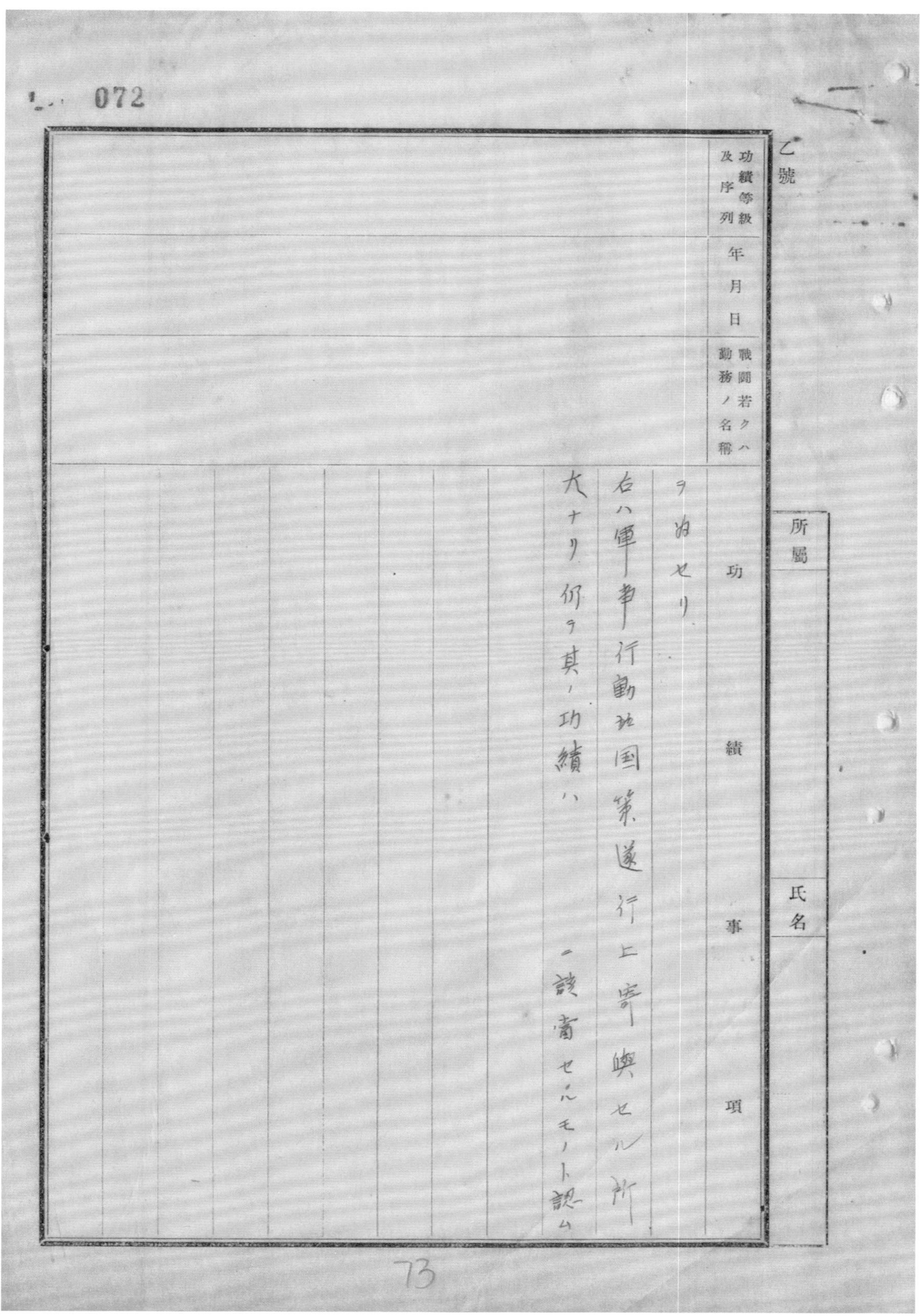

乙號

功績等級及序列	
年月日	
戰鬪若クハ勤務ノ名稱	
功績事項	ヲ為セリ 右ハ軍事行動並国策遂行上寄與セル所 大ナリ仍テ其ノ功績ハ　ニ該當セルモノト認ム
所屬	
氏名	

73

总裁室文书课职员矢彦泽丰军事功绩调查资料（一九三七年七月七日）

141

列次 077

秘

甲號

軍事功績調査資料

（自昭和十二年七月七日
至昭和　年　月　日）

氏名
本籍
戸籍謄本照合濟
責任者印

所属

昭和一四・四・五
新京支社鉄道課
総裁室文書課

略歴

昭和一二・七・七　事変勤務ニ就ク（京支鉄道課）
一二・一〇・一　月俸一二二円
一三・一〇・一　月俸一三五円
一四・一・一　月俸一四九円
一四・二・一　副参事
一四・四・五　総裁室文書課文書係主任
一四・四・一〇　月俸一七五円
一四・六・一　総裁室文書課長代理兼渉外係主任
一四・六・二七　兼文書課特信班主任

部長査定　等級及序列

官位勲功爵氏名

資格職名	俸給
職員總務係主任	一一二円
	一二二円
	一三五円
副参事	一四九円
文書係主任	一七五円

官位爵氏名　ヤヒコザワ　矢彦澤　ユタク　豐

舊氏名　（　年　月改姓）

明治三五年七月二八日生

勲功	種別等級	勲記番號	發令年月日及事由	敍勲當時ノ資格職名
旭				
瑞				
功				

本籍地　長野縣東筑摩郡筑摩地村六七番地

居住地

箇所長査定　等級及序列

（13. 12. 50,000枚　滿日印刷）

78

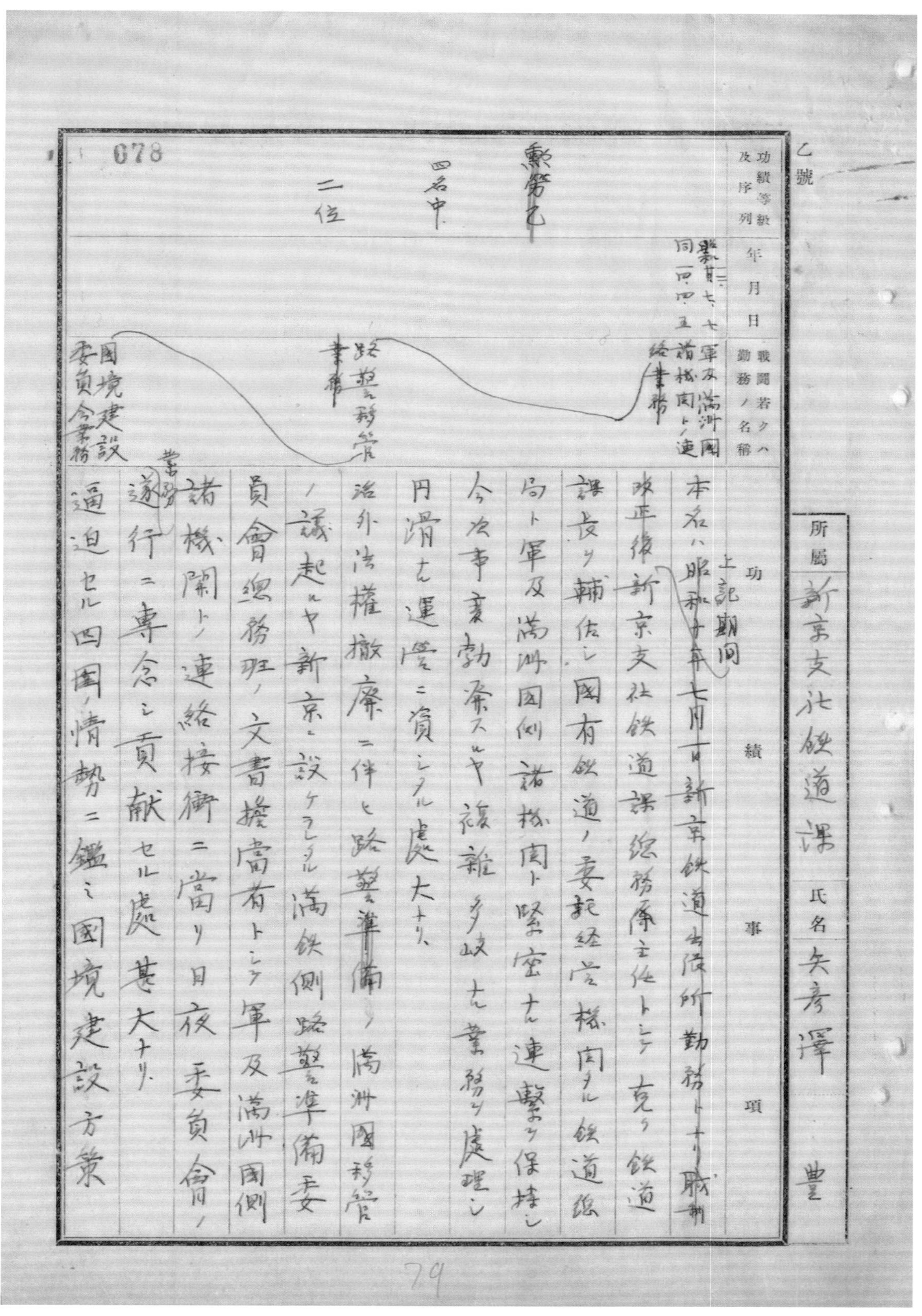

乙號

功績等級及序列	年月日	戰闘若クハ勤務ノ名稱
勲第乙 四名中 二位	自昭十二、七、七 至同十四、四、五	軍及満洲國諸機関トノ連絡業務 路警移管業務 國境建設委員會業務

所屬：新京支社鉄道課

氏名：矢彦澤 豊

功績事項

本名ハ上記期間昭和十年七月十日新京鉄道局出張所勤務トナリ職制改正後新京支社鉄道課總務係主任トシテ克ク鉄道課長ヲ輔佐シ國有鉄道ノ委託経営機関タル鉄道總局ト軍及満洲國側諸機関ト緊密ナル連繋ヲ保持シ今次事変勃発スルヤ複雑多岐ナル業務ヲ處理シ円滑ナル運営ニ資シタル處大ナリ、

治外法権撤廃ニ伴ヒ路警準備ノ満洲國移管ノ議起ルヤ新京ニ設ケラレタル満鉄側路警準備委員會總務班ノ文書擔當者トシテ軍及満洲國側諸機関トノ連絡接衝ニ當リ日夜委員會ノ業務遂行ニ専念シ貢献セル處甚大ナリ、

逼迫セル四圍ノ情勢ニ鑑ミ國境建設方策

078

79

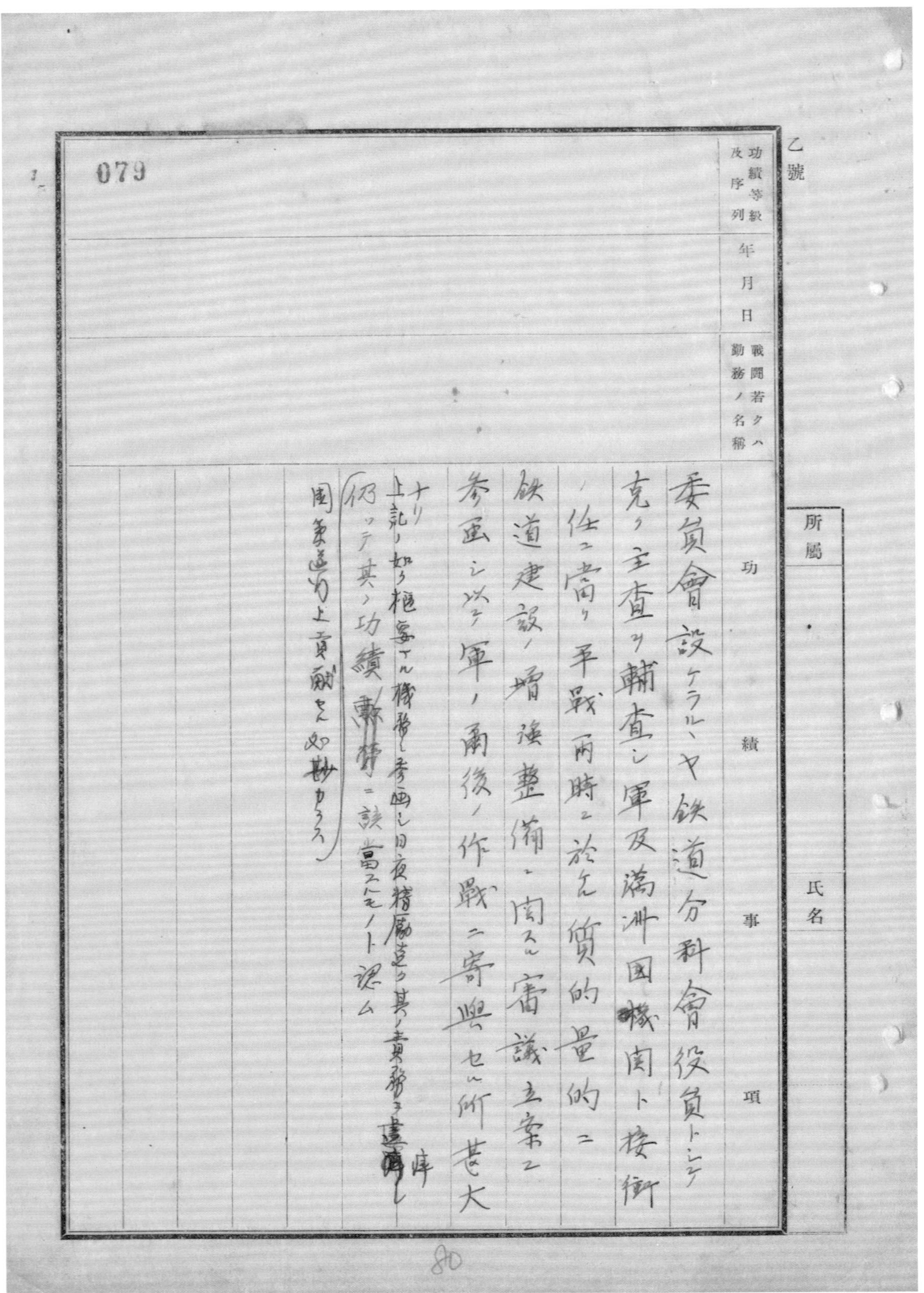

079

乙號

功績等級及序列	
年月日	
戰闘若クハ勤務ノ名稱	
功績事項	委員會設ケラルヽヤ鉄道分科會役員トシテ克ク主査ヲ輔査シ軍及満洲国機関ト接衝ノ任ニ當リ平戦両時ニ於ケル質的量的ニ鉄道建設ノ増強整備ニ関スル審議立案ニ参画シ以テ軍ノ爾後ノ作戦ニ寄與セル所甚大ナリ 上記ノ如ク樞要ナル職務ニ参画シ日夜精励克ク其ノ責務ヲ遂行シ (仍ッテ其ノ功績~~勲特~~ニ該當スルモノト認ム 国策遂行上貢献セル処尠カラス)

所屬	
氏名	

80

080

乙號

功績等級及序列	
年月日	自昭和一四、四、五 至昭和一五、四、二八
戰鬪若クハ勤務ノ名稱	事變間文書立案並樞機參劃 （總裁室文書課長代理）

所屬 總裁室文書課

氏名 矢彦澤豊

功績事項

本名ハ上記期間滿鐵總裁室文書課長代理
トシテ重役課長ヲ補佐シ終始時局ノ重大
ヲ認識シ軍事行動ニ對スル會社關係
運營連絡並指導督勵ニ當リ就中北中
支ノ產業開發ニ於テハ國策遂行上多大ノ
貢献ヲ為セリ
其ノ主ナル事績ヲ擧グレバ次ノ如シ
一、北支事務局移行並同殘務整理ノ對策（自一四、四、一七 至一五、四、二八）
北支ノ情勢推移ニ順應シ華北交通會社
設立案決定セルヤ關係箇所ト密接ナル
連繫ヲ計リ大陸交通經營ノ重要性ニ立
脚シ國策ニ則リテ諸般ノ移行準備

81

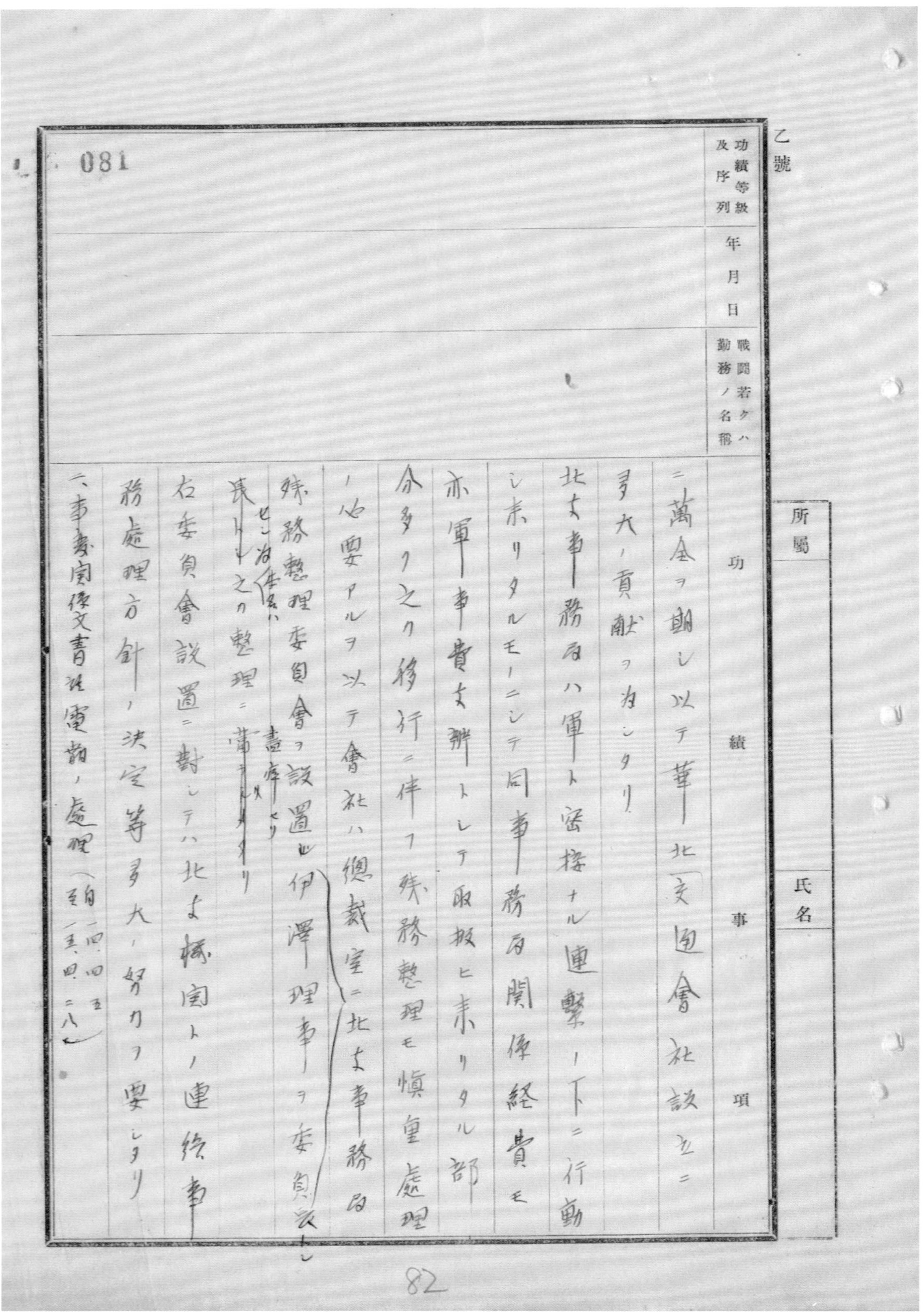

081

乙號

功績等級及序列	
年月日	
戰鬪若クハ勤務ノ名稱	

所屬

氏名

功績事項

ニ萬金ヲ助シ以テ華北交通會社設立ニ
ヨク大ノ貢献ヲ為シタリ
北支事務局ハ軍ト密接ナル連繋ノ下ニ行動
シ来リタルモノニシテ同事務局関係経費モ
亦軍事費支辦トシテ取扱ヒ来リタル部
分多ク之カ移行ニ伴フ残務整理モ慎重處理
ノ必要アルヲ以テ會社ハ總裁室ニ北支事務局
残務整理委員會ヲ設置シ伊澤理事ヲ委員長トシ
長トシ七二名係員ハ之カ整理ニ當ラシメタリ　畫策セリ
右委員會設置ニ對シテハ北支機関トノ連絡事
務處理方針ノ決定等ヲ大ナル努力ヲ要シタリ
二、事変関係文書及電報ノ處理（自一四、四、五 至一五、四、二八）

82

乙號

082

功績等級及序列	
年月日	
戰闘若クハ勤務ノ名稱	

所屬

氏名

功績事項

事變ノ擴大ニ伴ヒ文書関係業務ハ頓ニ増加ヲ
來シ殊ニ時局ニ関聯セル各種文書、電報ノ處理
ニ當リテハ確實迅速ヲ期シ克ク部下ヲ督勵シ上司ノ命ヲ遂
行シ機秘密書類ノ保管整理並秘密ノ嚴守、防諜
ニ一段ノ注意ヲ拂ヒ以テ軍ノ作戰ニ寄與スルコト
ニ努メタリ

三、増資関係業務（自一四、七、一三 至一四、一二、八）
現下ノ時局ニ鑑ミ日満共同防衛力ノ強化就中
作戰準備ノ完遂及ヒ防産業ノ確立ニ萬遺
憾ナカラシムルヲ目途トシ満洲ニ於ケル新
事態ニ照應シテ満鐵ノ増資並組織ノ缺
ノ資質上一元的運營ノ強化ヲ圖リ以テ交通運

83

083

乙號

功績等級及序列	
年月日	
戰鬪若クハ勤務ノ名稱	

所屬

氏名

功績事項

輸ノ飛躍的擴大ヲ期スルヲ以テ主眼トセリ
本名ハ之ガ關係各方面ノ意見ヲ聽取、取纒メ中央
機關トノ折衝並重役會議開催ノ準備手配ヲ
爲シ以テ六億増資ヲ成功セシメタリ之カ増資決定ニ
依リ滿鐵ハ刻下ノ急務タル鐵道網ノ擴充、輸送
力ノ増強、港灣設備、石炭、製油事業ノ擴大
等ノ遂行ヲ可能ナラシメ以テ軍ノ作戰遂行上
將亦軍事輸送並産業開發ニ寄與セル處甚大ニ
シテ本名ハ本事ノ重要性ヲ認識シ日夜精勵克苦
克ク業務ニ適確ニ處理シ些ノ遺憾モナカラシメタリ
四、會社重要企畫業務（自一四、四、五 至一五、四、二八）
會社機構ヲシテ戰時體制ニ即應セシメ以テ軍事

84

乙號

功績等級及序列	
年月日	
戰鬪若クハ勤務ノ名稱	

所屬	
氏名	

功績事項

輸送、作戰上些ノ遺憾ナキヲ期シ會社重要政策
並軍部ノ要求ニ關スル重要企畫ノ大綱的研究
ヲ適時且迅速ニ爲サンカ為副總裁ヲ委員長トシ本社
ニ企畫委員會ヲ設置セラレ自ラ之ヲ文書課ニテ担当セシ為
本名ハ幹事ヲ補佐シ屢委員ヲ參集シ大陸交通運営
機構調整現下飛躍期ニ於ケル滿鐵ノ経営方針研究、
日滿支経済ノ將来、北支及北滿厚生施設調査分科會
ノ設置並器材購入對策、職製改正、増資問題等重
要企畫ヲ適切ニ審議検討シ以テ軍作戰並軍事
輸送上貢獻セル處甚大ナリ
五、軍其ノ他トノ連絡事務（自一四、四、一八 至一五、四、二八）
本社時局連絡委員會廃止後ニ於ケル軍對會社トノ

乙號

085

功績等級及序列	年月日	戰闘若クハ勤務ノ名稱	功績事項
			連絡ニハ文書課之ニ當リ本名ハ之カ緊密化ニ努メ 課員ヲシテ各種文書電報等ノ處理ニ當ラシメ迅速正 確ヲ期シ日夜精勵軍諸一如以テ軍ノ作戰ニ寄與セリ 六、大同炭礦開發ニ對スル努力（自一四、四、五 至一五、四、二八） 北支蒙疆ニ於テ埋藏量百億噸ヲ有スル大同炭礦ノ如キ ハ蓋シ軍事上將亦産業上特筆スヘキ存在ニシテ 本炭礦ノ開發ハ實ニ重大ノ意義ヲ有スルモノナリ 本名ハ該業ヲ継承シ北支現地ニ或ハ新京、撫順等（鉱ノ迄先折衝ニ当リ經大課員ヲ）継 来課員ヲ出張セシメ以テ開發促進ニ関シ多大ノ貢 献ヲ為シ一月十日大同炭礦株式會社ノ創立ヲ見タリ 以上ノ如ク指導監督ノ萬全ヲ期シ當時事 務繁忙ナルニモ拘ラス日夜勤勵克ク不撓ノ努力

所屬	氏名

86

乙號

功績等級及序列	年月日	戰闘若クハ勤務ノ名稱
086		

所屬

氏名

功績事項

七 軍事関係暗号業務

會社軍事関係暗号業務ノ計畫責任者トシテ緻密ナル準備計畫ニ基キ暗号使用者ヲシテ動員シ軍事輸送ノ進展ニ伴ヒ占領鉄道全域ニ亘ル軍事関係暗号業務ノ指揮監督ニ當リ献身的努力ヲ盡シ以テ軍機防衛ニ多大ナル功績ヲ効シ尚會社警防責任者トシテ重要施設ノ防護及軍事機密ノ防諜ニ當リ以テ軍作戦遂行ニ貢献寄與セリ

以上ノ如ク指導監督ノ萬全ヲ期シ常ニ時事務繁忙ナルニモ拘ラズ上記期間亘リ不撓ノ努力

87

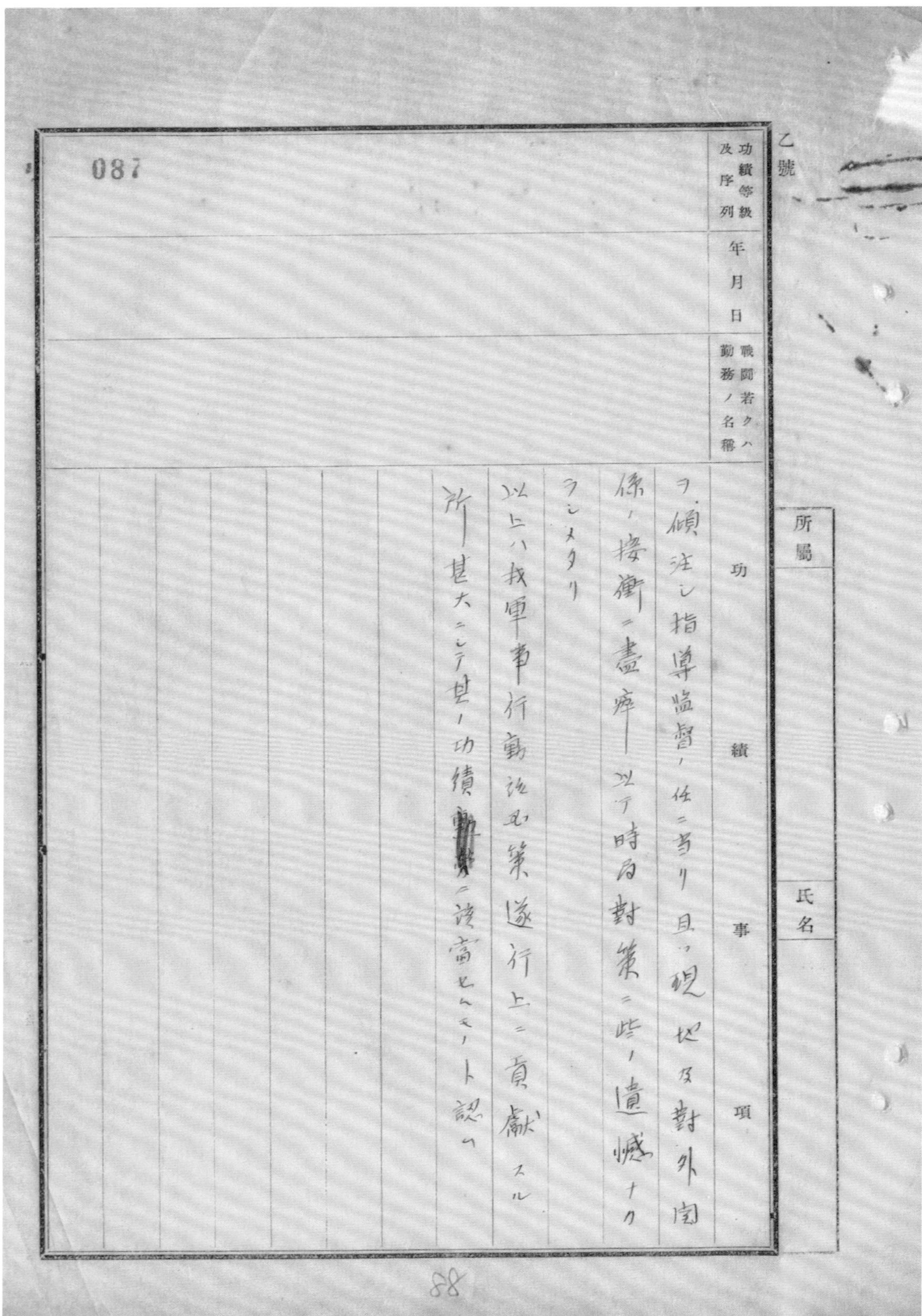

087

乙號

功績等級及序列	
年月日	
戰鬪若クハ勤務ノ名稱	
功績事項	ヲ傾注シ指導臨督ノ任ニ当リ且ツ現地及對外関係ノ接衝ニ盡瘁シ以テ時局對策ニ些ノ遺憾ナカラシメタリ 以上ハ我軍事行動並ニ策遂行上ニ貢獻スル所甚大ニシテ其ノ功績[illegible]ニ該當セルモノト認ム

所屬	
氏名	

88

总裁室文书课职员井上二郎军事功绩调查资料（一九三七年七月七日）

列次 097

㊙

甲

軍事功績調査資料

（自昭和十二年七月七日 至昭和　年　月　日）

所屬

年月日	所屬
	新京支社業務課
昭和一二・七・二〇	産業部商工課
一三・二・一八	大連埠頭事務所第二埠頭係
一三・八・二一	大連列車区車掌心得
一三・九・一	同車掌

略歷

年月日	略歷
昭和三・七・一八	事変勤務ニ就ク（京支業務課）
一二・七・二〇	産業部商工課
一二・一二・一八	貨物員（大連埠頭事務所）
一三・四・一	八一円
一三・八・二一	奉天鉄道局車掌講習修了
一三・九・一	車掌
一三・一〇・二六	貨物助役　大連埠頭事務所
一四・四・一	九〇円
	吾妻駅（一四・四・二）
一四・四・六	九八円
一四・八・二五	總裁室文書課（一四・八・二九）

部長査定 等級及序列

官位勳功爵氏名

資格職名	俸給
職員	七四円
職員貨物員	八一円
同　車掌	八一円
職員貨物助役	
	九〇円
職員	九八円

官位爵氏名：井上二郎（イノウエ ジロウ）

舊氏名：ナシ（　年　月改姓）

明治四十四年三月十一日生

勳功

種別等級	勳記番號	發令年月日及事由	敍勳當時ノ資格職名
旭			
瑞			
功			

本籍地：廣島縣神石郡高蓋村一三番屋敷

居住地：

箇所長査定 等級及序列

本籍 氏名 戸籍謄本照合濟

責任者印

（13. 12. 50,000枚 満日社印）

98

098

乙號

功績等級及序列	功勞一 二一名中 二一位
年月日	自昭一二、八、一三 至同一三、八、一〇
戰鬪若クハ勤務ノ名稱	大連埠頭ニ於ケル軍事輸送 及一般業務
所屬	大連埠頭事務所
氏名	井上二郎

功績事項

本名ハ上記期間中大連埠頭事務所第二埠頭係貨物員トシテ軍需品船舶場搭及ヒ輸送業務ヲ担当シ常ニ停車場司令部及ヒ碇泊場司令部ノ命令ヲ遵守シ優先軍需資材ノ輸送ニ当リ安全且ツ迅速ヲ期シ又之ニ伴フ防諜対策ノ警戒網ノ強化等一般貨客激増ノ折柄晝夜兼行不眠不休一意軍ノ意図達成ニ努メタリ

就中戰車砲車ノ如キ瑣大兵器ノ船車場搭ニ於テハ卓越セル技術ト多年ノ経験ヲ以テスルモ尚幾多ノ危険ト多大ノ苦心ヲ伴フモノニシテ増シテ厳寒夜間作業ノ如キ其ノ心労思ヒ半ニ過キルモノアリ他方戰局ノ進展ニ伴ヒ多数従事員

B列5　　14.2—50.000枚. 滿洲納

99

099

乙號

功績等級及序列

年月日

戰鬪若クハ勤務ノ名稱

功績事項

所屬 大連埠頭事務所

氏名 井上二郎

北支派遣ニ極度ニ減少セル社員ヲ以テ繁激ナル業務ト間断ナキ心労良ク克服以テ軍ノ行動ニ貢献スルトコロ偉大ナリ

記

船舶取扱隻数　四隻

〃　屯数　一、六六四屯

仍テ其ノ功績ニ該當スルモノト認ム

B列5　14.2—50.000枚.滿洲納

100

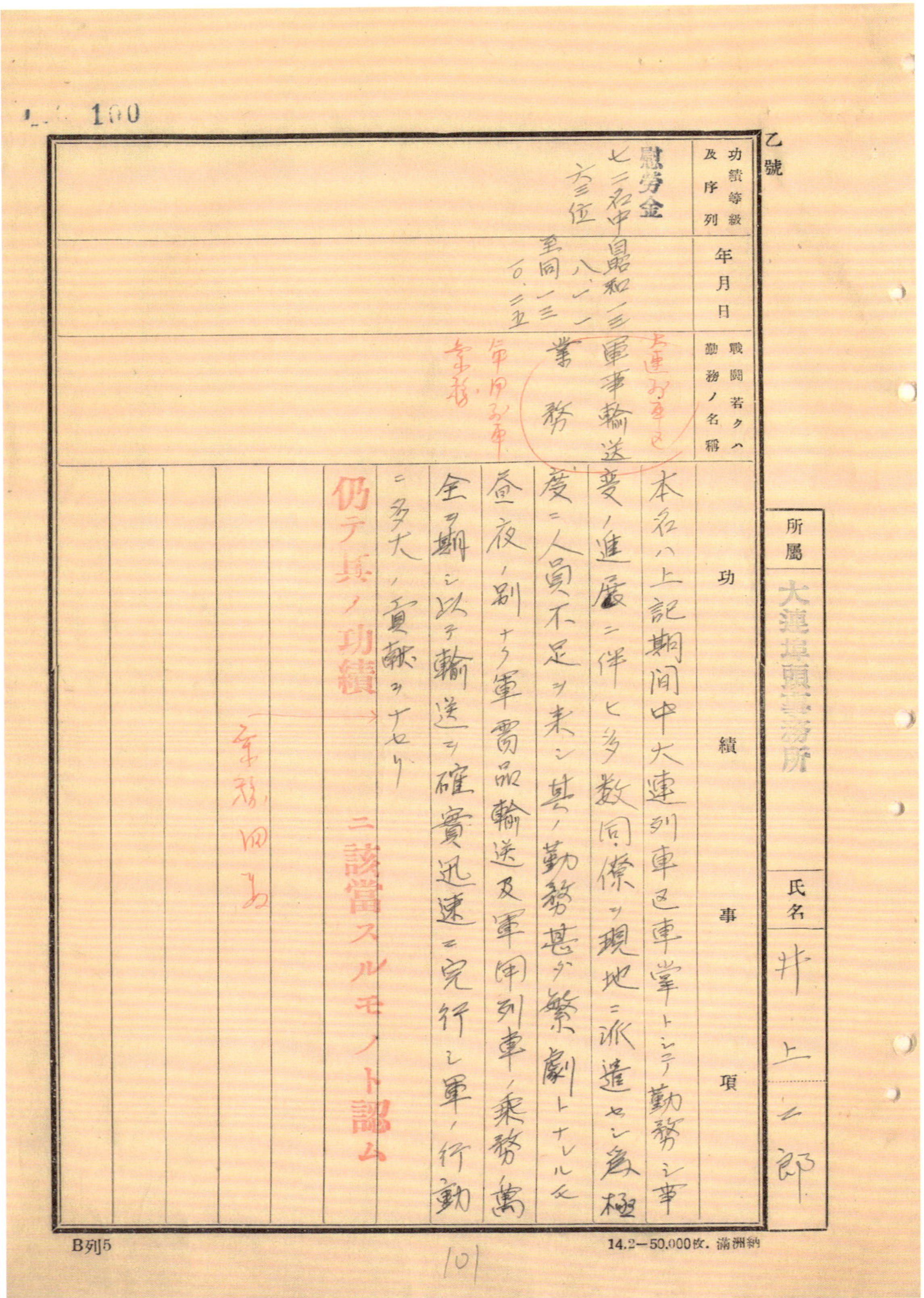

100

乙號

功績等級及序列	年月日	戰鬪若クハ勤務ノ名稱
慰勞金 七二名中 六三位	自昭和一三、八、一 至同一三、一〇、二五	大連列車区 業務 軍事輸送

所屬 大連埠頭事務所

氏名 井上二郎

功績事項

本名ハ上記期間中大連列車区車掌トシテ勤務シ事變ノ進展ニ伴ヒ多数同僚ヲ現地ニ派遣セシ為極度ニ人員不足ヲ来シ其ノ勤務甚ダ繁劇トナルモ晝夜ノ別ナク軍需品輸送及軍用列車ノ乗務ニ萬全ヲ期シ以テ輸送ヲ確實迅速ニ完行シ軍ノ行動ニ多大ノ貢献ヲナセリ

仍テ長ノ功績ニ該當スルモノト認ム

B列5　　14.2—50.000枚. 滿洲納

101

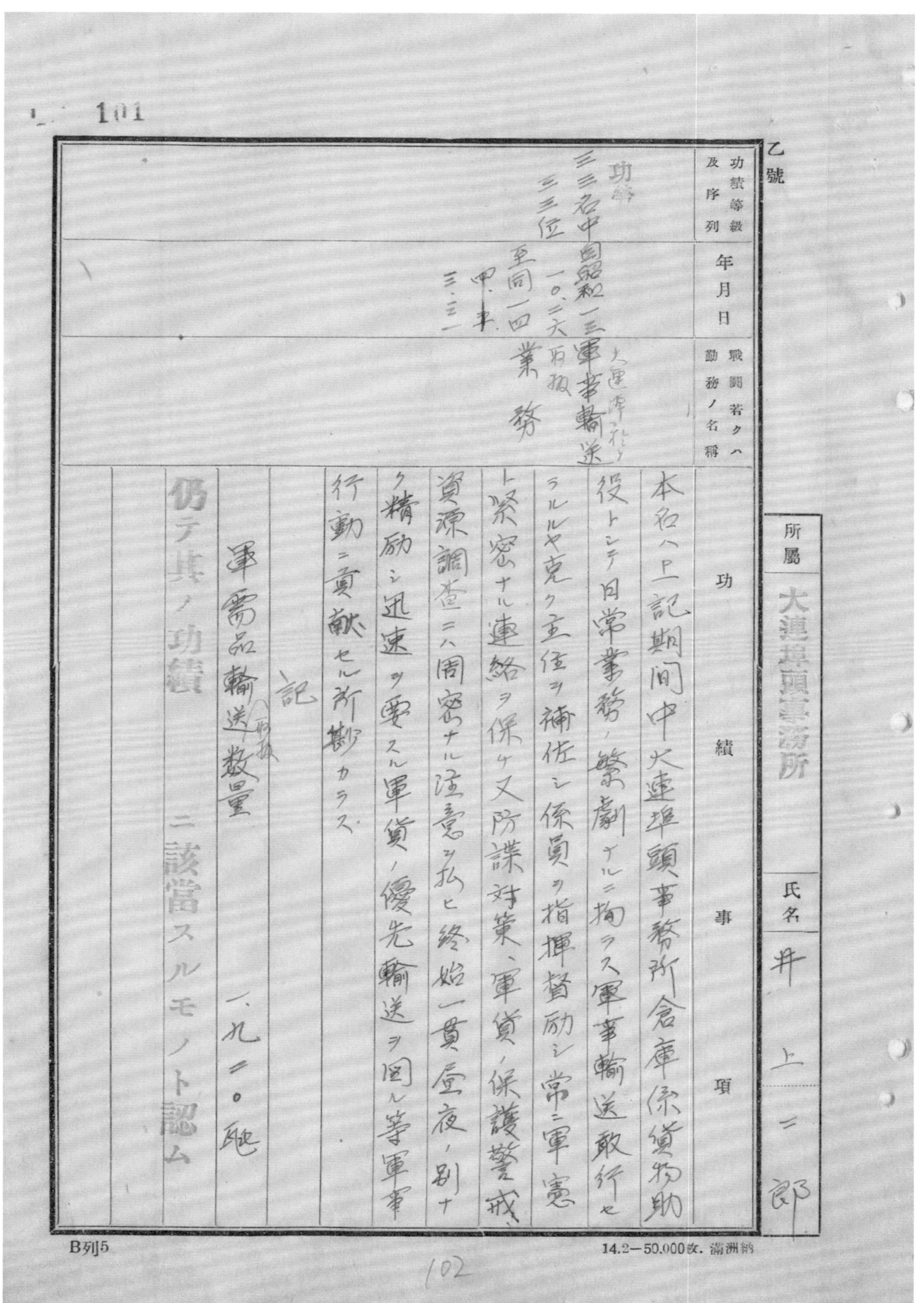

101

乙號

所屬	大連埠頭事務所
氏名	井上二郎

功績等級及序列	功餘(?) 三三名中三三位
年月日	自昭和一三、一〇、二六 至同一四、三、三一 甲、未
戰鬪若クハ勤務ノ名稱	軍事輸送荷扱業務 大連埠頭[illegible]

功績事項

本名ハ上記期間中大連埠頭、事務所倉庫係貨物助役トシテ日常業務ノ繁劇ナルニ拘ラス軍事輸送敢行セラルルヤ克ク主任ヲ補佐シ係員ヲ指揮督励シ常ニ軍憲ト緊密ナル連絡ヲ保ケ又防諜対策、軍貨ノ保護警戒、資源調査ニハ周密ナル注意ヲ払ヒ終始一貫昼夜ノ別ナク精励シ迅速ヲ要スル軍貨ノ優先輸送ヲ図ル等軍事行動ニ貢献セル所勘カラス

記

軍需品輸送(荷扱)数量　一、九二〇瓩

仍テ其ノ功績ニ該當スルモノト認ム

B列5　14.2—50,000枚. 滿洲納

102

1-1 102

乙號

所屬	吾妻驛
氏名	井上二郎

功績等級及序列	功勞 一八名中 一六位
年月日	自昭和一四、四、二一 至昭和一四、八、三〇
戰鬪若クハ勤務ノ名稱	軍事輸送業務

功績事項

本名ハ上記期間中吾妻驛貨物助役トシテ勤務シ驛長ヲ補佐シ部下ヲ指揮督励シ繁劇ナル軍事輸送業務ニ日夜精励シ新規採用未熟練者ノ教育實地訓練ニ當ル外驛長カ社員教育トシテ規程ノ講習ヲ實施スルヤ其ノ講師トナリ勤務時間ノ如何ヲ問ハス責務ヲ認識シ克ク指導ニ當リ輸送作業ニ於テハ軍及關係箇所トノ緊密ナル連絡ノ下ニ他係員ト一致協力之カ優先迅速確實ナル軍事輸送ノ圓滑ナル遂行ニ邁進シ軍事輸送上貢献セルトコロ多大ナリ

記

軍需品取扱 發送 二七、八九九瓲
〃 到着 一、五〇三瓲

B列5 14.2—50.000枚. 滿洲鐵

103

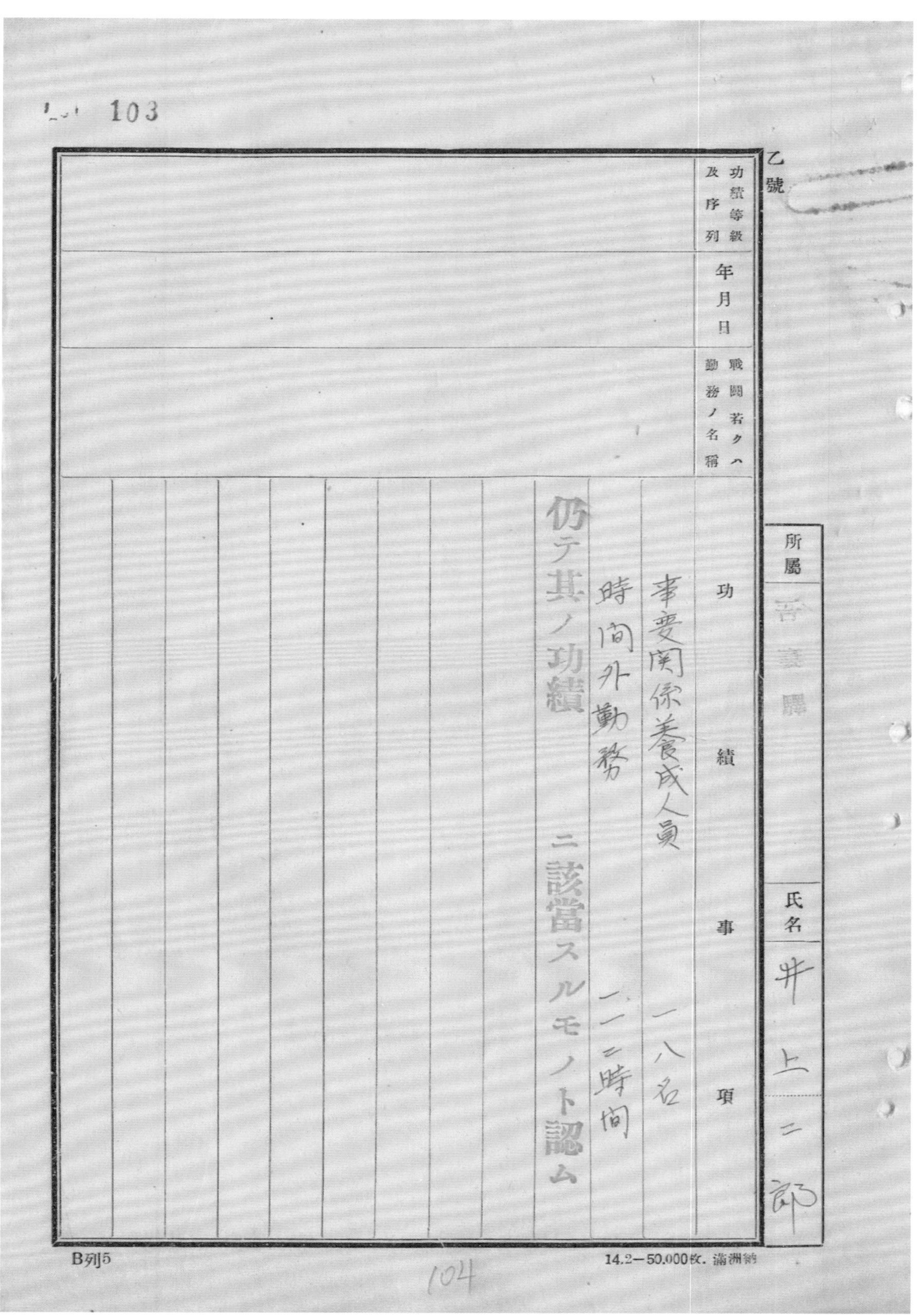

103

乙號

功績等級及序列	
年月日	
戰鬪若クハ勤務ノ名稱	

功績事項

事変関係養成人員　一八名

時間外勤務　一一二時間

仍テ其ノ功績ニ該當スルモノト認ム

所屬	[illegible]
氏名	井上二郎

B列5　　104　　14.2—50,000枚. 滿洲納

总裁室文书课职员高田精作军事功绩调查资料（一九三七年七月七日）

本籍 戸籍謄本照合済 責任者印
氏名

軍事功績調査資料

（自昭和十二年七月七日
至昭和　年　月　日）

官位勲功爵氏名

官位爵氏名：歩上等兵 タカタ セイサク 高田精作

舊氏名ナシ（　年　月改姓）

明治三十四年三月八日生

資格職名俸給：
参事採長 二〇〇円
同 二五〇円
同 文書課長 二七五円
三二〇円

勲功：種別等級 旭 瑞 功：六
勲記番號
發令年月日及事由
敍勳當時ノ資格職名

本籍地：石川縣金澤市長町河岸九番地

住居

箇所長査定等級及序列

屬：
昭和一三・一・二二 総裁室監理課
同 一三・九・一八 兼鐵道総局文書課

略歴：
昭和一二・七・七 事変勤務ニ就ク（総監理課長）
同 一二・一〇・一 月俸二五〇円
同 一二・一〇・一三 参與事務取扱兼務
同 一三・一・二二 総裁室文書課長
社員表彰及懲戒委員会委員
東支那事變記録班ノ長
同 一三・九・一八 兼鐵道総局文書課長
同 一四・一・一 月俸二七五円
同 一四・四・一 兼総裁室能率班長
月俸三百二〇円
同 一四・四・一七 北支町務局残務整理委員会委員

部長査定等級及序列

（13. 12. 50,000枚 滿日社納）

乙號

所屬	氏名
總裁室 監理課	高田精作

功績等級及序列	年月日	戰闘若クハ勤務ノ名稱
勲労 甲中 第一位	自昭和一二、七、五 至昭和一三、一二、三一	滿鉄関係会社ニ於ケル事変對策業務ノ指導監督（並監理課長）

功績事項

本名ハ上記期間滿鉄總裁室監理課長トシテ滿鉄関係會社ノ時局對策ニ適正ナル指導監督ヲ致シ以テ各社ヲシテ我ガ軍事行動上並國策遂行上ニ多大ナル貢献ヲ為サシメタリ。就中左記交通運輸事業並開発事業ノ經營ニ當レル諸社ニ在リテハ事變勃発スルヤ逸早ク其ノ全機能ヲ発揮シテ或ハ直接軍事輸送業務ニ協力シ軍ノ行動上ニ至大ナル便宜ヲ供與シ或ハ産業開發經濟對策ノ實際ニ關與縦横ニ活躍シ國策遂行上ニ尠カラサル貢献ヲ為セルカ本名ハ之等各社ノ管理統制ニ任スル当局者トシテ部下擔当者ヲ統率督勵シ全力ヲ擧ケテ各社ノ指導誘掖ニ努メ以テ其ノ任務達成上ニ多大ナル寄與ヲ為セリ

其ノ主ナル事項ヲ擧クレハ次ノ如シ。（續）

106

106

乙號

功績等級及序列	年月日	戰鬪若クハ勤務ノ名稱
	自昭和一二、七、一五 至昭和一三、一、一二	一、軍事輸送並之ニ伴フ諸対策ノ指導業務
	自昭和一二、一〇、一 至昭和一三、一、一二	二、北支艀船業提携合同促進斡旋。
	自昭和一二、一二、一 至昭和一三、一、一二	（三）天津青島交通会社設立業務

功績事項

記

一、（軍事輸送並之ニ伴フ諸対策ノ指導ス（自一二、七、一五 至一三、一、一二））

現地軍事輸送ニ従事セル國際運輸會社ノ活躍ニ関シ同社各機関ニ於ケル人繰リ、支店出張所等ノ新設並擴充計画派遣社員ノ待遇改善其ノ他諸般ノ措置ニ就キ適正ナル指導ヲ與ヘ以テ同社ヲシテ事変對策遂行上ニ萬全ヲ期セシメタリ。

二、（北支那艀船業提携合同促進及斡旋（自一二、一〇、一 至一三、一、一二））

軍事上急速ニ実現ヲ要望セラレタル北支艀船統制ニ関シ大連汽船子会社白河艀船会社及興中公司、大連汽船國際運輸ノ諸社共同出資ニナレル塘沽運輸会社其ノ他ノ合同提携ニ関シ斡旋並機運促進ニ努力セリ。

三、（天津、青島交通会社設立計画（自一二、一二、一 至一三、一、一二））

豫テ軍ノ命令ニ依リ紊乱セル北支重要都市内ノ交通事業ノ急速ナル整理ニ着手スルコトヽナリ大連都市

109

107

乙號

功績等級及序列

年月日：~~自昭和二七五 至昭和三一二~~

戰鬪若クハ勤務ノ名稱：~~軍事輸送及荷役業務並關係業務ノ指導監督業務~~

所屬

氏名

功績事項

交通会社ヲシテ滿鉄ノ華北汽車公司ト共同ヲ以テ
青島及天津ニ交通会社ヲ設立セシムルコトニ決定ニ
付之カ設立計画ニ参劃協力シ設立促進ニ努メタリ．
（四、軍事輸送及荷役業務ノ関係業務ノ指導監督（自[illegible]至[illegible]））
事変ノ為所有船舶ハ軍徴用ニ依リ船繰リ其他ニ
多大ナル影響ヲ受ケタル大連汽船ノ運航計画及之ニ
伴フ乗組員ノ待遇方ニ関シ各般ノ善処策ヲ講セシ
ムルト共ニ時局ノ推移ニ伴フ軍事上ノ諸輸送目的ニ
對処遺感ナカラシメムガ為、大連、天津航路ノ充実ヲ
計ルヘク同社ヲシテ採算ヲ度外視セル同航路ノ日発
制ヲ確立セシムルコトニ成功セリ．
大連船渠会社ニ於テ軍ノ占拠セル太沽造船所ノ
管理経営ヲ軍命ニ依リ委託ヲ受ケタルニ對シ又

110

108

乙號

功績等級及序列	
年月日	~~自昭和一二、七、一五至昭和一三、一、二~~
戰闘若クハ勤務ノ名稱	~~興中公司ノ對支時局對策ノ指導監督業務。~~

功績事項

福昌華工会社ノ大連埠頭ニ於ケル軍用貨物ノ荷役作業及軍ノ依頼ニ依ル軍管理ノ青島港湾作業ニ對シ技術者及資材ヲ提供協力セル際ニ於ケル或ハ天津港湾荷役会社設立計画ニ際シ福昌華工会社ヲシテ具体案ヲ提出セシメテ之ニ適切ナル指導ヲ與ヘタル等監理当局者トシテ常ニ軍ノ意圖ヲ体シ以テ各社ニ對シ時宜適切ナル指導監督ヲ為セリ。

五、（興中公司ニ對支時局對策ノ指導監督ヲ為ス（自一二、七、一五至一三、一、二））事変勃発スルヤ對支諸工作方針ニ関シ興中公司ヲシテ軍ニ對スル徹底的協力並満鉄トノ緊密ナル連絡ヲ保持セシメ廣汎未曾有ノ占據全域ニ亘リ治安工作ト併行シ各地ニ於ケル経済、産業資源開発上ノ活躍ニ遺憾ナカランメンカ為適切ナル指導監督ノ任

所屬

氏名

111

乙號

功績等級及序列	
年月日	
戰鬪若クハ勤務ノ名稱	

所屬

氏名

功績事項

ニ當リ以テ同社ヲシテ國策遂行上ニ多大ナル貢獻ヲナサシメタルモノニシテ同公司ノ事業ハ今次事変ヲ契機トシテ急劇ナル展開ヲ来シ凡ユル部門ニ進出シ其ノ活躍ハ蓋シ目覺マシキモノアリ、就中各炭礦ノ接收管理並経営ノ受託、龍烟鉄鑛ノ開発並石景山煉鉄廠ノ完成各地電灯事業ノ管理経営、棉花ノ買付、軍需品ノ自動車輸送等蒙疆、中支ノ廣汎ナル区域ニ亘リ我カ國策上重要不可缺ノ任務遂行ニ不撓ノ活躍ヲ為セルニ對シ尠カラザル寄與ヲ為シタリ。

以上ノ如ク本名ハ事変勃発スルヤ課内各擔当者ヲ督勵シ各関係會社ノ時局善処策ニ関シ指導

112

110

乙號

功績等級及序列	年月日	戰闘若クハ勤務ノ名稱	功績事項	所屬	氏名
			監督ノ萬全ヲ期シ常時監理事務繁忙ナルニ拘ラズ上記期間克ク不撓ノ努力ヲ傾注シテ之カ指導監督ノ任ニ當リ且ツ現地及監督機関其他関係箇所間ニ於ケル円滑ナル接衝ニ奔走盡瘁シ以テ各社ノ時局對策ニ遺憾ナカラシメタルモノニシテ以上ハ我カ軍事行動並國策遂行上ニ貢献スル所多大ニシテ其ノ功績勤勞ニ該当スルモノト認ム。		

113

乙號

功績等級及序列	
年月日	自昭和一三、一、一三 至昭和一五、四、二八
戰鬪若クハ勤務ノ名稱	事變關係立案對策並樞機參劃（總裁室文書課長）

所屬：總裁室文書課

氏名：高田精作

功績事項

上記期間總裁室文書課長トシテ又一三、九、一八鐵道總局文書課長ヲ兼ネ直接重役ヲ輔佐シ社業ノ總括指揮ノ要職ニ在リ事變關係重要社務ヲ鞅掌シ社内外トノ連絡協調ニ努メ情勢ノ變化ニ順應シテ臨機果斷ノ處置ヲ採リ會社全機關ノ活動ヲ容易ナラシメ以テ我軍事行動並作戰遂行上貢獻セル處誠ニ甚大ナリ

其ノ主ナル事績ヲ擧グレバ次ノ如シ

一、北支事務局設置（自一三、一、一三 至一五、四、二八）

七月九日軍命令ヲ受ケ北支鐵道ノ接收管理ニ當ルコトトナリ多數ノ社員ト資材トヲ現地ニ送リシモ地理的事情ニ依リ北支ニ之等ヲ統轄スル會

112

乙號

功績等級及序列	
年月日	
戰闘若クハ勤務ノ名稱	

功績事項

社機関ノ設置ヲ必要トスルニ至レリ従来北支所
在會社機関ハ天津、北京ノ両事務所ナリ．仍テ
昭和一二年八月二五日天津ニ北支事務局ヲ設置シ
軍事輸送ノ完璧ヲ期セリ
本局ハ之カ職制ノ制定、機構ノ完備ニ努メ戦区ノ擴
大ニ伴ヒ随時出先機関ヲ擴充シ北支交通運営ノ
萬全ヲ期シタリ其ノ後軍機関ノ北京移轉ニ伴ヒ北
京ニ移セリ、華北交通會社設立ノ議起ルヤ之カ圓満
ナル移行ヲ圖リ昭和一四年五月之カ移行ヲ完遂セリ
二、本社連絡委員會業務（自一二、一二、二一 至一四、四、一七）
事變急開ノ進展ニ伴ヒ軍事輸送ノ完璧ハ軍
作戰上最緊要不可缺ニシテ會社ハ天津、山海関

所屬	
氏名	

115

功績等級及序列	
年月日	
職闕若クハ勤務ノ名稱	

乙號

功績事項

奉天等ニ輸送班連絡班ヲ設置シ其ノ統括本部機関トシテ本社ニ連絡委員會ヲ設置シ本名ハ前文書課長後任ノ委員長トナリ各種重要企畫ニ參畫シ各自ヲ督勵シテ情報各種資料ノ蒐集ニ當リ不眠不休以テ軍ノ作戰遂行ニ寄與シ本委員會ノ特殊使命ヲ全ウセリ

三、會社重要企畫業務（自一三、四、六 至一五、四、二八）

會社機構ヲシテ戰時體制ニ即應セシメ以テ軍事輸送作戰上些ノ遺憾ナキヲ期シ會社重要政策就軍部ノ要求ニ関スル重要企畫ノ大綱的研究ヲ適時且迅速ニ爲サンカ爲副總裁ヲ委員長トシ本社ニ企畫委會ヲ設置セラル、中本名ハ該

所屬

氏名

114

乙號

功績等級及序列	年月日	戰鬪若クハ勤務ノ名稱	功績事項	所屬	氏名

委員會ノ幹事トナリ委員ヲ参集シ大陸交通運營機構調整、現下飛躍期ニ於ケル滿鉄ノ經營方針研究日滿支経済ノ将来、北支及北満厚生施設調査分科會ノ設置、機器材購入對策、職制改正、増資問題等重要企畫ヲ適切ニ審議検討シ以テ軍作戰並軍事輸送上貢献セル處甚大ナリ

四、北支事務局移行並同残務整理ノ對策（自一四、四、一七 至一五、四、二八）

北支ノ情勢推移ニ順應シ華北交通會社設立案決定セルヤ関係箇所ト密接ナル連繫ヲ計リ大陸交通經營ノ重要性ニ立脚シ国策ニ則リテ諸般ノ移行準備ニ萬全ヲ期シ以テ華北交通會社設立ニ多大ノ貢献ヲ為シタリ北支事務局ハ軍ト

117

功績等級及序列	年月日	戰闘若クハ勤務ノ名稱	功績事項
			密接ナル連繋ノ下ニ行動シ来リタルモノニシテ同事務局関係経費モ亦軍事費ヨリ支辨トシテ取扱ヒ来リタル部分多ク之カ移行ニ伴フ残務整理モ愼重處理ノ必要アルヲ以テ會社ハ總裁室ニ北支事務局残務整理委員會ヲ設置シ伊澤理事ヲ委員長トシ之カ整理ニ當リタリ本名ハ右委員會設置ニ對シテハ北支現地機関トノ連絡事務處理方針ノ決定等多大ノ努力ヲ要シタリ 五、大同炭礦開發ニ對スル努力（自一二、一〇、一〇 至一五、一、九） 北支蒙疆ニ於テ埋藏量百億噸ヲ有スル大同炭礦ノ地位ハ蓋シ軍事上、將亦産業上特筆スヘキ存在ニシテ本炭礦ノ開發ハ實ニ重大ノ意義ヲ有スルモノナリ

乙號

所屬

氏名

118

116

乙號

功績等級及序列	
年月日	
戰鬪若クハ勤務ノ名稱	
功績事項	故ニ之ガ經營方針、投資方法等ニ付テハ關係各方面トノ連繫上多大ノ手數ヲ要スルモノアリ本名ハ右業務ヲ統括シ或ハ北支現地ニ或ハ新京、撫順等絶エズ課員ヲ出張セシメ以テ開發促進ニ關シ多大ノ貢獻ヲ爲シ一月十日大同炭礦株式會社ノ創立ヲ見タリ 六、軍事關係暗号業務（自一一、一二、一二 至一三、四、二八） 本名ハ會社軍事關係暗號業務ノ計畫責任者トシテ緻密ナル準備計畫ニ基キ暗号使用者ヲシテ勤員シ軍事輸送ノ進展ニ伴ヒ占領鐵道全域ニ亘ル軍事關係暗号業務ノ指揮監督ニ當リ獻身的努力ヲ爲シ以テ軍機防衛ニ

所屬	
氏名	

119

乙號

功績等級及序列	
年月日	
戰鬪若クハ勤務ノ名稱	

所屬

氏名

功績事項

六、特信関係（自一三、一二、一 至一五、四、二八）

本事変勃発スルヤ業務ノ體系ハ勿論甚ダ計畫未タ整ハサリシモ班創設ノ精神ニ鑑ミ防諜ノ論ヲ顧シテ勇躍緊要事項通信ノ萬全ヲ期スル一大使命ニ向ツテ突進シ即日暗号員ヲ現地ニ急派シテ指令ノ飜譯通信ニ當ラシムルト共ニ其ノ主力ヲ鐵道總局輸送本部ニ移シ專ラ軍事関係暗号通信ノ技術指導並応急暗号所開設計畫ニ着手シ其ノ業務ヲ開始セリ

事態ノ進展ニ伴ヒ特ニ北支方面各地ニ暗号ノ所急設ノ必要アルヲ豫想シ之カ調査、連絡指導ノ為班員ヲ北支事務局ニ派遣シ諸般ノ調査ヲ行ハ

120

113

乙號

功績等級及序列	
年月日	
戰鬪若クハ勤務ノ名稱	

所屬	
氏名	

功績事項

シメ其ノ報告ニ基キテ鋭意北支用暗号ノ書ノ作成並派遣特信員ノ教育ト其ノ配置変更、暗号所設置ヲ行ヒ爾来情況ノ推移ニ順應シ常ニ機宜ノ處置ヲ採リ暗号通信網ノ擴充ヲ為シ機密通信ノ萬全ヲ期セリ

十三年七月張鼓峰事件ノ勃発其ノ他幾多ノ大小國際的ノ問題ニ遭遇シ滿洲管内ニ於テモ不休ノ活躍ヲ為シ又北支ニ於ケル情勢益進展シ特信業務ノ獨立體系ヲ有スル機関ヲ設置スルノ必要ヲ痛感スルニ至リ各方面ト折衝ヲ重ネ十三年九月十二日ヨリ北支特信業務統制班員ノ銓衡ト之カ教育ニ着手シ爾来同管下ノ特

121

乙號

功績等級及序列	
年月日	
戰鬪若クハ勤務ノ名稱	
功績事項	信員ノ教育ニ從事シ漸クニシテ十三年十月三十一日満鉄派遣特信員ト全部切換交換セシメ更ニ之ト同時ニ使用暗号書モ亦切換ヲ實施セリ而シテ本切換ニ 其ノ後逐次派遣員ノ歸還、舊満鉄暗号書ノ返還等ノ整理ニ努メ目下機構改革要員ノ充實ニ向ツテ着々其ノ歩ヲ進メ以テ今後ノ事態ニ備フルノ準備ヲ整ヘツツアリ、斯クシテ支那事変ニ於ケル會社ノ軍事関係機密秘密通信事項ニ関シテハ會社ノ方策ト從事員ノ精勵努力トニ依リ遺憾ナク其ノ業務ヲ遂行シ以テ我軍事行動經國策遂行上ニ貢献スル所甚大ナリ

所屬	
氏名	

122

乙號

功績等級及序列	
年月日	
戦闘若クハ勤務ノ名稱	

所属

氏名

功績事項

多大ナル功績ヲ効シ尚會社警防責任者トシテ
重要施設ノ防護及軍事機密ノ防諜ニ當リ以テ
軍作戰遂行ニ盡瘁寄與セリ
七、増資関係業務（自一四、七、一三 至一四、一二、八）
會社第三次増資ニ関シテハ昭和十四年頭初頃ヨリ
内々進捗シアリタルカ同年七月十三日関東軍案
ノ登場ヲ見ルニ至リ問題ハ本格的折衝ニ移リタリ
現下ノ時局ニ鑑ミ日満共同防衛力ノ強化就中作
戰準備ノ完遂及国防産業ノ確立ニ萬遺憾ナカ
ラシムルヲ目途トシ満洲ニ於ケル新事態ニ照應
シテ満鐵ノ増資ハ社鐵国鉄ノ實質上一元的
運營ノ強化ヲ圖リ以テ交通運輸ノ飛躍的擴大

123

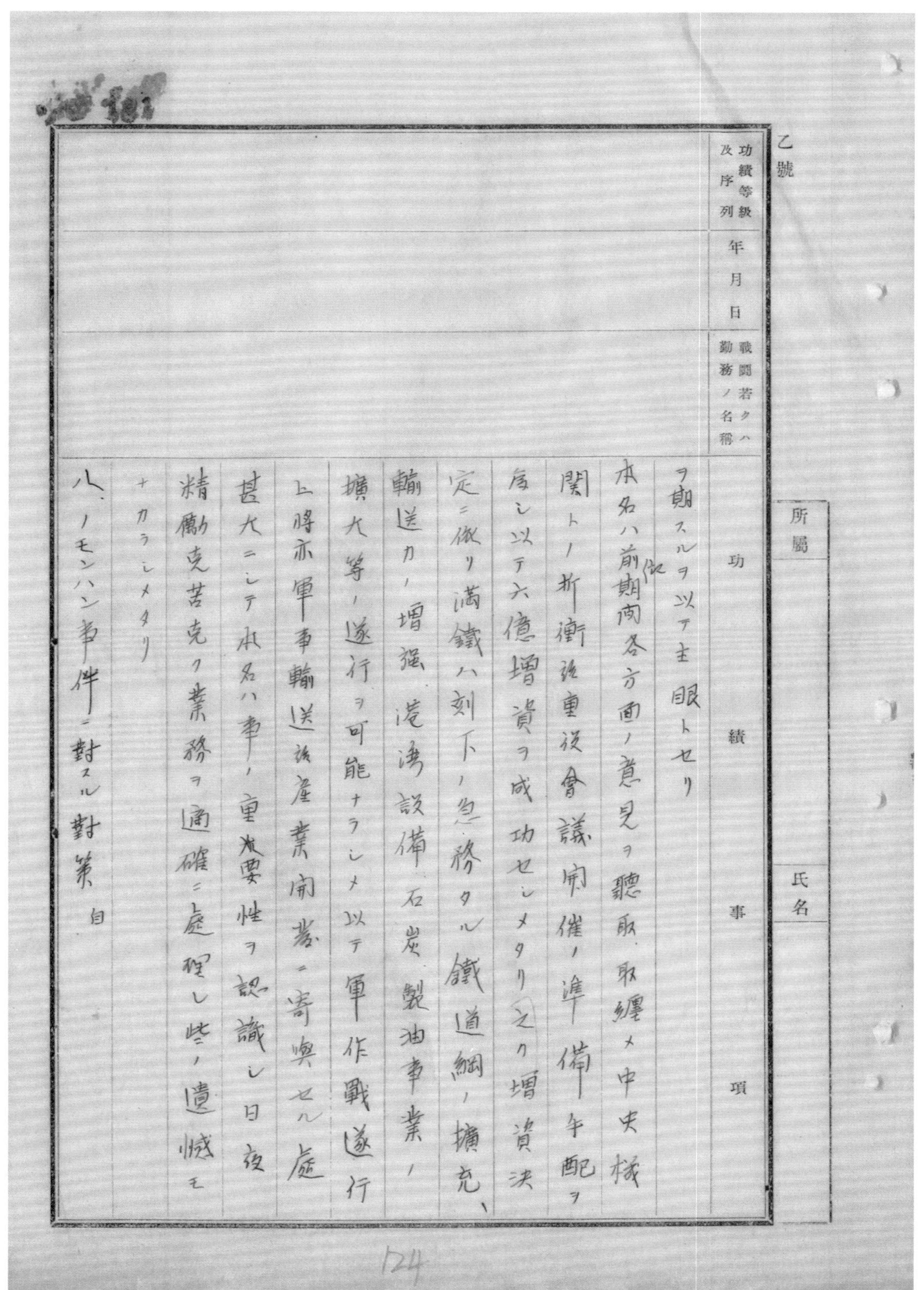

乙號

功績等級及序列	
年月日	
戰鬪若クハ勤務ノ名稱	
所屬	
氏名	

功績事項

ヲ期スルヲ以テ主眼トセリ
本名ハ前期[依]両各方面ノ意見ヲ聽取取纏メ中央機
關トノ折衝並重役會議開催ノ準備手配ヲ
爲シ以テ六億増資ヲ成功セシメタリ之ク増資決
定ニ依リ滿鐵ハ刻下ノ急務タル鐵道網ノ擴充、
輸送力ノ増强港灣設備石炭製油事業ノ
擴大等ノ遂行ヲ可能ナラシメ以テ軍作戰遂行
上將亦軍事輸送並産業開發ニ寄與セル處
甚大ニシテ本名ハ事ノ重大要性ヲ認識シ日夜
精勵克苦克ク業務ヲ適確ニ處理シ些ノ遺憾モ
ナカラシメタリ
八、ノモンハン事件ニ對スル對策　白

124

乙號

功績等級及序列

年月日

戰闘若クハ勤務ノ名稱

所屬

氏名

功績事項

ノモンハン事件勃發スルヤ本名ハ之カ對策トシテ緊急幹部會議ヲ開催シ周到適確ナル計画ヲ樹立シ記録ノ作成對軍部トノ連絡ニ當ルト共ニ事変関係機密文書並特信電報取扱者ヲ勤員シ軍事機密ノ漏洩防止ヲ強化シ事変体制ヲ整備セリ又鐵道防衛業務ニ関シテハ関係箇所ニ部下ヲ派遣シ之カ實施ニ當リ指導監督ヲ行ハシメ軍事輸送ノ萬全ヲ期スルト共ニ事態ノ推移ト情況ノ変化ニ順應シテ非常時局下ニ於於ケル鉄道輸送ノ完璧ヲ期セリ

以上ノ如ク本名ハ總裁室、鉄道總局ノ両文書課長トシテ一意高遠ナル国策的任務ノ遂行

125

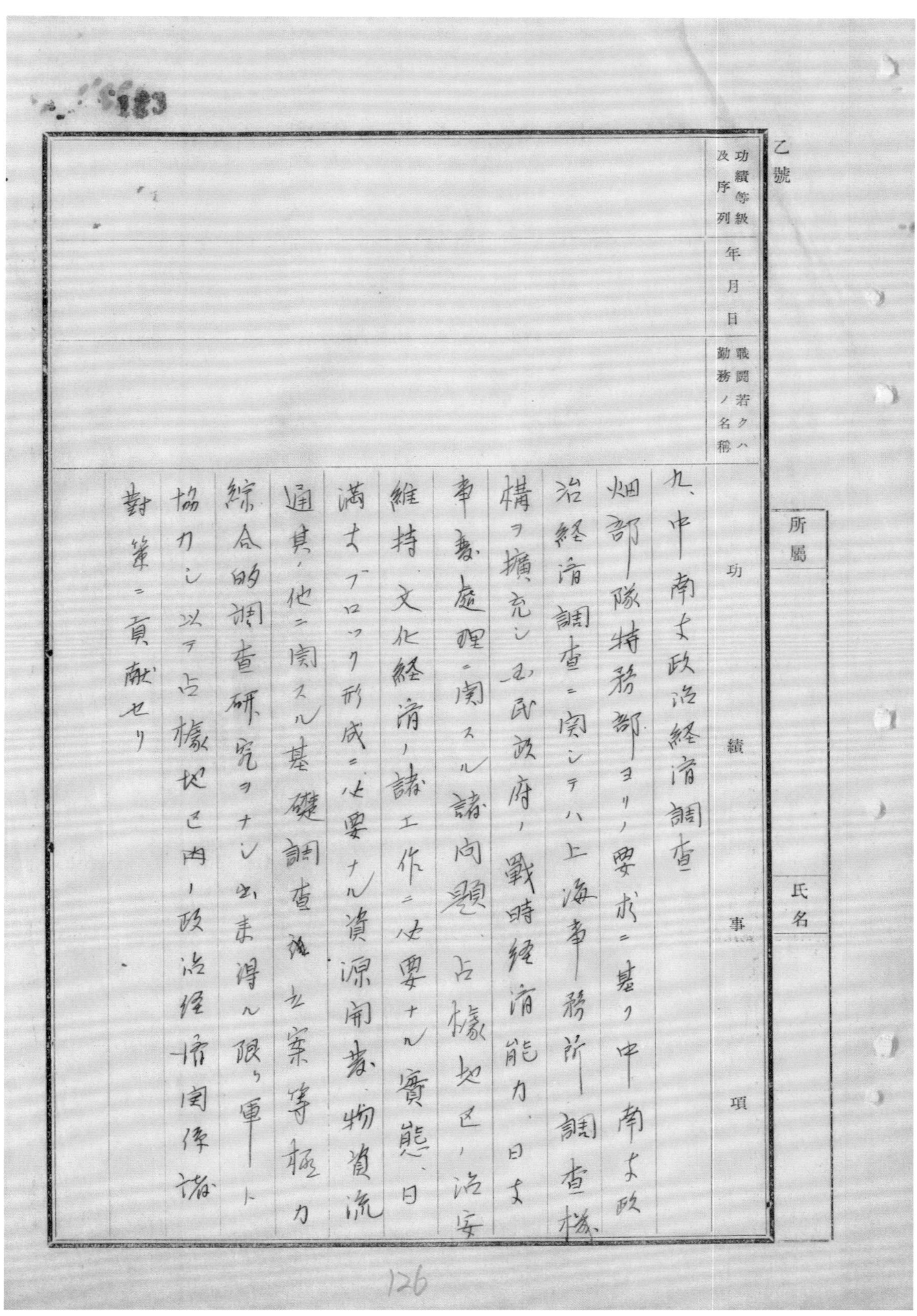
183

乙號

功績等級及序列

年月日

戰闘若クハ勤務ノ名稱

功績事項

所屬

氏名

九、中南支政治経済調査
畑部隊特務部ヨリノ要求ニ基ク中南支政
治経済調査ニ関シテハ上海事務所調査機
構ヲ擴充シ国民政府ノ戰時經濟能力、日支
事變處理ニ関スル諸問題占據地区ノ治安
維持、文化経済ノ諸工作ニ必要ナル實態、日
満支ブロック形成ニ必要ナル資源開發、物資流
通其ノ他ニ関スル基礎調査並立案等極力
綜合的調査研究ヲナシ出来得ル限リ軍ト
協力シ以テ占據地区内ノ政治経済関係諸
對策ニ貢献セリ

126

乙號

功績等級及序列	年月日	戰鬪若クハ勤務ノ名稱	功績事項	所屬	氏名

一〇、枢機參劃
重役會議出席ノ處理事項左ノ如シ
企畫委員會設立ニ関スル件、北支交通會社ニ對スル件、第六次線建設ノ件、和龍線敷設ノ件
金福鐵道買收ニ関スル件 北支開發會社及北支交通會社ニ関スル件、大同炭礦經營受託ニ関スル件
北滿開發調查委員會設置ニ関スル件 對支海運統制會社ニ関スル件 関參滿發第八九三号関東軍參謀長要望中復線及新線計畫ニ関スル件
調查研究機関擴充整備ニ関スル件 對蘇準備計畫ニ関スル件 北支交通會社トノ連繫ニ関スル件、
北支交通會社設立時ニ於ケル滿鐵移籍社員ノ身分處

127

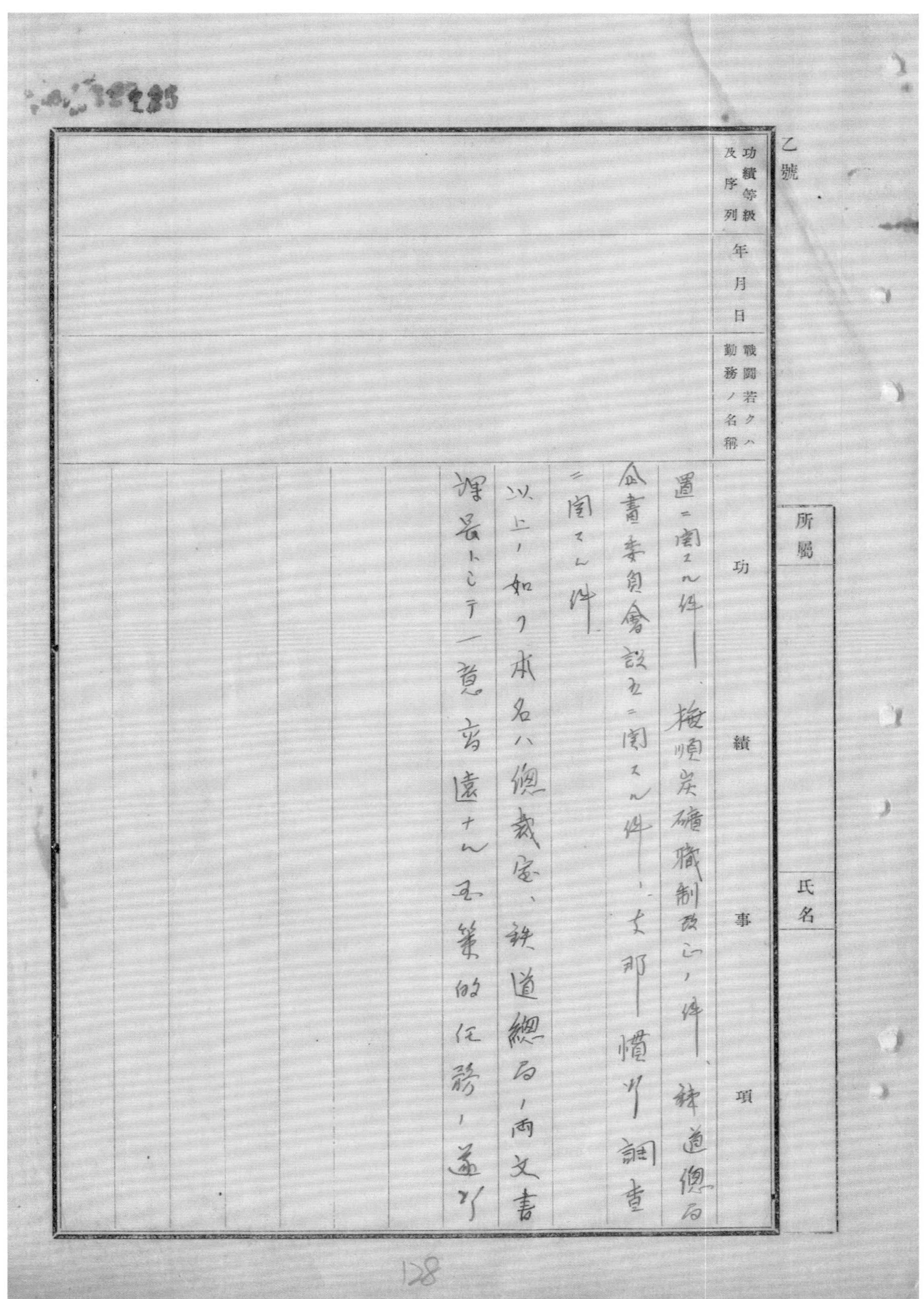

乙號

功績等級及序列	
年月日	
戰鬪若クハ勤務ノ名稱	

所屬	
氏名	

功績事項

置ニ関スル件—撫順炭礦職制改正ノ件—、鉄道總局企畫委員會設立ニ関スル件—、支那慣行調査ニ関スル件

以上ノ如ク本名ハ總裁室、鉄道總局ノ両文書課長トシテ一意高遠ナル國策的任務ノ遂行

128

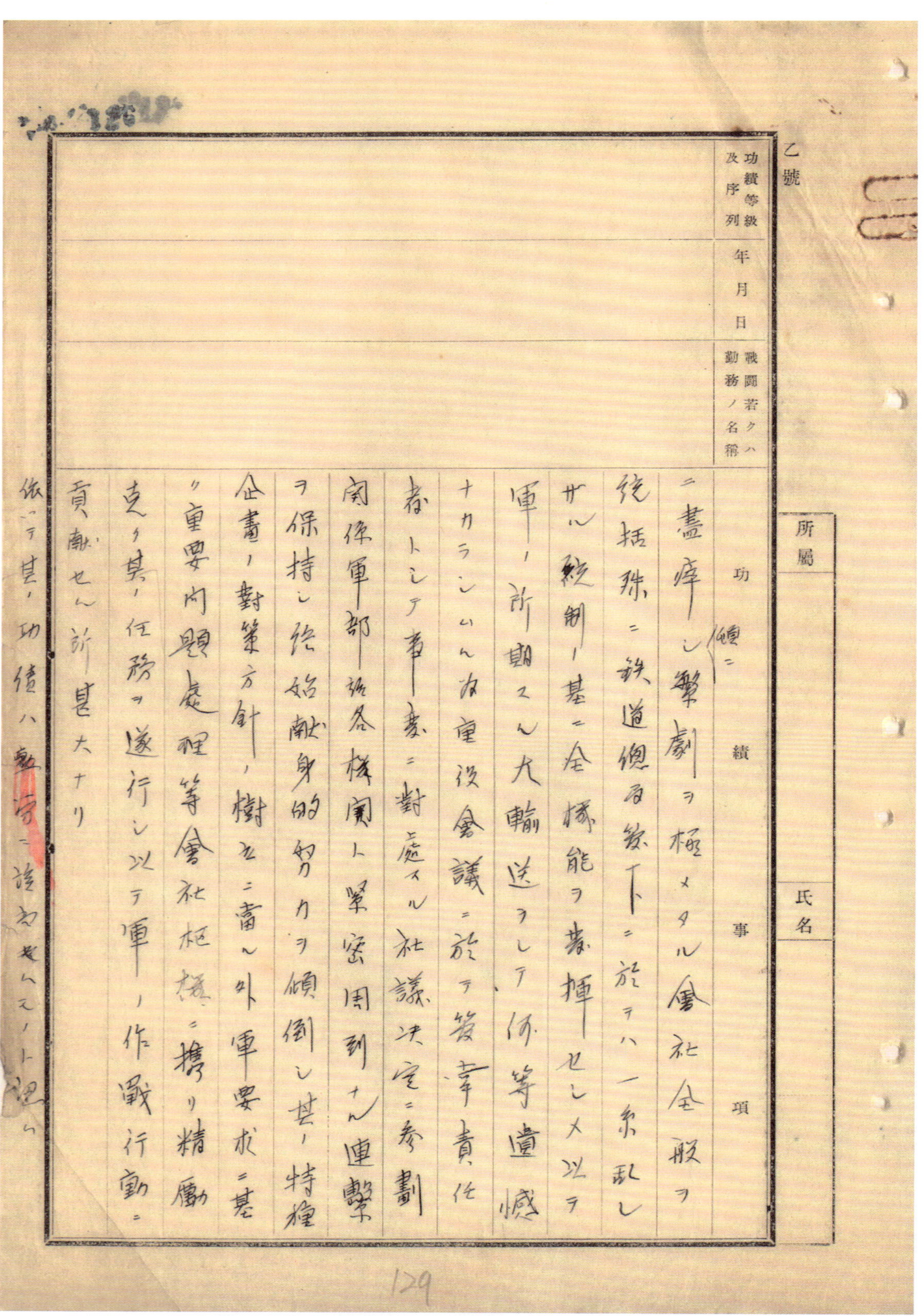

乙號

功績等級及序列	
年月日	
戰鬪若クハ勤務ノ名稱	

所屬	
氏名	

功績事項

傾ニ盡瘁シ繁劇ヲ極メタル會社全般ヲ
統括殊ニ鉄道總局総裁ノ下ニ於テハ一糸乱レ
ザル統制ノ基ニ全機能ヲ發揮セシメ以テ
軍ノ所期スル大輸送ヲシテ何等遺憾
ナカラシムル為重役會議ニ於テ筆頭責任
者トシテ事変ニ對處スル社議決定ニ参劃
関係軍部諸各機関ト緊密周到ナル連繫
ヲ保持シ終始献身的努力ヲ傾倒シ其ノ特種
企畫ノ對策方針ノ樹立ニ當ル外軍要求ニ基
リ重要問題處理等會社枢機ニ携リ精勵
克ク其ノ任務ヲ遂行シ以テ軍ノ作戰行動ニ
貢献セシ所甚大ナリ

依ッテ其ノ功績ハ勲等ニ詮衡セラルヘキモノト思フ

129

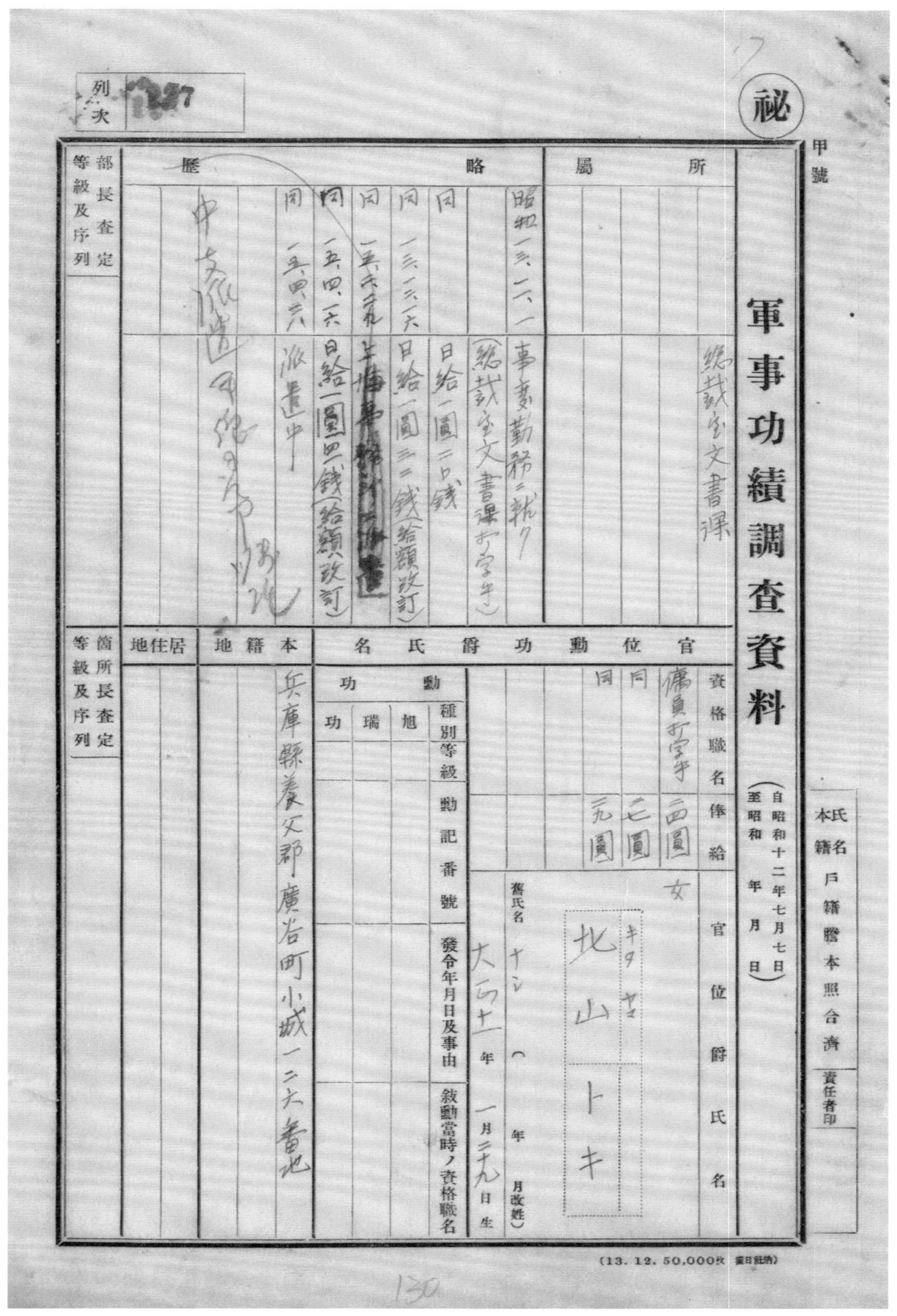

列次 [illegible]

秘

甲號

軍事功績調查資料

（自昭和十二年七月七日 至昭和 年 月 日）

所屬	總裁室文書課

資格職名	俸給
傭員打字手	二四圓
同	二七圓
同	二九圓

官位勳功爵氏名	
氏名	北山トキ（キタヤマ）
性別	女
舊氏名	ナシ
生年月日	大正十一年一月二十九日生
	（ 年 月改姓）

功勳 種別	等級	勳記番號	發令年月日及事由	敍勳當時ノ資格職名
旭				
瑞				
功				

本籍地：兵庫縣養父郡廣谷町小城一二六番地

居住地：

略歷

昭和一三、一、一	事務勤務ニ就ク（總裁室文書課打字手）
同 一三、一二、一六	日給一圓二〇錢
同 一三、一二、一六	日給一圓三二錢（給額改訂）
同 一五、六、一九	[illegible]
同 一五、四、一六	日給一圓四〇錢（給額改訂）
同 一五、四、一六	派遣中

中支派遣軍[illegible]

部長查定等級及序列

箇所長查定等級及序列

本氏名戶籍謄本照合濟

責任者印

(13. 12. 50,000枚 [illegible])

130

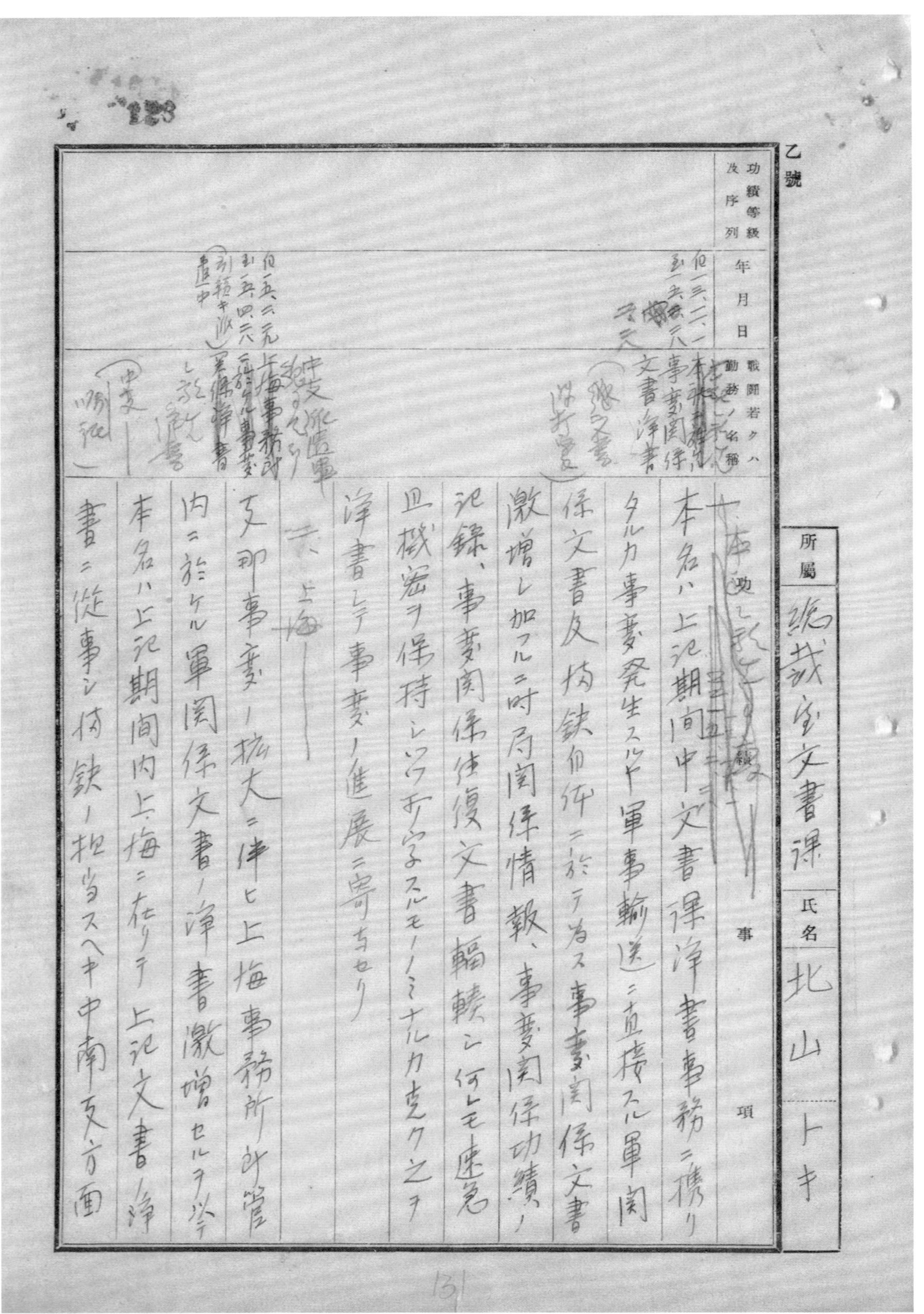

乙號

所属	氏名
総裁室文書課	北山トキ

功績等級及序列	年月日	戰闘若クハ勤務ノ名稱
	自一三、一二、一 至一五、六、八	本社文書課事変関係文書浄書
	自一五、六、元 至一五、四、六	上海事務所事変関係浄書

功績事項

本名ハ上記期間中文書課浄書事務ニ携リタルカ事変発生スルヤ軍事輸送ニ直接スル軍関係文書及満鉄自体ニ於テ為ス事変関係文書激増シ加フルニ時局関係情報、事変関係功績ノ記録、事変関係往復文書輻輳シ何レモ迅速且機密ヲ保持シツヽ浄写スルモノノミナルカ克ク之ヲ浄書シテ事変ノ進展ニ寄与セリ

支那事変ノ拡大ニ伴ヒ上海事務所所管内ニ於ケル軍関係文書ノ浄書激増セルヲ以テ本名ハ上記期間内上海ニ在リテ上記文書ノ浄書ニ従事シ満鉄ノ担当スヘキ中南支方面

129

乙號

所屬 總裁室文書課

氏名 北山トキ

功績等級及序列	
年月日	
戰鬪若クハ勤務ノ名稱	
功績事項	ニ於ケル軍事協力事項ノ完遂ニ邁進セリ

132

总裁室文书课职员富永坚志军事事功绩调查资料（一九三七年七月七日）

秘

列次 190

甲號

軍事功績調査資料

（自昭和十二年七月七日 至昭和 年 月 日）

氏名 本籍 戸籍謄本照合濟 責任者印

所屬：總裁室文書課

資格職名	俸給
傭員打字手	二四圓
同	二六圓
同	二九圓
同	三二圓

官位勲爵氏名：冨永（トミナガ）堅志（トシ） 女

舊氏名：ナシ（ 年 月改姓）

大正七年六月二十四日生

勲功						
種別等級	勲記番號	發令年月日及事由	敍勲當時ノ資格職名	旭	瑞	功

本籍地：三重縣員辨郡大泉原村楚原六五二番地

居住地：

箇所長查定等級及序列：

略歷

昭和一二、七、七	事变勤務ニ就ク（總裁室文書課打字手）
同 一二、九、二六	天津北支事務局ニ派遣
同 一二、一〇、一六	日給一圓三〇錢
同 一二、一〇、二三	帰還
同 一三、一、二六	青島辨事處ニ派遣
同 一三、三、一	帰還
同 一三、八、二二	北京北支事務局ニ派遣
同 一三、九、二三	帰還
同 一三、一〇、一六	日給一圓四一錢
同 一三、一二、一六	日給一圓五六錢（給額改訂）

部長查定等級及序列：

（13. 12. 50,000枚 滿日社納）

131

乙號

所屬　總裁室文書課

氏名　冨永[illegible]志

功績等級及序列	年月日	戰闘若クハ勤務ノ名稱
	自一二、七、七 至一三、九、二五	本社ニ於テ事変関係浄書
	自一三、九、二六 至一三、一〇、二三	天津北支事務局事変関係浄書

功績事項

本名ハ上記期間中文書課浄書事務ニ携リタルガ事変発生スルヤ軍事輸送ニ直接スル軍関係文書及満鉄自体ニ於テ為ス事変関係文書激増シ加フルニ時局関係情報、事変関係功績ノ記録、事変関係往復文書輻輳シ何レモ速急且機密ヲ保持シツツ打字スルモノノミナルカ克ク之ヲ浄書シテ事変ノ進展ニ寄與セリ

本名ハ上記期間中天津北支事務局ニ於テ支那事変ニ伴フ時局関係書類ニシテ特急機密ヲ要シツツ打字スベキモノ激増シ之ガ打字ニ依リ事変�ヲ有利ニ展開セシムルコト尠カラズ即チ業務

134

132

乙號

功績等級及序列	
年月日	自一三、一〇、二四 至一三、一二、二五
戰闘若クハ勤務ノ名稱	本社ニ於テ事変関係浄書
功績事項	當リテハ困苦欠乏ニ堪ヘ國家的使命ヲ念慮シ男子社員ニ伍シテ早出晩退休養ヲ得ルノ違モナク日夜精勵セリ 本名ハ上記期間中事変関係文書ノ浄書ニ從事シ常ニ軍鉄一致ノ精神ニ基キ迅速正確且ツ機密ヲ嚴守シテ業務ヲ完遂シ事変進行ニ寄与セリ 事変関係文書ニシテ主ナルモノハ事変記録功績調査軍事輸送及給養情報調査其ノ他軍機文書等ナリ

所属 總裁室文書課

氏名 冨永志

135

乙號

功績等級及序列	
年月日	自一三、一、一五 至一三、三、一
戰鬪若クハ勤務ノ名稱	青島辦事処ニ於ケル事変関係浄書

所属 總裁室文書課

氏名 冨永[illegible]志

功績事項

支那事変ニ伴フ時局関係書類浄書ノ為青
島辦事処ヨリノ来電ニ接シ急遽赴青、危
険ノ中ヲ上記ノ期間ニ亘リ困苦欠乏ニ堪ヘ[illegible]的
使命ヲ念慮シ男子社員ニ伍シテ早出晩退、
特急且機密ヲ要スル事変関係文書ノ浄書
事務ニ携ハル
此ノ間青島ニ於ケル治安ハ恢復スルニ至ラス勤務
ノ出退ニ際シテハ危険アル為自動車ノ擁護ニ依テ
出退、斯クシテノ枯鈌ノ使命トスル軍事行動援
助ノ目的ヲ達成セシムルコトニ努力セリ、上記期間ハ
陸軍軍属ノ待遇ヲ受ケ全ク戦時状態ノ業
務ニ服セリ

乙號

功績等級及序列	
年月日	自一三、三、二 至一三、八、二
戰闘若ク八勤務ノ名稱	本社ニ於ケル事変関係文書ノ浄書
年月日	自一三、八、三 至一三、九、三
戰闘若ク八勤務ノ名稱	北京北支事務局ニ於ケル事変関係浄書

所屬：総裁室文書課

氏名：冨永 恒志

功績事項

本名ハ上記期間中事変関係文書ノ浄書ニ従事シ常ニ軍鉄一致ノ精神ニ基キ迅速、正確、且機密ヲ厳守シテ業務ヲ完遂シ事変進行ニ寄与セリ。事変関係文書ニシテ主ナルモノハ事変記録、功績調査、軍事輸送及給養、情報、調査、其ノ他軍機文書等ナリ

本名ハ上記期間北支事務局ニ派遣ヲ命セラレ堆積セル事変関係文書ノ浄書ヲ克ク完了シ為ニ満鉄ノ使命タル軍鉄一致ニ基ク軍事処理事項ヲ遂行セシメ凡ユル困苦ニ堪ヘ其ノ任務ヲ果セリ

137

乙號

功績等級及序列	
年月日	自一三、九、一四 至一五、一、二
戰鬪若クハ勤務ノ名稱	本社ニ於ケル事変関係文書ノ浄書
年月日	自一五、一、三 至一五、三、六
戰鬪若クハ勤務ノ名稱	上海事務所ニ於ケル事変関係浄書

所屬　総裁室文書課

氏名　冨永　收志

功績事項

本名ハ上記期間中事変関係文書ノ浄書ニ従事シ常ニ軍鉄一致ノ精神ニ基キ迅速、正確且機密ヲ厳守シテ業務ヲ完遂シ事変進行ニ寄与セリ、事変関係文書ニシテ主ナルモノハ事変記録、功績調査、軍事輸送及給養、情報、調査其ノ他軍機文書等ナリ

支那事変ノ拡大ニ伴ヒ上海事務所所管内ニ於ケル軍関係文書ノ浄書激増セルヲ以テ本名ハ上記期間内上海ニアリテ上記文書ノ浄書ニ従事シ満鉄ノ担当スヘキ中南支方面ニ於ケル軍事協力事項ノ完遂ニ邁進セリ

乙號

功績等級及序列	
年月日	自五、三、七 至五、四、二八
職闘若クハ勤務ノ名稱	本社ニ於ケル事變関係文書ノ浄書
所屬	總裁室文書課
氏名	冨永[illegible]志

功績事項

本名ハ上記期間中事變関係文書ノ浄書ニ從事シ常ニ軍鉄一致ノ精神ニ基キ迅速、正確且機密ヲ嚴守シテ業務ヲ完遂シ事變進行ニ寄与セリ

事變関係文書ニシテ主ナルモノハ事變記録、功績調査、軍事輸送及給養、情報、調査其ノ他軍機文書等ナリ

列次 137

祕

甲號

軍事功績調査資料

（自昭和十二年七月七日 至昭和 年 月 日）

氏名 四本木操（シホンギ ミサオ）女

舊氏名 ナシ（ 年 月改姓）

大正七年三月十九日生

本籍戸籍謄本照合濟 責任者印

資格職名	俸給
傭員打字手	二六圓
同	二八圓
同	三一圓
同	三三圓

所屬

年月日	所屬
昭和一二、七、七	北滿經濟調查所
同 一三、二、二	總裁室文書課

略歷

年月日	略歷
昭和一二、七、七	事變勤務ニ就ク（總裁室文書課打字手）
同 一二、一〇、一六	日給一圓二八錢
同 一三、一〇、一六	日給一圓三七錢
同 一三、一二、一	總裁室文書課勤務
同 一三、一二、一六	日給一圓五一錢（給額改訂）
同 一四、五、三	青島興亜院都市計画事務
	所ニ派遣
同 一四、六、九	歸還
同 一四、一〇、一六	日給一圓六二錢
同 一五、一、三	上海事務所ニ派遣

部長查定 等級及序列

勳功爵

種別等級	勳記番號	發令年月日及事由	敍勳當時ノ資格職名
旭			
瑞			
功			

本籍地 福島縣相馬郡飯豊村程田字籔内前 三二

居住地

箇所長查定 等級及序列

(13. 12. 50,000枚 滿日統印)

140

138

乙號

所屬：總裁室文書課
氏名：四本木操

功績等級及序列	年月日	戰鬪若クハ勤務ノ名稱
	自一二、七、七 至一三、二、二〇	北満經済調査所ニ於ケル事変関係文書浄書
	自一三、二、二一 至一四、五、八	本社ニ於ケル事変関係文書浄書

功績事項

本名ハ上記期間中北満經済調査所浄書事務ニ携ハリタルカ事変発生スルヤ軍事輸送ニ直接スル軍関係文書及満鉄自体ニ於テ為ス事変関係文書時局関係情報、事変関係功績ノ記録、事変関係往復文書輻輳シ何レモ速急且機密ヲ保持シツツ打字スルモノノミナルカ克ク之ヲ浄書シテ事変ノ進展ニ寄与セリ

本名ハ上記期間中事変関係文書ノ浄書ニ従事シ常ニ軍鉄一致ノ精神ニ基キ迅速、正確且機密ヲ厳守シテ業務ヲ完遂シ事変進行ニ寄与セリ

141

乙號

功績等級及序列	年月日	戰鬪若クハ勤務ノ名稱
	自昭一三、三 至昭一六、九、	青島興亞院都市計畫事務所ニ於ケル事業關係浄書

所屬 總裁室文書課

氏名 四本本 操

功績事項

事變關係文書ニシテ主ナルモノハ事變記録、功績調査、軍事輸送及給養、情報、調査其ノ他軍機文書等ナリ

支那事變ニ於テ山東方面ノ攻略成ルヤ北支方面ニ於ケル軍事及一般物資ノ吞吐港トシテ青島ノ價値一層重要ナルヲ認メ軍ハ急速ニ青島建設ニ着手セリ

滿鉄ニ於テモ直ニ之ニ協力シ港湾埠頭、都市計畫等各種ノ事業ヲ分担シ興亞院其ノ他トノ聯絡ヲ採リ使命ノ遂行ニ邁進セリ

本名ハ此ノ期間青島ニ派遣ヲ命セラレ前記ニ

乙號

所属：総裁室文書課
氏名：四本木 操

功績等級及序列	年月日	職闘若クハ勤務ノ名稱
	自一四、六、一〇 至一五、六、二	本社ニ於ケル事変関係文書浄書
	自一五、六、三 至一五、[illegible]、六	上海事務所ニ於ケル事変関係浄書

功績事項

関スル文書ノ浄書ニ従事シ克ク業務ヲ達成セリ

本名ハ上記期間中事変関係文書ノ浄書ニ従事シ常ニ軍鉄一致ノ精神ニ基キ迅速正確且機密ヲ厳守シテ業務ヲ完遂シ事変進行ニ寄与セリ。事変関係文書ニシテ主ナルモノハ事変記録、功績調査、軍事輸送及給養情報、調査、其ノ他軍機文書等ナリ

支那事変ノ拡大ニ伴ヒ上海事務所所管内ニ於ケル軍関係文書ノ浄書激増セルヲ以テ

143

乙號

功績等級及序列	
年月日	自一五、三、七 至一五、四、二八
戰闘若クハ勤務ノ名稱	本社ニ於ケル事變関係文書淨書

所屬：總裁室文書課

氏名：四本木 操

功績事項

本名ハ上記期間内上海ニ在リテ上記文書ノ淨書ニ従事シ満鉄ノ担当スヘキ中南支方面ニ於ケル軍事協力事項ノ完遂ニ邁進セリ

本名ハ上記期間中事變関係文書ノ淨書ニ従事シ常ニ軍鉄一致ノ精神ニ基キ迅速、正確且機密ヲ嚴守シテ業務ヲ完遂シ事變進行ニ寄与セリ

事變関係文書ニシテ主ナルモノハ事變記録、功績調査、軍事輸送及給養、情報、調査、其他軍機文書等ナリ

144

总裁室文书课职员岩崎一子军事功绩调查资料（一九三七年七月七日）

㊙

甲號

軍事功績調査資料

（自昭和十二年七月七日 至昭和 年 月 日）

本籍 戸籍 氏名 謄本照合済

責任者印

所属：総裁室文書課

資格職名	俸給
雇員打字手	四〇、〇〇圓
	四四、〇〇
職員打字手	四五、〇〇
	四八、〇〇
	五三、〇〇
	五八、〇〇

官位爵氏名：女 岩崎（イワサキ）一子（カズコ）

舊氏名（ 年 月改姓）

明治四十一年六月二十日生

本籍地：福岡縣遠賀郡折尾町折尾六九五番地

居住地：

勲功 種別等級	勲記番號	發令年月日及事由	敍勲當時ノ資格職名

旭 瑞 功

略歴：

昭和一二、七、七	事変勤務ニ就ク（総裁室文書課）
同 一二、九、一三	奉天鉄道総局ニ派遣
同 一二、一〇、五	帰還
同 一二、一〇、一六	日給二圓二一銭
同 一二、一〇、三〇	上海事務所ニ派遣
同 一二、一二、一〇	帰還
同 一二、六、二六	青島埠頭ニ派遣
同 一三、四、四	帰還
昭和一三、五、一六	月俸四五圓（職員登格）
同 一四、一〇、一	月俸五八圓（給与改正）

部長査定 等級及序列

箇所長査定 等級及序列

(13. 12. 50,000枚 満日社印)

乙號

功績等級及序列	年月日	戰闘若クハ勤務ノ名稱	功績事項
	自一六、七、七 至一六、九、三	事変関係 文書浄書	本名ハ上記期間中文書課浄書事務ニ携ハリタルカ事変発生スルヤ軍事輸送ニ直接スル軍関係文書及満鉄自体ニ於テ為ス事変関係文書激増ニ加フルニ時局関係情報、事変関係功績ノ記録、事変関係往復文書輻輳シ何レモ速急且機密ヲ保持シツツ打字スルモノノミナルカ克ク之ヲ浄書シテ事変ノ進展ニ寄与セリ
	自一六、九、三 至一六、一〇、五	鉄道総局ニ於ケル事変関係浄書	二、本名ハ事変ニ直面シテ軍事輸送其ノ他軍事関係計画ノ根幹ヲ為ス鉄道総局ニ上記期間派遣ヲ命セラレ迅速正確ヲ要スル文書

所属	統裁部文書課
氏名	岩崎一子

乙號

所属　總裁室文書課

氏名　岩崎一子

功績等級及序列	年月日	戰闘若クハ勤務ノ名稱	功績事項
			ノ浄書ニ従事シ克ク其ノ任務ヲ果セリ 社業遂行ニ貢献セリ
	自一二、一〇、六 至一三、一〇、二九	事変関係文書ノ浄書	本名ハ上記期間中事変関係ノ浄書ニ従事シ常ニ軍鉄一致ノ精神ニ基キ迅速、正確且機密ヲ厳守シテ業務ヲ完遂シ事変進行ニ寄与セリ、事変関係文書ニシテ主ナルモノハ事変記録、功績調査、軍事輸送及給養、情報、調査其ノ他軍機文書等ナリ
	自一三、一〇、三〇 至一四、三、一〇	上海事務所ニ於ケル事変関係浄書	本名ハ事変関係書類浄書ノ為上海事務所ヨリノ来電ニ急遽日本経由赴滬、危険ノ

147

185

乙號

功績等級及序列	
年月日	
戰鬪若クハ勤務ノ名稱	
功績事項	中ヲ上記期間ニ亘リ困苦欠乏ニ堪ヘ國家的使命ヲ念慮シ男子社員ニ伍シテ早出晩退特急且機密ヲ要スル事務関係浄書事務ニ携ハル、此ノ間上海ニ於ケル治安ハ猶恢復スルニ至ラズ夜間ハ必ズ燈火管制ヲ為シテ敵機ノ来襲ヲ避ケ勤務ノ出退ニ際シテモ危険アル為自動車ノ擁護ニ依テ出退、斯クシテ病欠ノ使命トスル軍事行動援助ノ目的ヲ達成セシムルコトニ努力セリ 而モ上記期間内ニ於テ同行者ノ指揮指導者トシテノ任務ヲ完ウセリ

所屬 総裁室文書課

氏名 岩崎一子

148

146

乙號

所屬	總裁室文書課
氏名	岩崎一子

功績等級及序列	年月日	戰鬪若クハ勤務ノ名稱
	自一二、一二、二 至一三、六、三〇	事変関係文書ノ浄書
	自一三、六、二六 至一三、四、四	青島鉄路（四）処及済南鉄路局ニ於ケル事変関係浄書

功績事項

本名ハ上記期間中事変関係ノ浄書ニ従事シ常ニ軍鉄一致ノ精神ニ基キ迅速且機密ヲ嚴守シテ業務ヲ完遂シ事変進行ニ寄与セリ、事変関係文書ニシテ主ナルモノハ事変記録、功績調査、軍事輸送及給養、情報、調査其ノ他軍機文書等ナリ

本名ハ事変関係書類浄書ノ為青島鉄路辦事処ニ急遽赴キ危険ノ中ヲ上記ノ期間ニ亘リ困苦欠乏ニ堪ヘ國家的使命ヲ念慮シ男子社員ニ伍シテ早出晩退特急且機密ヲ要スル事変関係浄書事務ニ携ハル

149

乙號

所屬	總裁室文書課
氏名	岩崎一子

功績等級及序列	
年月日	自一三、四、五 至一四、九、四
戰鬪若クハ勤務ノ名稱	事變關係文書浄書
功績事項	尚其ノ間青島辦事處ノ済南移轉ニ伴ヒ 移轉列車ニ乗車、膠済線ノ危険未ダ一入 ナルモノアリシ、依テ黄昏ノ坊子駅ニ翌朝迄 停車、軍隊ノ警備ヲ受ケツヽ假睡済南ニ 到着セリ 三月二十一日済南鉄道事務所開所式ニ參列 設備等不充分ナルコトテ凡有困苦ヲ嘗メ、 空襲ニ備ヘ軍鉄一丸ノ精神ヲ以テ浄書 事務ニ專念任務ヲ完ウセリ、其ノ間矢張リ 同行者ヲ指揮指導遺漏ナキヲ得シメタリ 本名ハ上記期間中事變關係ノ浄書ニ従事

150

乙號

所屬	總裁室文書課
氏名	岩崎一子

功績等級及序列	
年月日	自一四、九、五 至一四、一二、八
職闘若クハ勤務ノ名稱	漢口事務所ニ於ケル事業関係浄書（五）

功績事項

ニ常ニ軍鉄一致ノ精神ニ基キ迅速、正確且機密ヲ厳守シテ業務ヲ完遂シ事業進行ニ寄与セリ。事業関係文書ニシテ主ナルモノハ事業記録功績調査、軍事輸送及給養、情報、調査、其ノ他軍機文書等ナリ

支那事変ノ進展ニ伴ヒ満鉄上海事務所ニ於テハ軍ノ行動前進ト共ニ社員ヲ漢口方面ニ派シ軍事ニ関スル諸調査ヲ行ヒ又宣撫派遣員トノ連絡ヲ行ハシメタルカ本名ハ上記期間漢口ニ派遣ヲ命セラレ前記調査、情報其ノ他事業関係機密文書ノ浄書ニ従事セリ、当時ハ

151

乙號

所屬：總裁室文書課

氏名：岩崎 一子

功績等級及序列	
年月日	自一四、一二、一九 至一五、四、二八
戰鬪若クハ勤務ノ名稱	本社ニ於ケル事變關係文書浄書

功績事項

全ク治安維持セラレズ往復共揚子江ニ於ケル軍用船ニ便乘シ彈丸ノ下ヲ潜リ凡ユル困苦ヲ忍ビテ克ク其ノ任務ヲ果シ克ク使命ヲ遂行セリ

本名ハ上記期間中事變關係文書ノ浄書ニ從事シ常ニ軍鉄一致ノ精神ニ基キ迅速、正確、且機密ヲ嚴守シテ業務ヲ完遂シ事變進行ニ寄与セリ。事變關係文書ニシテ主ナルモノハ事變記録、功績調査、軍事輸送及給養、情報、調査、其ノ他軍機文書等ナリ

总裁室文书课职员小野信子军事功绩调查资料（一九三七年七月七日）

列次 150

祕

甲號

軍事功績調查資料

（自昭和十二年七月七日 至昭和 年 月 日）

氏名 本籍 戸籍謄本照合濟 責任者印

所屬：總裁室文書課

略歷：

昭和一二、七、七	事變勤務ニ就ク（總裁室文書課打字手）
一二、七、一五	奉天鉄道總局ニ派遣
一三、八、五	帰還
同 一二、一〇、八	天津北支那方面軍特務部ニ派遣 一嘱託
同 一二、一二、八	帰還 嘱託ヲ解ク 十九
同 一三、一、一八	上海協鉄事務所ニ派遣
同 一三、三、一	帰還
同 一三、四、一六	日給二圓一五錢
同 一三、一二、一六	日給二圓三七錢（給額改訂）
同 一四、四、一六	日給二圓五一錢

部長查定等級及序列：

官位勳功爵氏名：

資格職名	俸給
雇員打字手	四一圓
同	四三圓
同	四八圓
同	五一圓
同	五五円

官位爵氏名：本　北支那方面軍嘱託（兵役）　小野信子（オノノブコ）

舊氏名 ナシ（ 年 月改姓）

明治四十四年五月十一日生

勳功：種別等級 旭 瑞 功　勳記番號　發令年月日及事由　敍勳當時ノ資格職名

本籍地：大分縣大分郡野津原村四三〇番地

居住地：

箇所長查定等級及序列：

（13. 12. 50,000枚 滿日社納）

153

151

乙號

所屬	總裁室文書課
氏名	小野信子

功績等級及序列		
年月日	自一二、七、七 至一二、七、二四	自一三、七、五 至一三、八、五
戰鬪若クハ勤務ノ名稱	本社ニ於ケル事変関係文書ノ浄書	奉天鉄道総局ニ於ケル事変関係浄書

功績事項

本名ハ上記期間中文書課浄書事務ニ携ハリタルカ事変発生スルヤ軍事輸送ニ直接スル軍関係文書及満鉄自体ニ於テ為ス事変関係文書激増シ加フルニ時局関係情報、事変関係功績ノ記録、事変関係往復文書輻輳シ何レモ速急且機密ヲ保持シツツ打字スルモノノミナルカ克ク之ヲ浄書シテ事変ノ進展ニ寄与セリ

本名ハ事変ニ直面シテ軍事輸送其ノ他軍事関係計画ノ根幹ヲ為ス鉄道総局ニ上記期間派遣ヲ命セラレ迅速、正確ヲ要スル文書ノ浄書ニ従事シ克ク其ノ任務ヲ果セリ、社業遂行ニ貢献セリ

155

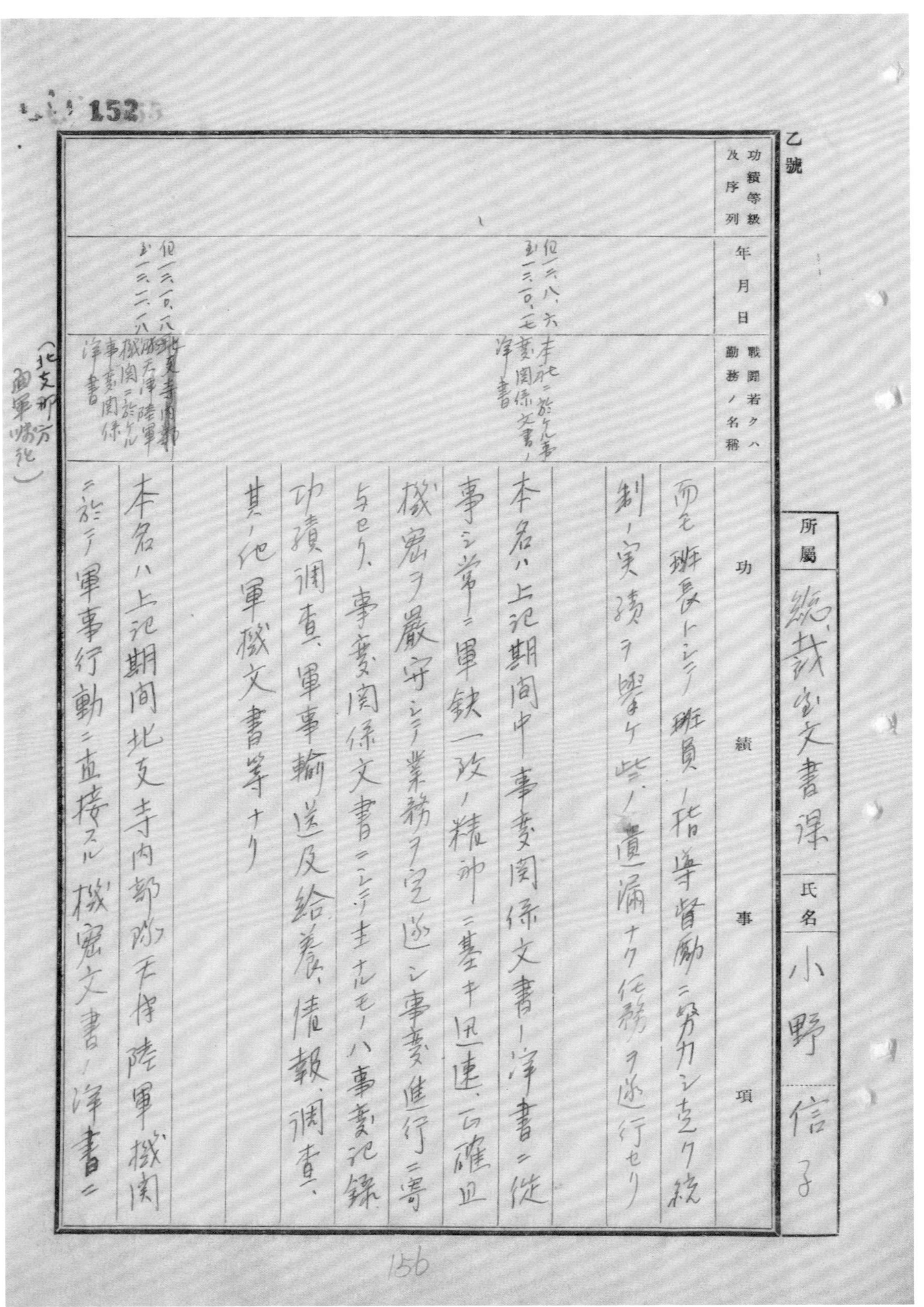
152

乙號

功績等級及序列	年月日	戰闘若クハ勤務ノ名稱
	自一二、八、六 至一二、一〇、七	本社ニ於ケル事變關係文書ノ淨書
	自一二、一〇、八 至一二、一二、八	北支寺内部隊天津陸軍機關ニ於ケル事變關係淨書

（北支那方面軍嘱託）

所屬　總裁室文書課

氏名　小野信子

功績事項

而モ班長トシテ班員ノ指導督勵ニ努力シ克ク統制ノ実績ヲ擧ケ些ノ遺漏ナク任務ヲ遂行セリ

本名ハ上記期間中事變關係文書ノ淨書ニ從事シ常ニ軍鉄一致ノ精神ニ基キ迅速、正確且機密ヲ嚴守シテ業務ヲ完遂シ事變進行ニ寄与セリ。事變關係文書ニシテ主ナルモノハ事變記録功績調査、軍事輸送及給養、情報、調査、其ノ他軍機文書等ナリ

本名ハ上記期間北支寺内部隊天津陸軍機關ニ於テ軍事行動ニ直接スル機密文書ノ淨書ニ

156

153

乙號

功績等級及序列	
年月日	自一三、一〇、二九 至一三、一〇、一七
戰闘若クハ勤務ノ名稱	本北ニ於ケル事変関係文書ノ浄書

所屬　總戰室文書課

氏名　小野信子

功績事項

従事シ恪勤精励克ク任務ヲ果シ軍事上重要ナル浄書任務ヲ遂行セシメタリ

依テ其ノ功績別紙北支那方面軍報道部長功績現認書ノ如シ

本名ハ上記期間中事変関係文書ノ浄書ニ従事シ常ニ軍紀一致ノ精神ニ基キ迅速、正確且機密ヲ厳守シテ業務ヲ完遂シ事変進行ニ寄与セリ

事変関係文書ニシテ主ナルモノハ事変記録、功績調査、軍事輸送及給養、情報、調査、其ノ他軍機文書等ナリ

157

154

乙號

功績等級及序列	
年月日	自一二、八、一八 至一三、三、一
戰鬪若クハ勤務ノ名稱	上海事變ニ於ケル事變關係浄書

所屬 總裁室文書課

氏名 小野信子

功績事項

本名ハ支那事變ニ伴フ時局關係書類浄書ノ為上海事務所ヨリノ來電ニ急遽赴滬、危險ノ中ヲ上九ノ期間ニ亘リ困苦欠乏ニ堪ヘ黒衣的使命ヲ完慮シ男子社員ニ伍シテ早出晩退、特急且機密ヲ要スル事變關係浄書事務ノ衝ニ携ハル、此ノ間上海ニ於ケル治安ハ猶恢復スルニ至ラス勤務出退ノ際ニアハ危險アル為自動車ノ擁護ニ依テ出退、斯クシテ満鉄ノ使命トスル軍事行動援助ノ目的ヲ達成セシムルコトニ努力セリ。而シテ此ノ間派遣打字手ノ班長トシテノ一切ノ責任ニ任シ班員ノ浄書指導激勵ハ素ヨリ衣食起居ニ至ル迄悉ク世話ヲ為シ此ニ遺漏ナク任務ヲ遂行セリ

（派遣員班長）

158

乙號

所屬	総裁室文書課
氏名	小野信子

功績等級及序列	年月日	戰鬪若クハ勤務ノ名稱
	自一三、三、二 至一四、七、一一	本社ニ於ケル事変関係文書ノ浄書
	自一四、七、一二 至一四、八、二七	青島興亜院都市計画事務所ニ於ケル事変関係浄書

功績事項

本名ハ上記期間中事変関係文書ノ浄書ニ従事シ常ニ軍鉄一致ノ精神ニ基キ迅速、正確、且機密ヲ厳守シテ業務ヲ完遂シ事変進行ニ寄与セリ。事変関係文書ニシテ主ナルモノハ事変記録、功績調査、軍事輸送及給養、情報、調査其ノ他軍機文書等ナリ。

支那事変ニ於テ山東方面ノ攻略成ルヤ北支方面ニ於ケル軍事及一般物資ノ吞吐港トシテ青島ノ價値一層重要ナルヲ認メ軍ハ急速ニ青島建設ニ着手セリ。満鉄ニ於テモ直ニ之ニ協力シ港湾荷役、都市計画等各種ノ事業ヲ分担シ興亜院其ノ他

156

乙號

功績等級及序列	
年月日	自一四、八、二八 至一五、四、二八
戰闘若クハ勤務ノ名稱	本社ニ於ケル事変関係文書ノ浄書
功績事項	トノ聯絡ヲ採リ使命遂行ニ邁進セリ 本名ハ上記期間青島ニ派遣ヲ命セラレ前記ニ関スル文書ノ浄書ニ従事シ克ク業務ヲ達成セリ 本名ハ上記期間中事変関係文書ノ浄書ニ従事シ常ニ軍鉄一致ノ精神ニ基キ迅速、正確且機密ヲ厳守シテ業務ヲ完遂シ事変進行ニ寄与セリ。事変関係文書ニシテ主ナルモノハ事変記録、功績調査、軍事輸送及給養、情報、調査、其ノ他軍機文書等ナリ

所屬	総裁室文書課
氏名	小野信子

160

总裁室文书课职员有马春子军事功绩调查资料（一九三七年七月七日）

列次 157

秘

甲號

軍事功績調查資料

（自昭和十二年七月七日 至昭和 年 月 日）

所屬	
總裁室文書課	

略歷	
昭和一二、七、七	事變勤務ニ就ク（總裁室文書課打字手）
同 一三、七、二一	天津支那駐屯軍司令部
	ニ派遣
同 一三、八、八	帰還
同 一三、一一、一二	天津北支派遣（寺内部隊本部宣傳部ニ派遣）
同 一三、一二、二	帰還
同 一三、一二、一九	北京北支事務局ニ派遣
同 一三、四、一六	日給一圓四四錢
同 一三、五、二一	帰還

部長查定等級及序列

官位勳功爵氏名	
資格職名	俸給
傭員打字手	二七円
同	二九円
同	三二円
同	三四円
同	三七円

官位爵氏名：女 有馬（アリマ）春子（ハルコ）

舊氏名 ナシ（ 年 月改姓）

大正八年三月二十三日生

勳功						
種別等級	勳記番號	發令年月日及事由	敍勳當時ノ資格職名	旭	瑞	功

本籍地：神奈川縣横濱市中區堀之内町二丁目一三八番地ノ一

居住地：

箇所長查定等級及序列

氏名 本籍 戶籍謄本照合濟

責任者印

（13. 12. 50,000枚 滿日納）

72

161

乙號

所属	總裁室文書課
氏名	有馬 春子

功績等級及序列	
年月日	自一二、七、七 至一二、七、二〇
戦闘若クハ勤務ノ名称	事変関係文書ノ浄書
功績事項	本名ハ上記期間中文書課浄書事務ニ携リタルカ事変発生スルヤ軍事輸送ニ直接スル軍関係文書激増ニ加フルニ時局関係情報、事変関係功績ノ記録、事変関係往復文書輻輳ニ何レモ速急且機密ヲ保持ニツツ打字スルモノ々ニナルカ克ク之ヲ浄書シ事変ノ進展ニ寄与セリ
年月日	自一二、七、二一 至一二、八、一八
戦闘若クハ勤務ノ名称	天津駐屯軍司令部ニ於テ軍事書類ノ浄書事務
功績事項	本名ハ上記期間天津駐屯軍司令部ニ於テ軍事行動ニ直接スル機密文書ノ浄書ニ從事シ倍勤精励克ク任務ヲ果シ軍事上重要ナル報道任務ヲ遂行セシメタリ。依テ

162

159

乙號

功績等級及序列	
年月日	自一三、八、九 至一三、一二、二
戰鬪若クハ勤務ノ名稱	事變関係文書浄書

所屬	總裁室文書課
氏名	有馬春子

功績事項

其ノ功績別紙北支那方面軍報道部長
功績證明書ノ如ク慰勞金甲ニ該当スル
モノト認ム

本名ハ上記期間中事變関係文書ノ浄書ニ
従事シ常ニ軍缺一致ノ精神ニ基キ迅速、
正確且機密ヲ嚴守シテ業務ヲ完遂シ
事變進行ニ寄与セリ
事變関係文書ニシテ主ナルモノハ事變記録、
功績調査、軍事輸送及給養、情報、調
査、其ノ他軍機文書等ナリ

163

160

乙號

所属 総裁室文書課

氏名 有馬春子

功績等級及序列	年月日	戦闘若クハ勤務ノ名稱
	自一二、六、二三 至一二、六、三〇	北京寺内部隊ニ於ケル事変関係浄書
	自一二、六、一二 至一三、三、二八	事変関係文書ノ浄書

功績事項

本名ハ上記期間北京寺内部隊ニ於テ軍事行動ニ直接スル機密文書ノ浄書ニ従事シ恪勤精励克ク任務ヲ果シ軍事上重要ナル報道任務ヲ遂行セシメタリ

本名ハ上記期間中事変関係文書ノ浄書ニ従事シ常ニ軍鉄一致ノ精神ニ基キ迅速、正確ニ機密ヲ厳守シテ業務ヲ完遂シ事変進行ニ寄与セリ。事変関係書類ニシテ主ナルモノハ事変記録、功績調査、軍事輸送及給養、情報、調査、其ノ他軍機文書等ナリ

162

乙號

功績等級及序列	
年月日	自一三、五、一九 至一三、五、三一
戰闘若クハ勤務ノ名稱	北京北支事務局ニ於ケル事變關係浄書
年月日	自一三、五、三一 至一四、四、四
戰闘若クハ勤務ノ名稱	事變關係文書ノ浄書

所屬　總裁室文書課

氏名　有馬春子

功績事項

本名ハ上記期間北支事務局ニ派遣ヲ命セラレ堆積セル事變關係文書ノ浄書ヲ克ク完行シ為ニ満鉄ノ使命タル軍鉄一致ニ基ク軍事処理事項ヲ遂行セシメ凡ユル困苦ニ堪ヘ其ノ任務ヲ果セリ

本名ハ上記期間中事變關係文書ノ浄書ニ從事シ常ニ軍鉄一致ノ精神ニ基キ迅速、正確且機密ヲ嚴守シテ業務ヲ完遂シ事變進行ニ寄与セリ。事變關係文書ニシテ主ナルモノハ事變記録、功績調査、軍事輸送及給養、情報、調査、其ノ他軍機文書等ナリ

165

162

乙號

所屬	総裁室文書課
氏名	有馬春子
功績等級及序列	
年月日	自一四、四、五 至一四、七、三
戰鬪若クハ勤務ノ名稱	漢口軍特務部及経済調査所ニ於ケル事務関係事務

功績事項

本名ハ上記期間漢口軍特務部嘱託トシテ漢口軍特務部ノ懇請ニ依リ武漢三鎮一帯ノ産業、経済、政治ノ調査機関トシテ設立サレタル満鉄漢口経済調査所ニタイピストトシテ派遣サレ時恰モ炎熱百数十度、文字通リ鬼モ溶カス酷暑ノ時季ニ当リ又伝染病ノ猖獗ヲ極メタル土地ニ在リ女ナガラモ不自由ナル生活ト闘ヒ凡有困苦欠乏ニ耐ヘ克ク男子派遣社員ノ間ニ伍シテ社用文書、経済調査報告書並陸海軍特務部及鉄道聯隊ヨリ依頼セラレタル調査立案書類等（取扱枚数一四三枚）各般ニ亘リ繁忙多岐ヲ極メタル浄書事務ヲ習熟セル優秀ナル

166

163

乙號

功績等級及序列	
年月日	自一四、七、二三 至一五、四、一八
戰闘若クハ勤務ノ名稱	本社ニ於ケル事變関係文書浄書

所屬 総裁室文書課

氏名 有馬春子

功績事項

技術ト旺盛ナル責任感トニ依リ敏速確実ニ
処理シ以テ調査事務ヲ圓滑ニ進捗セシメ
軍ノ業務上寄與スル所多大ナリ
其ノ功績ハ別紙其ノ二漢口軍特務部第一課長
功績証明書ノ如ク功労ニ該当スルモノト認ム
本名ハ上記期間中事変関係文書ノ浄書ニ
従事シ常ニ軍ト一致ノ精神ニ基キ迅速正確
且機密ヲ厳守シテ業務ヲ完遂シ事変進行
ニ寄與セリ。事変関係文書ニシテ主ナルモノハ事
変記録、功績調査、軍事輸送及給養、情
報、調査、其ノ他軍機文書等ナリ

167

总裁室文书课职员妹尾满喜子军事功绩调查资料（一九三七年七月七日）

列次 164

秘

甲號

軍事功績調査資料

（自昭和十二年七月七日 至昭和 年 月 日）

氏名 本籍 戸籍謄本照合済

責任者印

所属
総裁室文書課

歴略	
昭和一二、七、七	事変勤務ニ就ク（総裁室文書課打字手）
同 一二、九、一三	北支陸軍特務機関ニ派遣（北支那方面軍嘱託）
同 一二、一〇、二七	帰還（解嘱）
同 一三、一、五	天津陸軍特務機関 嘱託 派遣
同 一三、二、一七	帰還（嘱託ヲ解ク）
同 一三、四、一六	日給一圓五三銭
同 一三、七、一九	上海中支那派遣軍報道部 嘱託 派遣
同 一三、九、一三	帰還（嘱託ヲ解ク）
同 一三、一二、一六	日給一圓六九銭（給額改訂）

部長査定等級及序列

資格職名	俸給
傭員打字手	二九圓
同	三一圓
同	三四圓
同	三六圓

官位爵氏名：女 妹尾満喜子

北支那方面軍嘱託（無給） 中支那派遣軍嘱託（無給）

舊氏名 十二年 月改姓

大正二年十月二十九日生

勲功：種別等級 旭 瑞 功；勲記番號；發令年月日及事由；敍勲當時ノ資格職名

本籍地：岡山縣吉備郡箭田村字境六四二番地

居住地：

箇所長査定等級及序列

(13. 12. 50,000枚 審日社納)

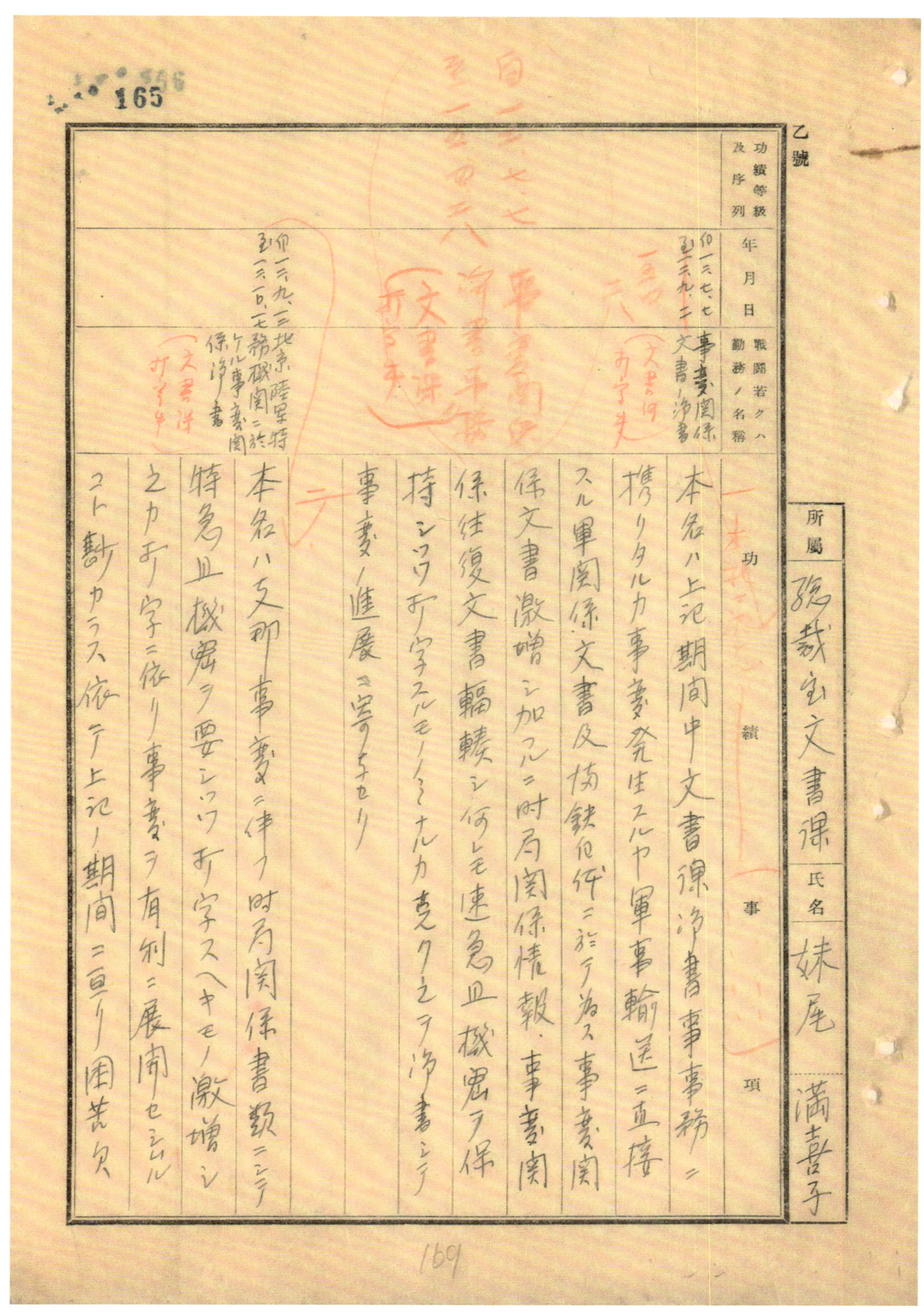

乙號

功績等級及序列	
年月日	自一三、七、七 至一三、九、二
戰鬪若クハ勤務ノ名稱	事變関係文書ノ浄書
年月日	自一三、九、三 至一三、一〇、七
戰鬪若クハ勤務ノ名稱	北京陸軍特務機関ニ於ケル事變関係浄書

所屬 總裁室文書課

氏名 妹尾満喜子

功績事項

本名ハ上記期間中文書課浄書事務ニ携リタルカ事變発生スルヤ軍事輸送ニ直接スル軍関係文書及満鉄依頼ニ於テ為ス事變関係文書激増シ加フルニ時局関係情報、事變関係往復文書輻輳シ何レモ速急且機密ヲ保持シツツ打字スルモノ多々ナルカ克ク之ヲ浄書シテ事變ノ進展ニ寄与セリ

本名ハ支那事變ニ伴フ時局関係書類ニシテ特急且機密ヲ要シツツ打字スヘキモノ激増シ之カ打字ニ依リ事變ヲ有利ニ展開セシムルコト尠カラス依テ上記ノ期間ニ亘リ困苦欠

166

乙號

所屬：総裁室文書課

氏名：妹尾満喜子

功績等級及序列	
年月日	自一二、一〇、六 至一三、六、四
戦闘若クハ勤務ノ名稱	事変関係文書ノ浄書

功績事項

女ニ携ハ國家的使命ヲ念慮シ男子社員ニ伍シテ早出晩退休養ノ遑モナク北京陸軍特務機関ニテ軍事事変関係機密文書浄書事務ニ携ハル

本名ハ上記期間中事変関係文書ノ浄書ニ従事シ常ニ軍鉄一致ノ精神ニ基キ迅速、正確且機密ヲ厳守シテ業務ヲ完遂シ事変進行ニ寄与セリ

事変関係文書ニシテ主ナルモノハ事変記録、功績調査、軍事輸送及給養、情報、調査其ノ他軍機文書等ナリ

以上ノ如ク其ノ功績ハ [illegible] ニ該当スルモノト認ム

170

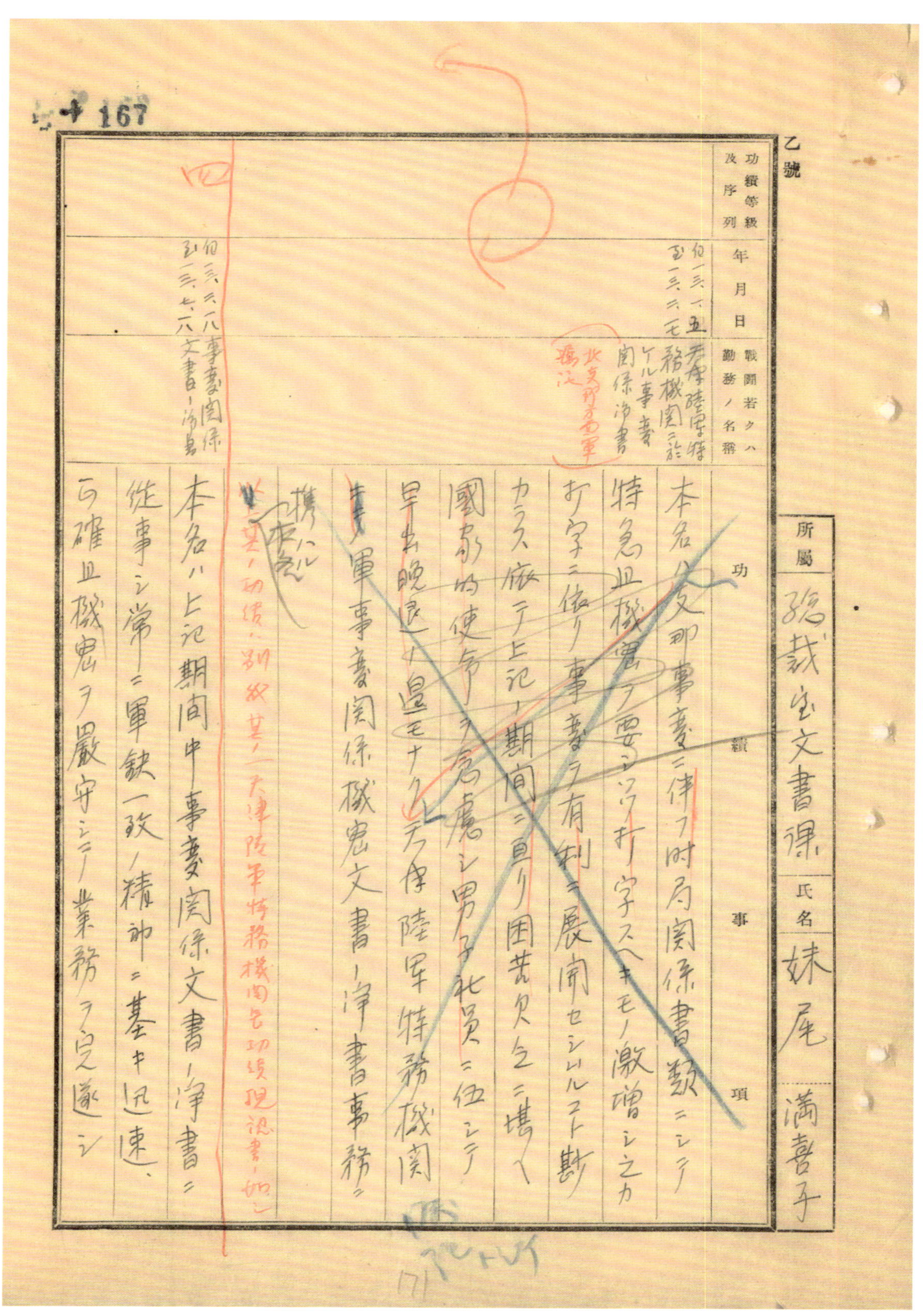

167

乙號

所屬 弘報室文書課

氏名 妹尾満喜子

功績等級及序列 四

年月日 自一三、一、五 至一三、六、七

戰鬪若クハ勤務ノ名稱 天津陸軍特務機関ニ於ケル事變関係浄書（北支那方面軍據沱）

功績事項

本名ハ支那事變ニ伴フ時局関係書類ニシテ特急且機密ヲ要シ浄打字スベキモノ激増シ之カ打字ニ依リ事變ヲ有利ニ展開セシムルコト尠カラス依テ上記ノ期間ニ亘リ困苦欠乏ニ堪ヘ國家的使命ヲ考慮シ男子社員ニ伍シテ早出晩退ノ遑モナク天津陸軍特務機関其ノ軍事事變関係機密文書ノ浄書事務ニ携ハル

以下其ノ功績ハ別紙其ノ一天津陸軍特務機関宛功績現認書ノ如シ

年月日 自一三、六、八 至一三、七、八

戰鬪若クハ勤務ノ名稱 事變関係文書ノ浄書

功績事項

本名ハ上記期間中事變関係文書ノ浄書ニ従事シ常ニ軍紀一致ノ精神ニ基キ迅速、正確且機密ヲ嚴守シテ業務ヲ完遂シ

168

乙號

功績等級及序列	
年月日	
戰鬪若クハ勤務ノ名稱	自一三、七、九 至一三、九、三 上海中支派遣軍ニ於ケル事変関係諸書 (中支那方面軍嘱託)

所屬 弘報文書課 氏名 妹尾満喜子

功績事項

事変進行ニ寄与セリ
事変関係文書ニシテ主ナルモノハ事変記録、
功績調査、軍事輸送及給養、情報、調
査、其ノ他軍機文書等ナリ
何レモ其ノ功績ハ大ナリト認ム
本名ハ上記期間上海中支派遣軍ニ於ケル浄
書ノ為派遣ヲ命セラレ克ク上長ノ命ニ従ヒ
昼夜兼行堆積セルモノヲ次々ニ打字完了
シ以テ軍事行動ヲ援助シ貢献スルトコロ甚大
ナリ。加之上海ハ当時猶治安不完全ニシテ
人心ニ動揺甚シキモノアリ此ノ間ニ在リテ衣住、
飲食等ノ不便ヲ忍ビ軍ト共ニ勤務ニ励ミ

172

乙號

功績等級及序列	年月日	戰鬪若クハ勤務ノ名稱
3	自一三、九、一四 至一四、九、八	事変関係文書ノ浄書
2	自一四、九、九 至一五、二、二五	上海事務所ニ於ケル事変関係浄書

所屬 総裁室文書課

氏名 妹尾満喜子

功績事項

以テ其ノ使命ヲ遂行セリ

此ヒ其ノ功績ハ別紙其ノ二中支那派遣軍報道部長功績證明書ノ如シ

本名ハ上記期間中事変関係文書ノ浄書ニ従事シ常ニ軍鉄一致ノ精神ニ基キ迅速、正確且機密ヲ厳守シテ業務ヲ完遂シ事変進行ニ寄与セリ。事変関係文書ニシテ主ナルモノハ事変記録、功績調査、軍事輸送及給養、情報調査其ノ他軍機文書等ナリ

支那事変ノ拡大ニ伴ヒ上海事務所所管内ニ於ケル軍関係文書ノ浄書激増セルヲ以テ

本名ハ上記期間内上海ニアリテ上記文書ノ浄

173

170

乙號

功績等級及序列	乜
年月日	自四、二、六 至五、四、二八
戰鬪若クハ勤務ノ名稱	本社ニ於ケル事変関係文書浄書
功績事項	書ニ従事シ満鉄ノ担当スヘキ中南支方面ニ於ケル軍事協力事項ノ完遂ニ邁進セリ 本名ハ上記期間中事変関係文書ノ浄書ニ従事シ常ニ軍鉄一致ノ精神ニ基キ迅速、正確且機密ヲ厳守シテ業務ヲ完遂シ事変進行ニ寄与セリ 事変関係文書ニシテ主ナルモノハ事変記録、功績調査、軍事輸送及給養、情報、調査、其ノ他軍機文書等ナリ 仍テ其ノ功績ハ、、、ニ該当スルモノト認ム

所屬：総裁室文書課

氏名：妹尾満喜子

174

8

24

秘

甲號

列次 174

軍事功績調查資料

（自昭和十二年七月七日 至昭和 年 月 日）

所屬：總裁室文書課

官位勲功爵氏名

資格職名	俸給
職員	五六圓
同	六〇圓
同	六六圓
同	七〇圓

氏名：佐藤クニ（サトウ） 女

舊氏名 十ン（ 年 月改姓）

明治四十年四月十五日生

勲功

種別等級	勲記番號	發令年月日及事由	叙勲當時ノ資格職名
旭			
瑞			
功			

本籍地：福島縣郡山市字中町一番地

居住地：

箇所長查定等級及序列：

歷略

昭和一二、七、七	事変勤務ニ就ク（總裁室文書課打字手）
昭和一二、一〇、七	天津北寧鉄路管理局顧問室派遣
同 一三、二、五	帰還
同 一三、三、六	上海事務所派遣
同 一三、一、二〇	帰還
同 一三、四、一	月俸六〇圓
同 一四、一、一	月俸六六圓（給額改訂）
同 一四、四、一	月俸七〇圓
同 一五、三、一三	漢口調査所ニ派遣

部長查定等級及序列：

氏名 本籍 戶籍謄本照合濟 責任者印

（13. 12. 50,000枚 [illegible]）

178

175

乙號

所屬	氏名
総裁室文書課	佐藤ク二

功績等級及序列	年月日	戰鬪若クハ勤務ノ名稱
	自一二、七、七 至一三、六、六	本社ニ於ケル事変関係文書浄書
	自一三、六、七 至一六、八、五	天津北寧鉄路局ニ於ケル事変関係浄書

功績事項

本名ハ上記期間中文書課浄書事務ニ携リタルカ事変発生スルヤ軍事輸送ニ直接スル軍関係文書及[illegible]鉄全体ニ於テ為ス事変関係文書激増シ加フルニ時局関係情報、事変関係功績ノ記録、事変関係往復文書輻輳シ何レモ速急且機密ヲ保持シツツ打字スルモノノミナルカ克ク之ヲ浄書シテ事変ノ進展ニ寄与セリ

上記期間中北支ニ派遣ヲ命セラレ天津北寧鉄路管理局ニ於テ勤務シ本名ハ事変関係浄書類ニシテ殊ニ北寧鉄路局ニ対スル国策的軍機ニ属スル書類ニシテ特急且機密裡ニ打字ヲ

179

176

乙號

所屬　總裁室文書課

氏名　佐藤クニ

功績等級及序列	年月日	戰鬪若クハ勤務ノ名稱	功績事項
			要スルモノ激增シ之カ打字ニ依リ事業ヲ有利ニ展開スルコト甚大ナリ、依テ上記ノ期間ニ亘リ困苦欠乏ニ堪ヘ日本的使命ヲ念慮シ男子社員ニ伍シテ早出晚退一日ノ休養ヲ得ルノ遑モナク北寧鉄路局顧問室ニ於テ專ラ顧問石田中佐ノ許ニ在リテ機密文書ノ打字淨書ノ任務ヲ遂行セリ 而シテ此ノ間派遣同行セル打字手ノ班長トシテ一切ノ責務ニ任シ淨書ノ指導激勵ハ素ヨリ衣食、起居ノ安否ニ至ル迄配慮シ些ノ遺漏ナカラシメタリ

180

177

乙號

功績等級及序列	年月日	職闘若クハ勤務ノ名称
	自一二、二、六 至一二、一二、五	本社ニ於ケル事変関係文書浄書
	自一二、一二、六 至一三、八、一六	上海事務所ニ於ケル事変関係浄書

功績事項

本名ハ上記期間中事変関係文書ノ浄書ニ従事シ常ニ軍鉄一致ノ精神ニ基キ迅速、正確且機密ヲ厳守シテ業務ヲ完遂シ事変進行ニ寄与セリ、事変関係文書ニシテ主ナルモノハ事変記録、功績調査、軍事輸送及給養情報、調査、其ノ他軍機文書等ナリ

支那事変ノ拡大ニ伴ヒ上海事務所管内ニ於ケル軍関係文書ノ浄書激増セルヲ以テ本名ハ上記期間内上海ニ在リテ上記文書ノ浄書ニ従事シ満鉄ノ担当スヘキ中南支方面ニ於ケル軍事協力事項ノ完遂ニ邁進セリ

所属 総裁室文書課

氏名 佐藤クニ

181

178

乙號

功績等級及序列	
年月日	自一三、一、一七 至一五、三、二一
戰鬪若クハ勤務ノ名稱	本社ニ於ケル事変関係文書ノ浄書
年月日	自一五、三、二三 至一五、四、六
戰鬪若クハ勤務ノ名稱	漢口事務所ニ於ケル事変関係浄書（引續キ派遣中）

所属　總裁室文書課

氏名　佐藤ク二

功績事項

本名ハ上記期間中事変関係文書ノ浄書ニ従事シ常ニ軍鉄一體ノ精神ニ基キ迅速正確、且機密ヲ厳守シテ業務ヲ完遂シ事変進行ニ寄与セリ。事変関係文書ニシテ主ナルモノハ事変記録、功績調査、軍事輸送及給養、情報、調査、其ノ他軍機文書等ナリ

支那事変ノ進展ニ伴ヒ満鉄上海事務所ニ於テハ軍ノ行動前進ト共ニ社員ヲ漢口方面ニ派シ軍事ニ関スル諸調査ヲ行ヒ又宣撫派遣員トノ連絡ヲ行ハシメタルカ本名ハ上記期間漢口ニ派遣ヲ命セラレ前記調査、情報、其ノ他事変関係

182

179

乙號

功績等級及序列	
年月日	
戰鬪若クハ勤務ノ名稱	

所屬 總裁室文書課

氏名 佐藤久二

功績事項

機密文書ノ浄書ニ從事セリ　当時ハ全ク治安維持セラレス往復共揚子江ニ於ケル軍用船ニ便乘シ彈丸ノ下ヲ潜リ凡ユル困苦ヲ忍ヒテ克リ其ノ任務ヲ果シ克ク二使命ヲ遂行セリ

183

列次 180

8　25

秘

甲號

軍事功績調査資料

（自昭和十二年七月七日　至昭和　年　月　日）

氏名　本籍　戸籍謄本照合済　責任者印

官位勲功爵氏名

資格職名	俸給
雇員打字手	四三圓
同	四五圓
同	五〇圓

官位爵氏名：瀬川（セガワ）ミツヱ　女

舊氏名：ナシ（　年　月改姓）

大正二年五月十二日生

勲功	旭	瑞	功
種別等級			
勲記番號			
發令年月日及事由			
敍勲當時ノ資格職名			

本籍地：長崎縣南高来郡西有家町須川

居住地：

箇所長査定等級及序列：

所属：總裁室文書課

略歴

昭和一二、七、七	事変勤務ニ就ク
同　一二、一二、二五	天津事務所ニ派遣（總裁室文書課打字手）
同　一二、一二、三〇	帰還
同　一三、一、一八	上海事務所ニ派遣
同　一三、三、一	帰還
同　一三、四、一六	日給二圓二〇錢
同　一三、一二、一六	日給二圓四七錢（給額改訂）
同　一四、三、三一	退職

部長査定等級及序列：

（13. 12. 50,000枚　滿日鉛印）

184

乙號

功績等級及序列	
年月日	自一二、七、七 至一二、八、二〇
戰鬪若クハ勤務ノ名稱	事變關係文書浄書

自一二、八、二一 至一二、一二、一五 北支事務局ニ於ケル事變關係浄書

所屬 總裁室文書課
氏名 瀨川 ミツエ

功績事項

本名ハ上記期間中文書課浄書事務ニ携リタルカ事變発生スルヤ軍事輸送ニ直接スル軍關係文書及協鉄自体ニ於テ為ス事變關係文書激增シ加フルニ時局關係情報、事變關係功績ノ記録、事變關係往復文書輻輳シ何レモ速急且機密ヲ保持シツツ打字スルモノノミナルカ克ク之ヲ浄書シテ事變ノ進展ニ寄与セリ

本名ハ上記期間北支事務局ニ派遣ヲ命セラレ堆積セル事變關係文書ノ浄書ヲ克ク完行シ為ニ協鉄ノ使命タル軍鉄一致ニ基ク軍事

185

182

乙號

所屬　總裁室文書課

氏名　瀬川ミツエ

功績等級及序列	年月日	戰鬪若クハ勤務ノ名稱
	自一三、三、三 至一三、八、七	事変関係文書浄書
	自一三、八、八 至一三、三、一	上海事務所ニ於ケル事変関係浄書

功績事項

處理事項ヲ遂行セシメ凡ユル困苦ニ堪ヘ其ノ任務ヲ果セリ

本名ハ上記期間中事変関係ノ浄書ニ従事シ常ニ軍鉄一致ノ精神ニ基キ迅速、正確且機密ヲ嚴守シテ業務ヲ完遂シ事変進行ニ寄与セリ、事変関係文書ニシテ主ナルモノハ事変記録、功績調査、軍事輸送及給養、情報調査、其ノ他軍機文書等ナリ

支那事変ノ拡大ニ伴ヒ上海事務所ノ所管内ニ於ケル軍関係文書ノ浄書激増セルヲ以テ

186

183

乙號

所屬 総裁室文書課

氏名 瀬川 ［印］

功績等級及序列：

年月日：自一三、三、一 至一三、三、三一

戰鬪若クハ勤務ノ名稱：本社ニ於ケル事変関係文書ノ浄書

功績・事項：

本名ハ上記期間内上海ニ在リテ上記文書ノ浄書ニ従事シ満鉄ノ担当スヘキ中南・支方面ニ於ケル軍事協力事項ノ完遂ニ邁進セリ

本名ハ上期間中事変関係文書ノ浄書ニ従事シ常ニ軍鉄一致ノ精神ニ基キ迅速正確且職密ヲ厳守シテ業務ヲ完遂シ事変進行ニ寄与セリ、事変関係文書ニシテ主ナルモノハ事変記録、功績調査、軍事輸送及給養情報調査、其ノ他軍機文書等ナリ

187

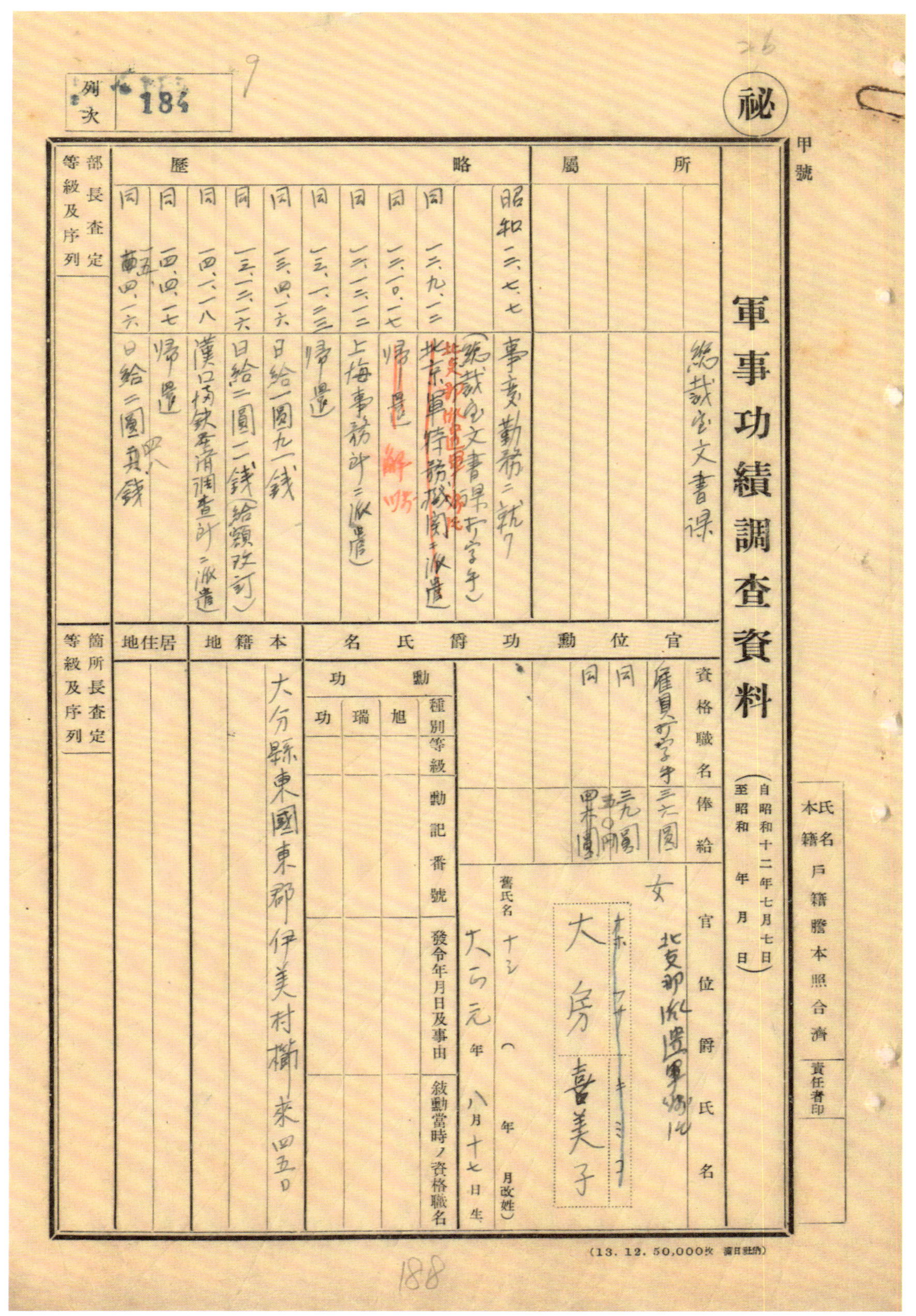

列次 184

秘

甲號

軍事功績調査資料

（自昭和十二年七月七日 至昭和 年 月 日）

氏名 本籍 戸籍謄本照合済 責任者印

所属
総裁室文書課

略歴	
昭和一二、七、七	事変勤務ニ就ク（総裁室文書課打字手）
同 一二、九、一二	北京軍特務機関ニ派遣 北支那派遣軍[illegible]
同 一二、一〇、一七	帰還 解嘱
同 一二、一二、一二	上海事務所ニ派遣
同 一三、一、二三	帰還
同 一三、四、一六	日給一圓九一銭
同 一三、一二、二六	日給二圓二銭（給額改訂）
同 一四、一、一八	漢口[illegible]調査所ニ派遣
同 一四、四、一七	帰還
同 一五、四、一六	日給二圓[illegible]銭

部長査定等級及序列

官位勲功爵氏名	
資格職名	雇員（打字手）、同、同
俸給	三六圓、三九圓、[illegible]圓
官位爵氏名	北支那派遣軍[illegible] 女 大房喜美子
旧氏名	（ 年 月改姓）
生年月日	大正元年八月十七日生

勲功：種別等級、勲記番號、發令年月日及事由、叙勲當時ノ資格職名（旭、瑞、功）

本籍地	居住地
大分県東国東郡伊美村櫛来四五〇	

箇所長査定等級及序列

188

（13. 12. 50,000枚 滿日經納）

185

乙號

功績等級及序列	
年月日	自一二、七、七 至一二、九、二
	自一二、九、二 至一三、一〇、七
戦闘若クハ勤務ノ名稱	本社ニ於ケル事変関係文書浄書
	北京軍特務機関ニ於ケル事変関係浄書

所屬：総裁室文書課

氏名：大房喜美子

功績事項

本名ハ上記期間中文書課浄書事務ニ携リタルカ事変発生スルヤ軍事輸送ニ直接スル軍関係文書及満鉄自体ニ於テ為ス事変関係文書激増シ加フルニ時局関係往復文書輻輳シ何レモ速急且機密ヲ保持シ打字スルモノノミナルカ克ク之ヲ浄書シテ事変ノ進展ニ寄与セリ

本名ハ支那ノ事変ニ伴フ時局関係書類ニシテ特急且機密ヲ要シ以ツテ打字スヘキモノ激増シ之カ打字ニ依リ事変ヲ有利ニ展開セシムルコト尠カラス依テ上記ノ期間ニ亘リ困苦欠乏ニ堪ヘ[illegible]使命ヲ念慮シ男子社員ニ伍シテ早出晩退

189

乙號

功績等級改序列	年月日	戰鬪若クハ勤務ノ名稱
	自一六、五、一六 至一六、一二、二	本社ニ於ケル事變関係文書浄書
	自一六、一二、三 至一三、一、三	上海事務所ニ於ケル事變関係浄書

所屬 總裁室文書課

氏名 大房喜美子

功績事項

休養ノ遑モナク北京軍特務機関ニテ軍事變関係機密文書ノ浄書事務ニ携ハル

本名ハ上記期間中ノ事變関係文書ノ浄書ニ従事シ常ニ軍鉄一致ノ精神ニ基キ迅速、正確且機密ヲ嚴守シテ業務ヲ完遂シ事變進行ニ寄与セリ。事變関係文書ニシテ主ナルモノハ事變記録、功績調査、軍事輸送及給養、情報、調査、其ノ他軍機文書等ナリ

支那事變ノ拡大ニ伴ヒ上海事務所管内ニ於ケル軍関係文書ノ浄書激増セルヲ以テ

187

乙號

功績等級及序列	
年月日	自一四、八、六 至一四、四、一七
戦闘若クハ勤務ノ名称	漢口満鉄経済調査ニ於ケル事変関係浄書

所属 総裁室文書課

氏名 大房喜美子

功績事項

本名ハ上記期間内上海ニ在リテ上記文書ノ浄書ニ従事シ傍満鉄ノ担当スヘキ中南支方面ニ於ケル軍事協力事項ノ完遂ニ邁進セリ

支那事変ノ進展ニ伴ヒ満鉄上海事務所ニ於テハ軍ノ行動前進ト共ニ社員ヲ漢口方面ニ派シ軍事ニ関スル諸調査ヲ行ヒ又宣撫派遣員トノ連絡ヲ行ハシメタルカ本名ハ上記期間漢口ニ派遣ヲ命セラレ前記調査、情報其ノ他事変関係機密文書ノ浄書ニ従事セリ当時ハ全ク治安維持セラレス往復共揚子江ニ於ケル軍用船ニ便乗シ弾丸ノ下ヲ潜リ凡ユル困苦ヲ忍ヒテ

(191)

188

乙號

所屬	総裁室文書課
氏名	大房喜美子

功績等級及序列	
年月日	自一四、四、一八 至一五、四、二八
戰鬪若クハ勤務ノ名稱	本社ニ於ケル事変関係文書事務

功績事項

克ク其ノ任務ヲ果シ充分ニ使命ヲ遂行セリ

本名ハ上記期間中事変関係文書ノ浄書ニ従事シ常ニ軍鉄一致ノ精神ニ基キ迅速、正確且機密ヲ厳守シテ業務ヲ完遂シ事変進行ニ寄与セリ

事変関係文書ニシテ主ナルモノハ事変記録、功績調査、軍事輸送及給養、情報、調査、其他軍機文書等ナリ

192

总裁室文书课职员宇都宫绢子军事功绩调查资料（一九三七年七月七日）

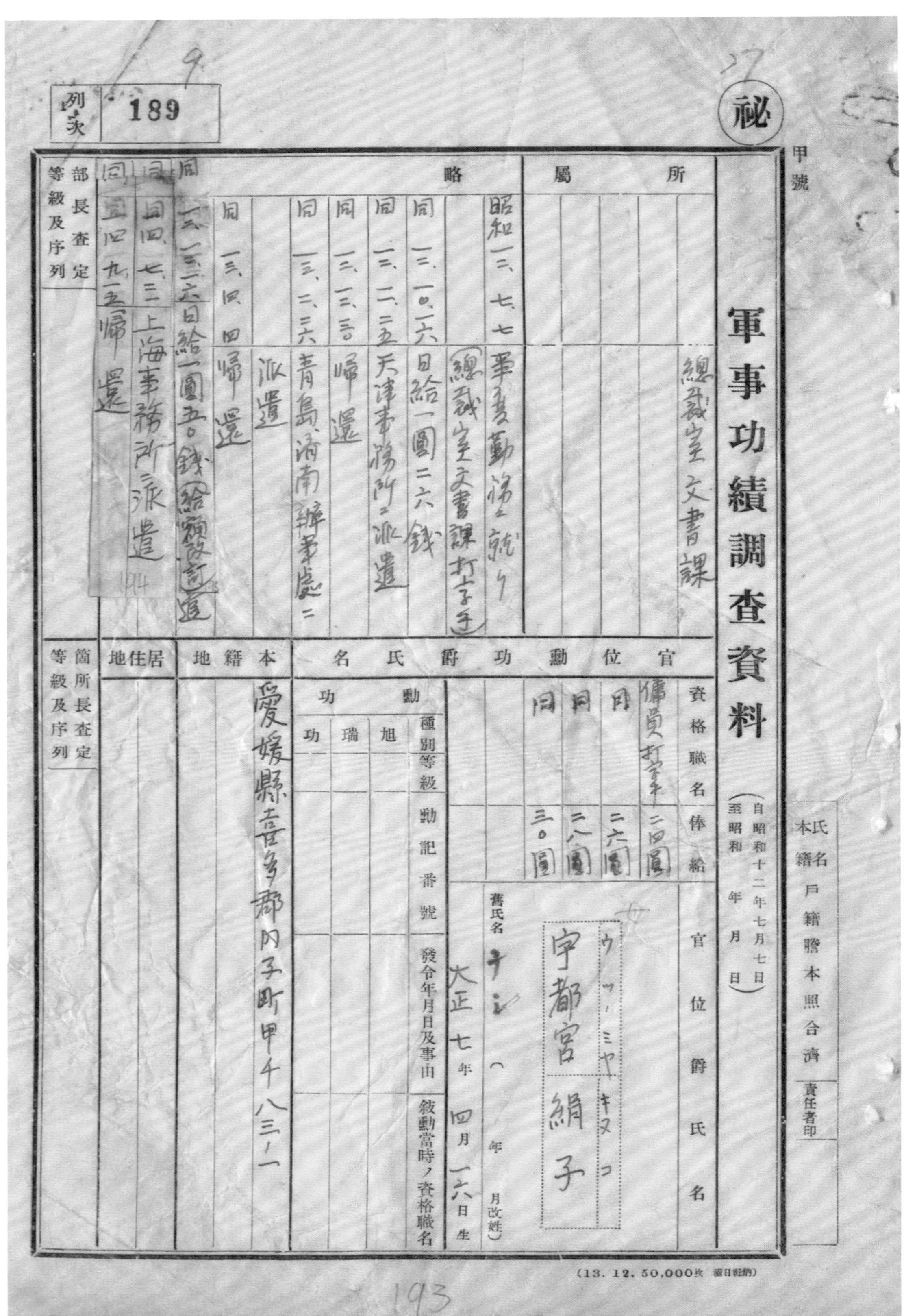

列次 189

祕

甲號

軍事功績調查資料

（自昭和十二年七月七日 至昭和　年　月　日）

所属：總裁室文書課

略歴：
昭和一三、七、七 軍事勤務ニ就ク（總裁室文書課打字手）
一三、一〇、一六 日給一圓二六錢
一三、一二、二五 天津事務所ニ派遣
一三、一二、三〇 歸還
一三、二、二六 青島、濟南辦事處ニ派遣
一三、四、四 歸還
同 一三、一一、二六 日給一圓五〇錢（給額改訂）
同 一四、七、三 上海事務所派遣
同 一四、九、五 歸還

官位勳功爵氏名：
資格職名 傭員打字手 同 同 同
俸給 二四圓 二六圓 二八圓 三〇圓

氏名 ウツノミヤ キヌコ 宇都宮 絹子
舊氏名 ナシ（　年　月改姓）
大正七年四月一六日生

本籍地 愛媛縣喜多郡内子町甲千八三ノ一

（13. 12. 50,000枚 滿日印刷）

193

190

乙號

所属	総裁室文書課
氏名	宇都宮[illegible]子

功績等級及序列	年月日	戰闘若クハ勤務ノ名稱
	自一二、七、七 至一二、一二、一四	本社ニ於ケル事変関係文書浄書
	自一二、一二、一五 至一三、三、三一	天津事務所ニ於ケル事変関係浄書

功績事項

本名ハ上記期間中文書課浄書事務ニ携ハリタルカ事変発生スルヤ軍事輸送ニ直接関係文書及満鉄自体ニ於テ為ス事変関係文書激増シ加フルニ時局関係情報、事変関係功績ノ記録、事変関係往復文書輻輳シ何レモ速急且機密ヲ保持シツツ打字スルモノノミナルカ克ク之ヲ浄書シテ事変ノ進展ニ寄与セリ

本名ハ上記期間中天津事務所ニ於テ[illegible]事変ニ伴フ時局関係書類ニシテ特急機密ヲ要シツツ打字スヘキモノ激増シ、之カ打字ニ依リ事変ヲ有利ニ展開セシムルコト尠カラス 即チ

196

191

乙號

所屬	總裁室文書課
氏名	宇都宮 絹子

功績等級及序列	
年月日	自一二、一二、三 至一三、三、二五
戰鬪若クハ勤務ノ名稱	本社ニ於ケル事変関係文書浄書

功績事項

業務ニ当リテハ困苦欠乏ニ堪ヘ且[illegible]的使命ヲ思慮シ男子社員ニ伍シテ早出晩退休養ヲ得ルノ遑モナク日夜精励セリ

本名ハ上記期間中事変関係ノ浄書ニ従事シ常ニ軍鉄一致ノ精神ニ基キ迅速且機密ヲ厳守シテ業務ヲ完遂シ事変進行ニ寄与セリ
事変関係文書ニシテ主ナルモノハ事変記録、功績調査、軍事輸送及給養、情報、調査其ノ他軍機文書等ナリ

本名ハ事変関係書類浄書ノ為青島鉄路

197

乙號

所屬	總裁室文書課
氏名	宇都宮絹子

功績等級及序列	
年月日	自一三、二、二六 至一六、四、四
戰鬪若クハ勤務ノ名稱	青島鉄路弁事処及済南鉄路局ニ於ケル事変関係浄書

功績事項

辦事処ニ急遽赴キ危険ノ中ヲ上記ノ期間ニ亘リ困苦欠乏ニ堪ヘ忠実的使命ヲ念慮シ男子社員ニ伍シテ早出晩退特急且機密ヲ要スル事変関係浄書事務ニ携ハル

尚其ノ間青島辦事処ノ済南移転ニ伴ヒ移転列車ニ乗車、膠済線ノ危険未ダ一入ナルモノアリ、依テ黄昏ノ坊子駅ニ翌朝迄停車、軍隊ノ警備ヲ受ケ假睡、済南ニ到着セリ、三月二十一日済南鉄道事務所開所式ニ参列、設備等不完全ナルコトトテ凡ユル困苦ヲ嘗メ空襲ニ備ヘ軍鉄一丸ノ精神ヲ以テ浄書事務ニ専念任務ヲ完ウセリ。

198

193

乙號

功績等級及序列	年月日	戰闘若クハ勤務ノ名稱
	自一三、四、五 至一三、七、一一	本社ニ於ケル事変関係文書ノ浄書
	自一三、七、一二 至一三、九、六	北京北支事務局ニ於ケル事変関係浄書

功績事項

本名ハ上記期間中事変関係文書ノ浄書ニ従事シ常ニ軍鉄一致ノ精神ニ基キ迅速、正確且機密ヲ厳守シテ業務ヲ完遂シ事変進行ニ寄与セリ　事変関係文書ニシテ主ナルモノハ事変記録、功績調査、軍事輸送及給養、情報調査、其ノ他軍機文書等ナリ

本名ハ上記期間北支事務局ニ派遣ヲ命セラレ堆積セル事変関係文書ノ浄書ヲ速ク完成シ為ニ満鉄ノ使命タル軍鉄一致ニ基ク軍事処理事項ヲ遂行セシメ凡ユル困苦ニ堪ヘ其ノ任務ヲ果セリ

所屬　総裁室文書課

氏名　宇都宮絹子

199

乙號

所属	總裁室文書課
氏名	宇都宮 [illegible]子

功績等級及序列	年月日	戰闘若クハ勤務ノ名稱
	自一三、九、七 至一四、七、二	本社ニ於ケル事変関係文書ノ淨書
	自一四、七、三 至一四、九、一五	上海事務所ニ於ケル事変関係淨書

功績事項

本名ハ上記期間中事変関係文書ノ淨書ニ從事シ常ニ軍鉄一致ノ精神ニ基キ迅速正確且機密ヲ嚴守シテ業務ヲ完遂シ事変進行ニ寄与セリ、事変関係文書ニシテ主ナルモノハ事変記録、功績調査、軍事輸送及給養、情報、調査其ノ他軍機文書等ナリ

支那事変ノ拡大ニ伴ヒ上海事務所所管内ニ於ケル軍関係文書ノ淨書激増セルヲ以テ本名ハ上記期間内上海ニ在リテ上記文書ノ淨書ニ從事シ協鉄ノ担当スヘキ中南支方面ニ於ケル軍事協力事項ノ完遂ニ邁進セリ

200

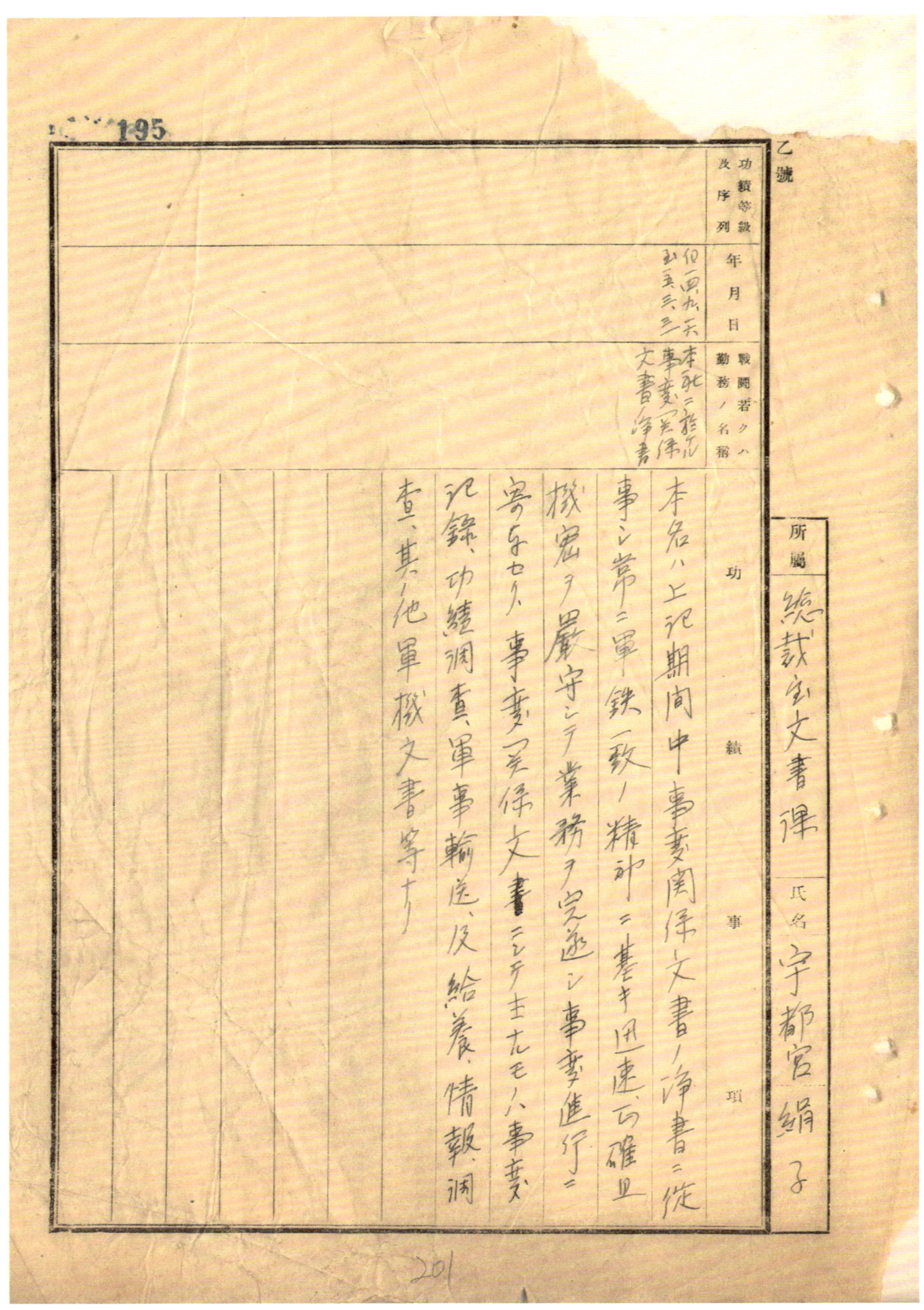

195

乙號

功績等級及序列	
年月日	自一四、九、一六　至一五、三、三一
戰闘若クハ勤務ノ名稱	本社ニ於ケル事変関係文書浄書

所屬　総裁室文書課

氏名　宇都宮絹子

功績事項

本名ハ上記期間中事変関係文書ノ浄書ニ従事シ常ニ軍鉄一致ノ精神ニ基キ迅速正確且機密ヲ厳守シテ業務ヲ完遂シ事変進行ニ寄与セリ、事変関係文書ニシテ主ナルモノハ事変記録、功績調査、軍事輸送、及給養、情報、調査、其ノ他軍機文書等ナリ

201

秘

甲號

軍事功績調查資料

（自昭和十二年七月七日 至昭和 年 月 日）

氏名 本籍 戸籍謄本照合濟

責任者印

所屬：總裁室文書課

略：

昭和一二、七、七	事變勤務ニ就ク
一二、八、二三	（總裁室文書課打字手）奉天鉄道総局ニ派遣
一二、九、四	帰還
一二、一〇、一六	日給一圓五五銭
一二、一二、七	天津陸軍機関ニ派遣
一三、一、九	帰還
一三、九、五	上海事務所ニ派遣
一三、一〇、一六	日給一圓六八銭
一三、一〇、二三	帰還
一三、一二、一六	日給一圓八五銭（給額改訂）

部長查定等級及序列：

官位勳功爵氏名：

資格職名	俸給
傭員打字手	二九圓
同	三一圓
同	三四圓
同	三七圓

官位爵氏名：女 スシダ ミヨ 須志田美代

舊氏名 ナシ（ 年 月改姓）

大正六年五月十八日生

勳功：

種別等級	勳記番號	發令年月日及事由	敍勳當時ノ資格職名
旭			
瑞			
功			

本籍地：宮崎縣南那珂郡油津町イ号二一

居住地：

箇所長查定等級及序列：

列次

（13. 12. 50,000枚 满日制纳）

197

乙號

功績等級及序列	年月日	戰鬪若クハ勤務ノ名稱
	自一二、七、七 至一二、八、二二	本社ニ於ケル事変関係文書ノ浄書
	自一二、八、二三 至一二、九、一四	奉天鉄道総局ニ於ケル事変関係浄書

所屬 總裁室文書課

氏名 須志田美代

功績事項

本名ハ上記期間中文書課浄書事務ニ携ハリタルカ事変発生スルヤ軍事輸送ニ直接スル軍関係文書及協鉄但係ニ於テ為ス事変関係文書激増シ加フルニ時局関係情報、事変関係功績ノ記録、事変関係往復文書輻輳シ何レモ速急且機密ヲ保持シツツ打字スルモノノミナルカ之ヲ浄書シテ事変ノ進展ニ寄与セリ

本名ハ事変ニ直面シテ軍事輸送其ノ他軍事関係計画ノ根幹ヲ為ス鉄道総局ニ上記期間派遣ヲ命セラレ迅速、正確ヲ要スル文書ノ浄書ニ従事シ克ク其ノ任務ヲ果セリ、社業遂行

204

乙號

所屬	總裁室文書課
氏名	須志田美代

功績等級及序列	年月日	戰闘若クハ勤務ノ名稱
	自一二、九、一五 至一三、三、六	本社ニ於ケル事變關係文書ノ淨書
	自一三、三、七 至一三、一、九	大使特務機關ニ於ケル事變關係淨書

功績事項

ニ貢獻セリ

本名ハ上記期間中事變關係文書ノ淨書ニ從事シ常ニ軍欽一致ノ精神ニ基キ迅速、正確且機密ヲ嚴守シテ業務ヲ完遂シ事變進行ニ寄与セリ、事變關係文書ニシテ主ナルモノハ事變記錄、功績調査、軍事輸送及給養、情報調査、其ノ他軍機文書等ナリ

本名ハ支那事變ニ伴フ時局關係書類ニシテ特急且機密ヲ要シ而カモ打字スヘキモノ激増シ之カ打字ニ依リ事變ヲ有利ニ展開セシムルコト尠カラス

199

乙號

功績等級及序列	
年月日	自一三、八、一 至一三、九、四
戰鬪若クハ勤務ノ名稱	本社ニ於ケル事変関係文書浄書

所屬：総裁室文書課

氏名：須志田美代

功績事項

依テ上記ノ期間ニ亘リ困苦欠乏ニ堪ヘ国家的使命ヲ念慮シ男子社員ニ伍シテ早出晩退休養ノ遑モナク天津陸軍特務機関ニテ軍事事変関係機密文書ノ浄書ニ携ハル

本名ハ上記期間中事変関係文書ノ浄書ニ従事シ常ニ軍鉄一致ノ精神ニ基キ迅速、正確且機密ヲ厳守シテ業務ヲ完遂シ事変進行ニ寄与セリ

事変関係文書ニシテ主ナルモノハ事変記録、功績、調査、軍事輸送及情報、調査、其ノ他軍機文書等ナリ

206

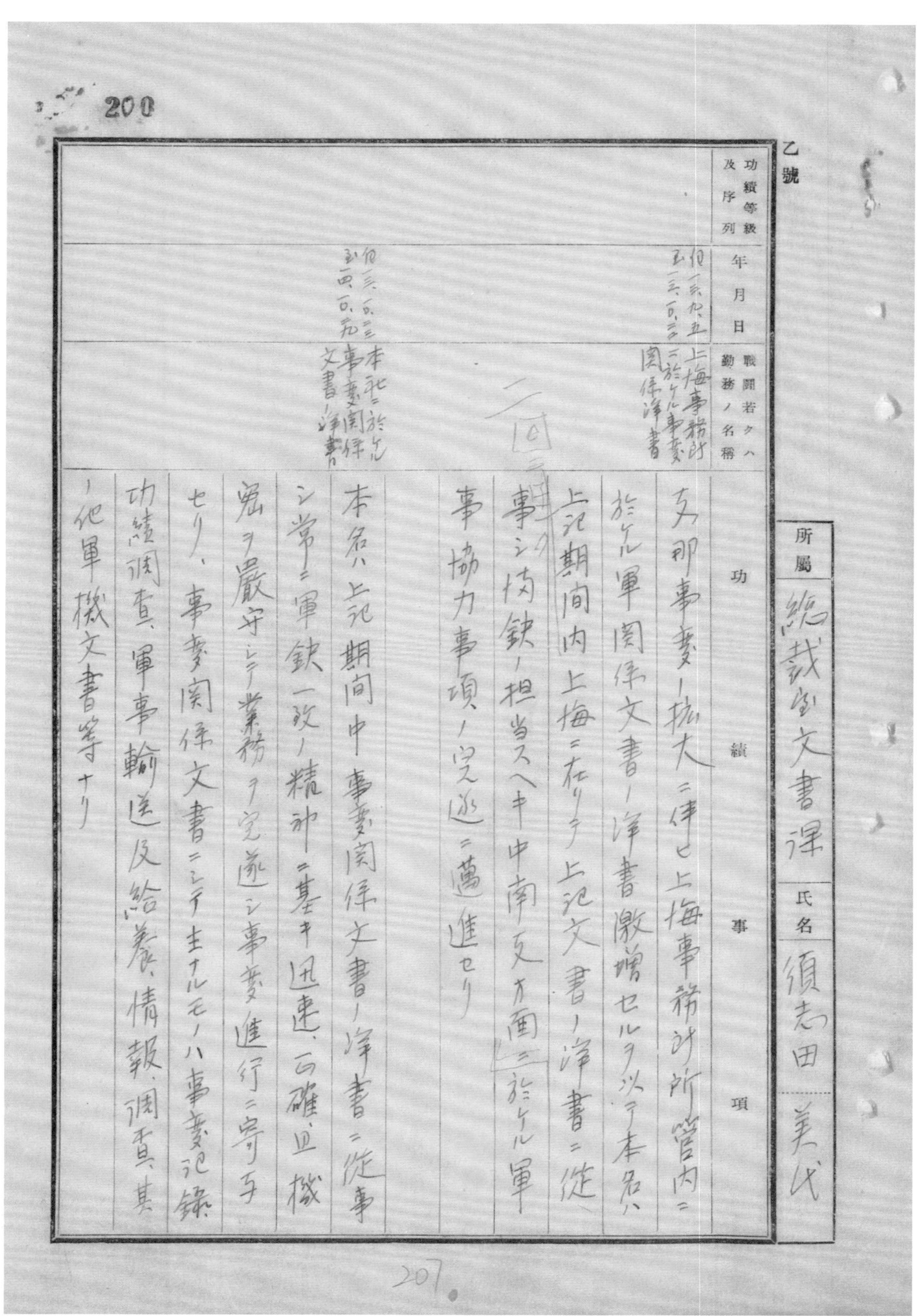

200

乙號

功績等級及序列	
年月日	自一三、九、五 至一三、一〇、二二
戰鬪若クハ勤務ノ名稱	上海事務所ニ於ケル事變關係淨書
年月日	自一三、一〇、二三 至一四、一〇、二九
戰鬪若クハ勤務ノ名稱	本社ニ於ケル事變關係文書ノ淨書

所屬 總裁室文書課

氏名 須志田美代

功績事項

支那事變ノ擴大ニ伴ヒ上海事務所管内ニ於ケル軍關係文書ノ淨書激增セルヲ以テ本名ハ上記期間内上海ニ在リテ上記文書ノ淨書ニ從事シ満鉄ノ担当スヘキ中南支方面ニ於ケル軍事協力事項ノ完遂ニ邁進セリ

本名ハ上記期間中事變關係文書ノ淨書ニ從事シ常ニ軍鉄一致ノ精神ニ基キ迅速、正確、且機密ヲ嚴守シテ業務ヲ完遂シ事變進行ニ寄與セリ、事變關係文書ニシテ主ナルモノハ事變記錄功績調査、軍事輸送及給養、情報、調査、其ノ他軍機文書等ナリ

207

201

乙號

所屬	氏名
總裁室文書課	須志田美代

功績等級及序列	年月日	戰闘若クハ勤務ノ名稱
	自一四、一〇、二〇 至一四、一二、三一	上海事務所ニ於ケル事変関係浄書
	自一五、一、一 至一五、四、二八	華北ニ於ケル事変関係文書浄書

功績事項

支那事変ノ拡大ニ伴ヒ上海事務所所管内ニ於ケル軍関係文書ノ浄書激増セルヲ以テ本名ハ上記期間内上海ニ在リテ上記文書ノ浄書ニ従事シ満鉄ノ担当スヘキ中南支方面ニ於ケル軍事協力事項ノ完遂ニ邁進セリ

本名ハ上記期間中事変関係文書ノ浄書ニ従事シ常ニ軍鉄一致ノ精神ニ基キ迅速、正確且機密ヲ厳守シテ業務ヲ完遂シ事変進行ニ寄与セリ、事変関係文書ニシテ主ナルモノハ事変記録、功績調査、軍事輸送及給養、情報、調査、其ノ他軍機文書等ナリ

208

总裁室文书课职员松田ハッ子军事功绩调查资料（一九三七年七月七日）

秘　甲號

軍事功績調査資料

（自昭和十二年七月七日　至昭和　年　月　日）

氏名	本籍	戸籍謄本照合濟	責任者印

所屬
總裁室文書課

官位勳功爵氏名	
資格職名	傭員打字手
俸給	二九圓
同	三一圓
同	三四圓
同	三七圓
官位爵氏名	女　松田（マツダ）ハッ子（コ）
舊氏名	ナシ（　年　月改姓）
	大正六年七月十九日生

勳功	種別等級	勳記番號	發令年月日及事由	敍勳當時ノ資格職名
旭				
瑞				
功				

本籍地	佐賀縣佐賀郡高木瀬村字高木
居住地	
箇所長査定等級及序列	

略歷	
昭和一二、七、七	事變勤務ニ就ク
	（總裁室文書課打字手）
同一二、八、三	奉天鉄道總局ニ派遣
同一二、八、一五	帰還
同一二、一〇、三〇	北京陸軍特務機関ニ派遣
同一二、一二、四	帰還
同一三、三、三〇	済南鉄路局ニ派遣
同一三、四、一六	日給一圓五四銭
同一三、五、八	帰還
同一三、一二、一六	日給一圓七〇銭（給額改訂）
同一四、四、一六	日給一圓八一銭

部長査定等級及序列

列次　9

（13. 12. 50,000枚　滿日納）

203

乙號

所属：總裁室文書課

氏名：松田八ツ子

功績等級及序列	年月日	戰闘若クハ勤務ノ名稱	功績事項
	自一二、七、七 至一三、八、二	事変関係文書浄書	本名ハ上記期間中文書課浄書事務ニ携ハリタルカ事変発生スルヤ軍事輸送ニ直接スル軍関係文書及満鉄自体ニ於テ為ス事変関係文書激増ニ加フルニ時局関係情報、事変関係功績ノ記録、事変関係往復文書輻輳ニ何レモ速急且機密ヲ保持ニ寸刻ヲ要スルモノノミナルカ克ク之ヲ浄書ニ当リ事変ノ進展ニ寄与セリ
	自一三、八、二 至一三、八、二五	奉天鉄道総局ニ於ケル事変関係浄書	本名ハ事変ニ直面シテノ軍事輸送其ノ他軍事関係計画ノ根幹ヲ為ス鉄道総局ニ上記期間派遣ヲ命セラレ迅速、正確ヲ要スル文書ノ浄書ニ従事シ克ク其ノ任務ヲ果セリ。 執業遂行

211

204

乙號

功績等級及序列	年月日	戰鬪若クハ勤務ノ名稱
	自一六、八、一六 至一六、一〇、一九	事變関係文書ノ浄書
	自一六、一〇、三〇 至一六、一二、四	北京陸軍特務機関ニ於ケル事變関係浄書

所屬 張試室文書課

氏名 松田八ツ子

功績事項

ニ貢獻セリ

本名ハ上記期間中事變関係文書ノ浄書ニ從事シ常ニ軍紀ノ精神ニ基キ迅速、正確且機密ヲ嚴守シテ業務ヲ完遂シ事變進行ニ寄与セリ、事變関係文書ニシテ主ナルモノハ事變記録、功績調査、軍事輸送及給養、情報、調査、其ノ他軍機文書等ナリ

本名ハ支那事變ニ伴フ時局関係書類ニシテ特ニ急且機密ヲ要シツツ打字スベキモノ激増シ之カ打字ニ依リ事變ヲ有利ニ展開セシムルコト尠

212

205

乙號

功績等級及序列	
年月日	自一二、一二、一五 至一三、三、二九
戰鬪若クハ勤務ノ名稱	事変関係文書ノ浄書

所屬　総裁室文書課

氏名　松田ハツ子

功績事項

カラス依テ上記ノ期間ニ亘リ困苦欠乏ニ堪ヘ國家的使命ヲ念慮シ男子社員ニ伍シテ早出晩退休養ヲ得ルノ遑モナク北京陸軍特務機関ニテノ軍事事変関係機密文書ノ浄書事務ニ携ハル

本名ハ上記期間中事変関係文書ノ浄書ニ従事シ常ニ軍鉄一致ノ精神ニ基キ迅速、正確且機密ヲ厳守シテ業務ヲ完遂シ事変進行ニ寄与セリ。事変関係文書ニシテノ主ナルモノハ事変記録、功績調査、軍事輸送及給養、情報、調査其ノ他軍機文書等ナリ

213

206

乙號

功績等級及序列	
年月日	自一三、三、三〇 至一三、五、八 / 自一三、五、九 至一四、七、二〇
戰鬪若クハ勤務ノ名稱	濟南鉄路局ニ於ケル事變關係淨書 / 事變關係文書淨書

所屬：總裁室文書課

氏名：松田八ツ子

功績事項

本名ハ上記期間濟南鉄路局ニ派遣ヲ命セラレ事變關係文書ノ淨書ニ從事セリ。當時ハ山東方面ニ於ケル治安全カラス往復ノ列車ニ於テモ時々匪賊ノ襲撃スル危険アルハ勿論ノ濟南市内ニ於テモ猶此ノ危険ニ曝サレタリ。本名ハ此ノ間ニ在リテ克ク住居、飲食ノ不自由ヲ忍ヒ刻苦精勵シテ業務ヲ完遂シ事變ノ進展ニ貢獻セリ

本名ハ上記期間中事變關係文書ノ淨書ニ從事シ常ニ軍鉄一致ノ精神ニ基キ迅速、正確且機密ヲ嚴守シテ業務ヲ完遂シ

214

207

乙號

功績等級及序列	
年月日	自一四、七、三 至一四、九、五
戦闘若クハ勤務ノ名稱	上海事務所ニ於ケル事変関係浄書
年月日	自一四、九、一六 至一五、四、六
戦闘若クハ勤務ノ名稱	本社ニ於ケル事変関係文書浄書
所属	総裁室文書課
氏名	松田 八ツ子

功績事項

事変進行ニ寄与セリ
事変関係文書ニシテ主ナルモノハ事変記録、
功績調査、軍事輸送及給養、情報、調査、
其他軍機文書等ナリ

支那事変ノ拡大ニ伴ヒ上海事務所ノ所管内
ニ於ケル軍関係文書ノ浄書激増セルヲ以テ
本名ハ上記期間内上海ニ在リテ上記文書ノ浄
書ニ従事シ協鉄ノ担当スヘキ中南支方面
ニ於ケル軍事協力事項ノ完遂ニ邁進セリ

本名ハ上記期間中事変関係文書ノ浄書

215

乙號

功績等級及序列	
年月日	
戰鬪若クハ勤務ノ名稱	

所屬　總裁室文書課

氏名　松田ハツ子

功績事項

ニ從事シ常ニ軍鉄一致ノ精神ニ基キ迅速ニ確

且機密ヲ嚴守シテ業務ヲ完遂シ事變進行ニ

寄与セリ

事變関係文書ニシテ主ナルモノハ事變記錄、功績

調査、軍事輸送及給養、情報、調査、其他

軍機文書等ナリ

总裁室文书课职员林わし子军事功绩调查资料（一九三七年七月七日）

列次 209

秘

甲號

軍事功績調查資料

（自昭和十二年七月七日 至昭和　年　月　日）

氏名 本籍 戸籍謄本照合済 責任者印

官位勲功爵氏名	
資格職名	傭員打字手
俸給	二八圓 三一圓 三四圓
官位爵氏名	女 林（ハヤシ） わし子（ワシコ）
舊氏名	likewise（　年　月改姓）
生年月日	大正五年一月二三日生

勲功	
種別等級	
勲記番號	
發令年月日及事由	
敍勲當時ノ資格職名	
旭	
瑞	
功	

本籍地：長野縣上伊那郡西箕輪村羽廣

居住地：

箇所長查定等級及序列：

所属	
	總裁室文書課

歴略	
昭和一二、七、七	事変勤務ニ就ク（總裁室文書課打字手）
同 一二、八、五	天津北支事務局ニ派遣
同 一二、九、七	帰還
同 一二、一〇、六	日給一圓五一錢
同 一三、一、五	北京陸軍特務機関ニ派遣
同 一三、二、三〇	帰還
同 一三、五、一〇	上海事務所ニ派遣
同 一三、六、二七	帰還
同 一三、一二、一六	日給一圓六七錢（給額改訂）
一四、五、三	退職

部長查定等級及序列：

(13. 12. 50,000枚 滿日鮮)

280

乙號

功績等級及序列	年月日	戰鬪若クハ勤務ノ名稱
	自一二、七、七 至一二、八、四	事変関係文書ノ浄書
	自一二、八、五 至一二、九、七	天津北支事務局ニ於ケル事変関係文書ノ浄書

所屬　臨武室文書課

氏名　林　わし子

功績事項

本名ハ上記期間中文書課浄書事務ニ携リタルカ事変発生スルヤ軍事輸送ニ直接為軍関係文書及揚鉄印刷ニ於テ為ス事変関係文書激増シ加フルニ時局関係情報、事変関係功績ノ記録、事変関係往復文書輻輳シ何レモ速急且機密ヲ保持シツツ打字スルモノノミナルカ克ク之ヲ浄書シテ事変ノ進展ニ寄与セリ

本名ハ上記期間中天津北支事務局ニ於テ支那事変ニ伴フ時局関係書類ニシテ特急機密ヲ要シツツ打字スヘキモノ激増シ之カ打字ニ依リ事変ヲ有利ニ展開セシムルコト尠カラス、即チ

218

乙號

所属：総裁室文書課

氏名：林 わし子

功績等級及序列	
年月日	
戦闘若クハ勤務ノ名称	自一二、九、八 至一二、一二、二 事変関係文書ノ浄書

功績事項

業務ニ当リテハ困苦欠乏ニ堪ヘ民族的使命ヲ念慮シ男子社員ニ伍シテ早出晩退休養ヲ得ルノ遑モナク日夜精励セリ

本名ハ上記期間中事変関係文書ノ浄書ニ従事シ常ニ軍鉄一致ノ精神ニ基キ迅速、正確且機密ヲ厳守シテ業務ヲ完遂シ事変進行ニ寄与セル事変関係文書ニシテ主ナルモノハ事変記録、功績調査、軍事輸送及給養、情報、調査、其ノ他軍機文書等ナリ。

212

乙號

所屬	臨時文書課
氏名	林わし子

功績等級及序列	年月日	戰鬪若クハ勤務ノ名稱
	自一二、一二、一五 至一三、一二、三一	北京陸軍特務機関ニ於ケル事変関係浄書
	自一三、一、一 至一三、五、九	事変関係文書浄書

功績事項

本名ハ支那事変ニ伴フ時局関係書類ニシテ特急且機密ヲ要シ又打字スベキモノ激増シ之ガ打字ニ依リ事務ヲ有利ニ展開セシムルコト尠カラス依テ上記ノ期間ニ亘リ困苦欠乏ニ堪ヘ国家的使命ヲ念慮シ男子社員ニ伍シテ早出晩退休養ノ遑モナク北京陸軍特務機関ニテノ軍事事変関係機密文書ノ浄書事務ニ携ハル

本名ハ上記期間中事変関係文書ノ浄書ニ従事シ常ニ軍鉄一致ノ精神ニ基キ迅速、正確且機密ヲ厳守シテ業務ヲ完遂シ事変進

220

213

乙號

所属　総裁室文書課

氏名　林　わし子

功績等級及序列：

年月日	戰鬪若クハ勤務ノ名稱
自一三、五、一〇 至一三、六、二七	上海事務所ニ於ケル事変関係浄書
自一三、六、二八 至一四、三、三一	本社ニ於ケル事変関係文書ノ浄書

功績事項

本名ハ上記期間中事変関係文書ノ浄書

協力事項ノ完遂ニ邁進セリ

シ満鉄ノ担当スヘキ中南支方面ニ於ケル軍事

上記期間内上海ニ在リテ上記文書ノ浄書ニ従事

ケル軍関係文書ノ浄書激増セルヲ以テ本名ハ、

支那事変ノ拡大ニ伴ヒ上海事務所所管内ニ於

其他軍機文書等ナリ

功績調査、軍事輸送及給養、情報、調査

事変関係文書ニシテ主ナルモノハ事変記録

行ニ寄与セリ

221

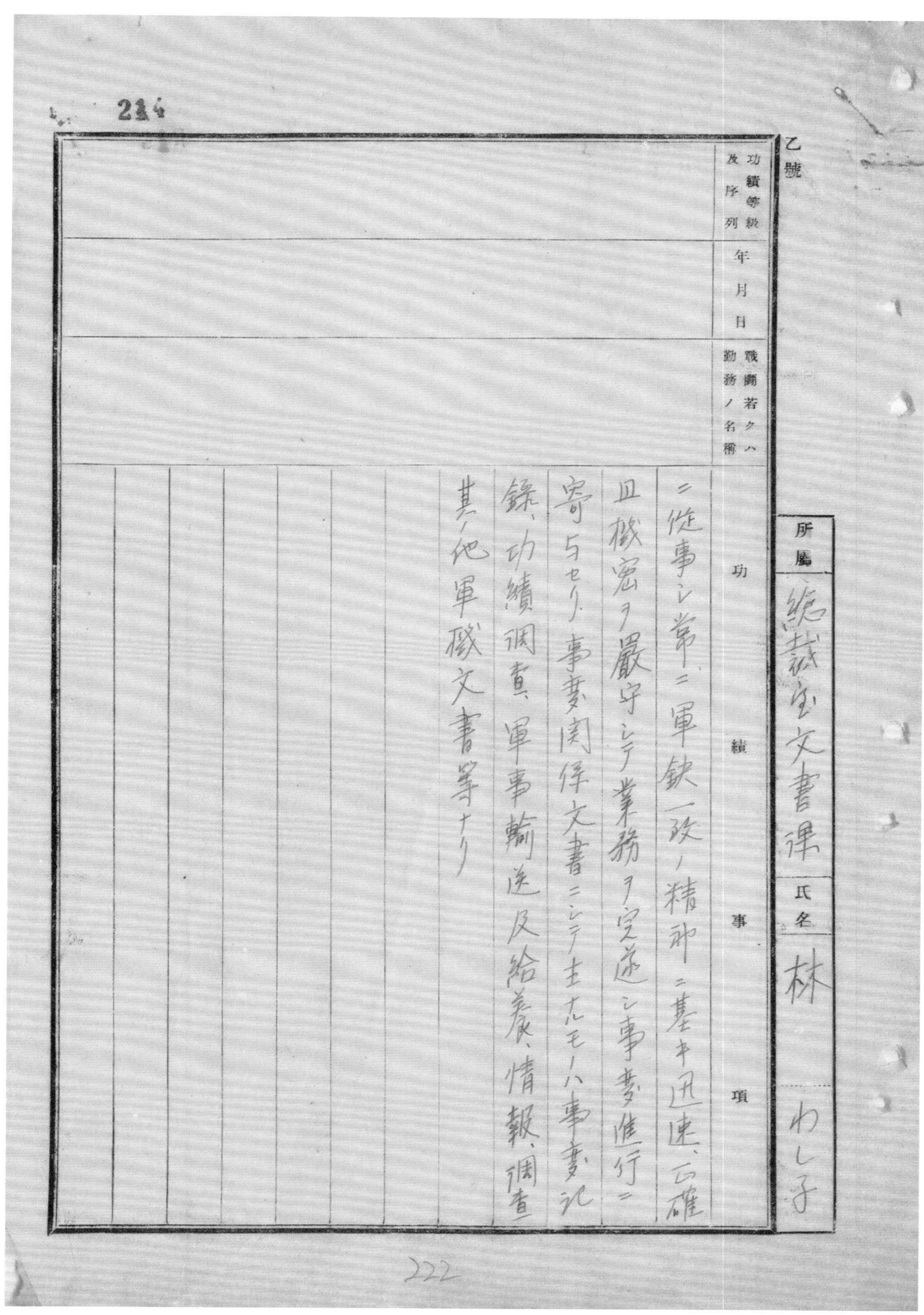

214

乙號

功績等級及序列	
年月日	
戰鬪若クハ勤務ノ名稱	

所屬	總裁室文書課
氏名	林わし子

功績事項

ニ從事シ常ニ軍鉄一致ノ精神ニ基キ迅速、正確且機密ヲ嚴守シテ業務ヲ完遂シ事變進行ニ寄与セリ。事變関係文書ニシテ主ナルモノハ事變記録、功績調查、軍事輸送及給養、情報、調查其ノ他軍機文書等ナリ

222

总裁室文书课职员上野きよ军事功绩调查资料（一九三七年七月七日）

列次

秘

甲號

軍事功績調查資料

（自昭和十二年七月七日　至昭和　年　月　日）

所屬	
總裁室文書課	

略歴	
昭和一二、七、七	事變勤務ニ就ク（總裁室文書課打字手）
同一二、八、三	奉天鉄道総局ニ派遣
同一二、八、二五	帰還
同一二、一〇、一六	日給五一銭
同一三、三、四	北京鉄道事務所ニ派遣
同一三、三、九	帰還
同一三、五、一〇	上海事務所ニ派遣
同一三、六、二七	帰還
同一三、一〇、一六	日給一圓六三銭
同一三、一二、一六	日給一圓八〇銭（給額改訂）

部長查定等級及序列

官位勲功爵氏名	
資格職名	傭員打字手　同　同
俸給	二九圓　三一圓　三六圓
官位爵氏名	女　上野きよ
舊氏名	大正五年十二月一日生（十二年　月改姓）

勲功	旭	瑞	功
種別等級			
勲記番號			
發令年月日及事由			
敍勲當時ノ資格職名			

本籍地：長野縣長野市南長野石堂町一三二七

居住地：

箇所長查定等級及序列

氏名本籍戸籍謄本照合濟　責任者印

（13. 12. 50,000枚 滿日發行）

乙號

功績等級及序列	
年月日	自一二、七、七 至一二、八、二
戰鬪若クハ勤務ノ名稱	本社ニ於ケル事変関係文書ノ浄書
年月日	自一二、八、三 至一三、八、五
戰鬪若クハ勤務ノ名稱	奉天鉄道総局ニ於ケル事変関係浄書

所屬 総裁室文書課

氏名 上野きよ

功績事項

本名ハ上記期間中文書課浄書事務ニ携リタルカ事変発生スルヤ軍事輸送ニ直接スル軍関係文書及満鉄自体ニ於テ為ス事変関係文書激増シ加フルニ時局関係情報、事変関係功績ノ記録、事変関係往復文書輻輳シ何レモ迅速且機密ヲ保持シツツ打字スルモノノミナルカ克ク之ヲ浄書シテ事変ノ進展ニ寄与セリ。

本名ハ事変ニ直面シテ軍事輸送其ノ他軍事関係計画ノ根幹ヲ為ス鉄道総局ニ上記期間派遣ヲ命セラレ迅速、正確ヲ要スル文書ノ浄書ニ従事シ克ク其ノ任務ヲ果セリ。　作業遂行ニ貢

225

217

乙號

所属　総裁室文書課

氏名　上野きよ

功績等級及序列

年月日	戦闘若クハ勤務ノ名称
自一二、八、二六 至一三、一二、二三	本社ニ於ケル事変関係文書ノ浄書
自一二、一二、三 至一三、二、九	北京鉄道事務所ニ於ケル事変関係浄書

功績事項

献セリ

本名ハ上記期間中事変関係文書ノ浄書ニ従事シ常ニ軍鉄一致ノ精神ニ基キ迅速、正確且機密ヲ厳守シテ業務ヲ完遂シ事変進行ニ寄与セリ。事変関係文書ニシテ主ナルモノハ事変記録、功績調査、軍事輸送及給養、情報、調査其ノ他軍機文書等ナリ

本名ハ上記期間北京鉄道事務所ニ派遣ヲ命セラレ堆積セル事変関係文書ノ浄書ヲ克ク完行シ為ニ満鉄ノ使命タル軍鉄一致ニ基ク軍事

226

218

乙號

所屬　總裁室文書課

氏名　上野きよ

功績等級及序列	年月日	戰闘若クハ勤務ノ名稱
	自一三、六、一〇 至一五、五、九	本社ニ於ケル事変関係文書ノ浄書
	自一五、五、一〇 至一三、六、二七	上海事務所ニ於ケル事変関係浄書

功績事項

処理事項ヲ遂行セシメ凡ユル困苦ニ堪ヘ其ノ任務ヲ果セリ

本名ハ上記期間中事変関係文書ノ浄書ニ従事シ常ニ軍鉄一致ノ精神ニ基キ迅速、正確且機密ヲ嚴守シテ業務ヲ完遂シ事変進行ニ寄与セリ。事変関係文書ニシテ主ナルモノハ事変関係記録、功績調査、軍事輸送及給養、情報、調査、其ノ他軍機文書等ナリ

支那事変ノ拡大ニ伴ヒ上海事務所所管内ニ於ケル軍関係文書ノ浄書激増セルヲ以テ本名ハ

227

219

乙號

所屬	總裁室文書課
氏名	上野きよ

功績等級及序列	
年月日	自一三、六、二八 至一四、九、八
戰鬪若クハ勤務ノ名稱	本社ニ於ケル事変関係文書ノ浄書
年月日	自一四、九、九 至一四、一一、一五
戰鬪若クハ勤務ノ名稱	上海事務所ニ於ケル事変関係浄書

功績事項

上記期間内上海ニ在リテ上記文書ノ浄書ニ従事シ協鉄ノ担当スヘキ中南支方面ニ於ケル軍事協力事項ノ完遂ニ邁進セリ

本名ハ上記期間中事変関係文書ノ浄書ニ従事シ常ニ軍鉄一致ノ精神ニ基キ迅速、正確且機密ヲ厳守シテ業務ヲ完遂シ、事変進行ニ寄与セリ

事変関係文書ニシテ主ナルモノハ事変記録、功績調査、軍事輸送及給養、情報、調査、其ノ他軍機文書等ナリ

支那事変ノ拡大ニ伴ヒ上海事務所所管内ニ

228

乙號

功績等級及序列	
年月日	自一四、一一、六 至一五、四、一六
戰鬪若クハ勤務ノ名稱	本社ニ於ケル 事変関係 文書印書

功績事項

於ケル軍関係文書ノ浄書激増セルヲ以テ本名ハ上記期間内上海ニ在リテ上記文書ノ浄書ニ従事シ満鉄ノ担当スヘキ中南支方面ニ於ケル軍事協力事項ノ完遂ニ邁進セリ

本名ハ上記期間中事変関係文書ノ浄書ニ従事シ常ニ軍鉄一致ノ精神ニ基キ迅速、正確且機密ヲ厳守シテ業務ヲ完遂シ事変進行ニ寄与セリ、事変関係文書ニシテ主ナルモノハ事変記録、功績調査、軍事輸送及給養情報、調査其他軍機文書等ナリ

所屬　総裁室文書課

氏名　上野きよ

229

总裁室文书课职员新田アキヨ军事功绩调查资料（一九三七年七月七日）

列次 221

㊙

甲號

軍事功績調查資料

（自昭和十二年七月七日 至昭和 年 月 日）

氏名 本籍 戸籍謄本照合濟 責任者印

所屬：總裁室文書課

官位勳功爵氏名：新田アキヨ（ニッタ） 女

舊氏名：ナシ（ 年 月改姓）

大正五年十月二十日生

資格職名	俸給
傭員打字手	二八圓
同	三一圓
同	三六圓

勳功：種別等級／勳記番號／發令年月日及事由／叙勳當時ノ資格職名（旭・瑞・功）

本籍地：廣島縣呉市東愛宕町九一

居住地：

經略：

昭和一二、七、七	事變勤務ニ就ク（總裁室文書課打字手）
同 一二、八、三	奉天鉄道總局ニ派遣
同 一二、八、五	歸還
同 一二、一〇、一六	日給一圓五〇銭
同 一二、一二、二四	天津北支事務局ニ派遣
同 一三、二、九	歸還
同 一三、四、一七	北京北支事務局ニ派遣
同 一三、五、三	歸還
同 一三、一〇、一六	日給一圓六三銭
同 一三、一二、一六	日給一圓八〇銭（給額改訂）

部長查定 等級及序列

箇所長查定 等級及序列

9　38

(13. 12. 50,000枚 滿日納)

230

222

乙號

功績等級及序列	年月日	戰鬪若クハ勤務ノ名稱
	自一二、七、七 至一二、八、二	本社ニ於ケル事變關係文書ノ淨書
	自一二、八、三 至一二、八、二五	奉天鉄道総局ニ於ケル事變關係淨書

所屬　総裁室文書課

氏名　新田アキヨ

功績事項

本名ハ上記期間中文書課淨書事務ニ携リタルカ事變発生スルヤ軍事輸送ニ直接スル軍關係文書及各鉄路ニ於テ為ス事變關係文書激増シ加フルニ時局關係往復文書輻輳シ何レモ速急且機密ヲ保持シツヽ打ノ字スルモノノミナルカ克ク之ヲ淨書シテ事變ノ進展ニ寄与セリ

本名ハ事變ニ直面シテノ軍事輸送其他軍事關係計画ノ根幹ヲ為ス鉄道総局ニ上記期間派遣ヲ命セラレ迅速正確ヲ要スル文書ノ淨書ニ從事シ克ク其ノ任務ヲ果セリ、社業遂行ニ貢獻セリ

232

223

乙號

功績等級及序列	年月日	戰闘若クハ勤務ノ名稱
	自一二、八、二六 至一二、一二、三一	本社ニ於ケル事変関係文書ノ浄書
	自一三、一、一四 至一三、六、九	天津北支事務局ニ於ケル事変関係浄書

所属　総裁室文書課

氏名　新田アキヨ

功績事項

本名ハ上記期間中事変関係文書ノ浄書ニ従事シ常ニ軍鉄一致ノ精神ニ基キ迅速、正確且機密ヲ厳守シテ業務ヲ完遂シ事変進行ニ寄与セリ、事変関係文書ニシテ主ナルモノハ事変記録、功績調査、軍事輸送及給養、情報、調査、其ノ他軍機文書等ナリ

本名ハ上記期間中天津北支事務局ニ於テ支那事変ニ伴フ時局関係書類ニシテ特急機密ヲ要シ且ツ打字スヘキモノ激増シ之カ打字ニ依リ事変ヲ有利ニ展開セシムルコト尠カラス　即チ業務ニ当リテハ困苦欠乏ニ堪ヘ忍耐的使命ヲ

233

224

乙號

所属	総裁室文書課
氏名	新田アキヨ

功績等級及序列	年月日	戦闘若クハ勤務ノ名称
	自一三、六、一〇 至一三、四、一六	本社ニ於ケル事変関係文書ノ浄書
	自一三、四、一七 至一三、五、三〇	北京北支事務局ニ於ケル事変関係浄書

功績事項

急患ニ男子社員ニ伍シテ早出晩退休養ヲ得ルノ遑モナク日夜精励セリ

本名ハ上記期間中事変関係文書ノ浄書ニ従事シ常ニ軍鉄一致ノ精神ニ基キ迅速、正確、且機密ヲ厳守シテ業務ヲ完遂シ事変進行ニ寄与セリ

事変関係文書ニシテ主ナルモノハ事変記録、功績調査、軍事輸送及給養、情報、調査、其ノ他軍機文書等ナリ

本名ハ上記期間北支事務局ニ派遣ヲ命セラレ堆積セル事変関係文書ノ浄書ヲ速ク完了シ

234

225

乙號

所属	氏名
総裁室文書課	新田アキヨ

功績等級及序列	年月日	戦闘若クハ勤務ノ名称
	自一三、五、三 至一四、四、六	本社ニ於ケル事変関係文書ノ浄書
	自一四、四、七 至一四、六、一二	上海事務所ニ於ケル事変関係浄書

功績事項

本名ハ上記期間中事変関係文書ノ浄書ニ従事シ常ニ軍鉄一致ノ精神ニ基キ迅速、正確且機密ヲ厳守シテ業務ヲ完遂シ事変進行ニ寄与セリ。事変関係文書ニシテ主ナルモノハ事変記録、功績調査、軍事輸送及給養、情報調査、其ノ他軍機文書等ナリ

支那事変ノ拡大ニ伴ヒ上海事務所ノ計営官内ニ

為ニ満鉄ノ使命タル軍鉄一致ニ基ク軍事処理事項ヲ遂行セシメ凡ユル困苦ニ堪ヘ其ノ任務ヲ果セリ

235

乙號

功績等級序列	
年月日	自一四、六、一三 至一五、四、一八
戰鬪若クハ勤務ノ名稱	本社ニ於ケル事変関係文書浄書

所属：弘報室文書課

氏名：新田アキヨ

功績事項

於ケル軍関係文書ノ浄書激増セルヲ以テ本名ハ上記期間内上海ニ在リテ上記文書ノ浄書ニ従事シ傍鉄ノ担当スヘキ中南支方面ニ於ケル軍事協力事項ノ完遂ニ邁進セリ
而モ其ノ間一行ノ班長トシテ業務ノ外一切ノ公私ニ亘ル指導ニ任セリ

本名ハ上記期間中事変関係文書ノ浄書ニ従事シ常ニ軍鉄一致ノ精神ニ基キ迅速、正確且機密ヲ厳守シテ業務ヲ完遂シ事変進行ニ寄与セリ。

事変関係文書ニシテ主ナルモノハ事変記録、

236

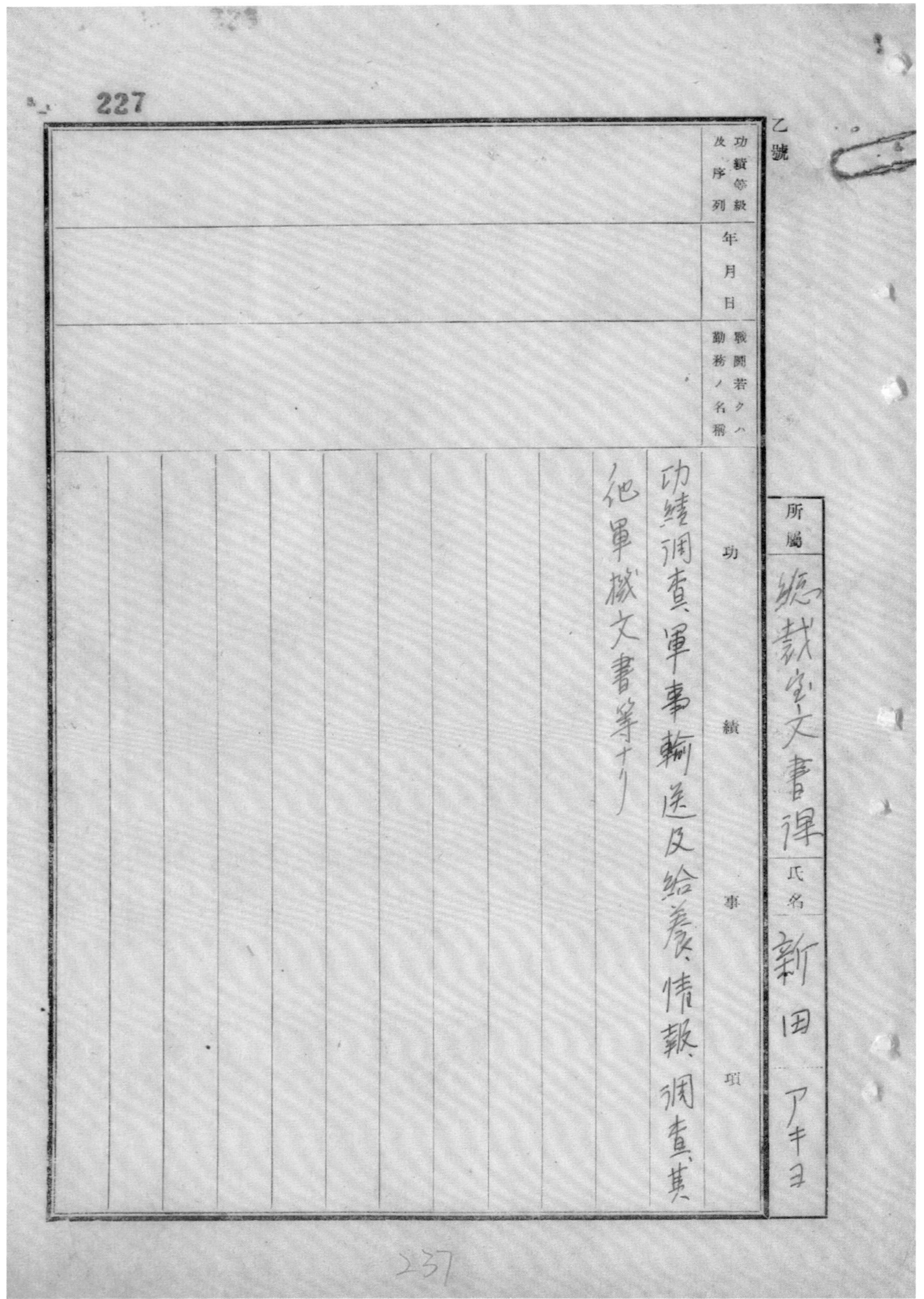

227

乙號

功績等級及序列	
年月日	
戰闘若クハ勤務ノ名稱	
功績事項	功績調査、軍事輸送及給養、情報調査、其他軍機文書等ナリ

所屬	總裁室文書課
氏名	新田アキヨ

237

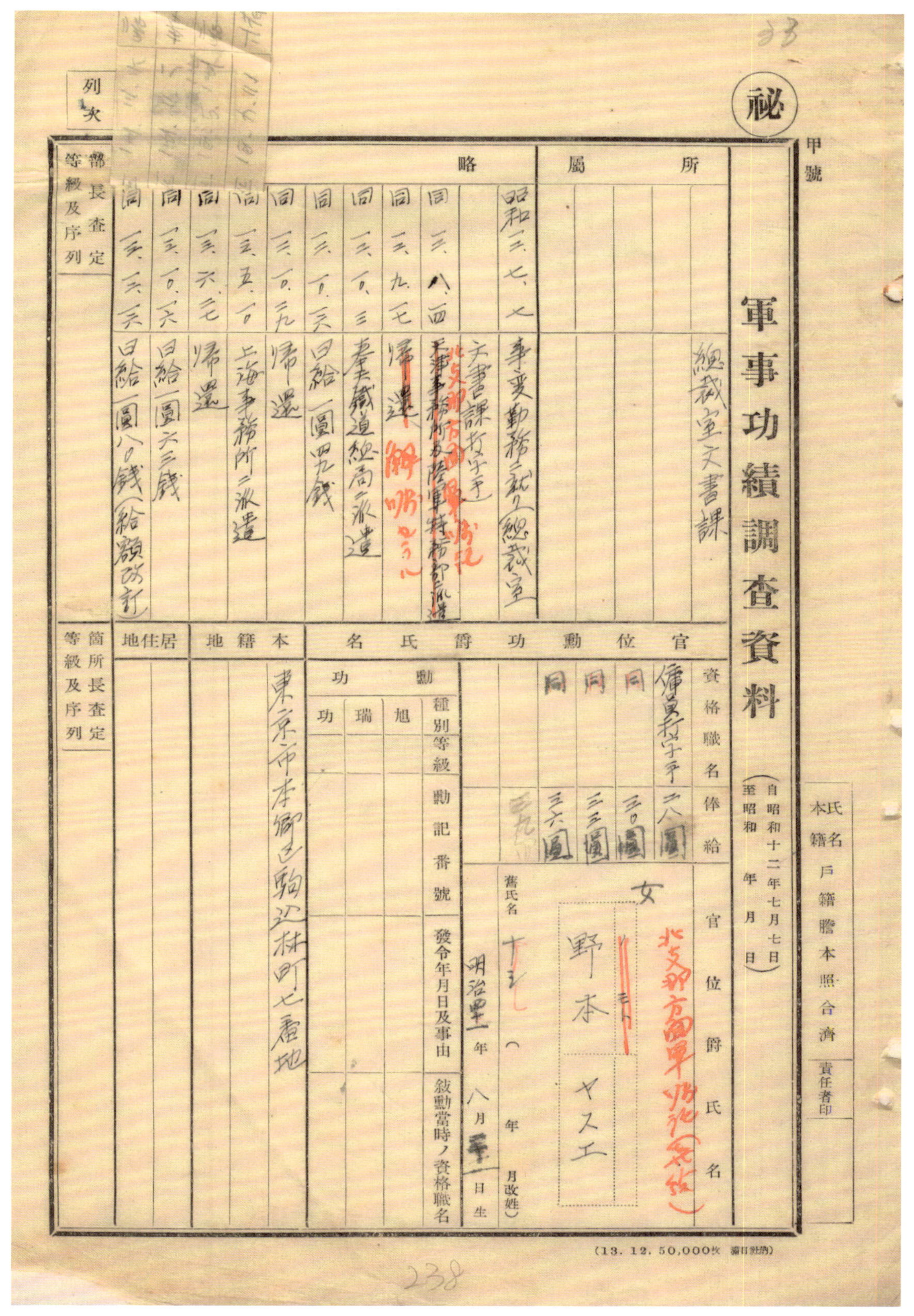

秘

甲號

軍事功績調査資料

（自昭和十二年七月七日　至昭和　年　月　日）

官位勳功爵氏名	
資格職名	傭員打字手；同；同；同
俸給	二八圓；三〇圓；三三圓；三六圓
官位爵氏名	野本ヤスエ　女
舊氏名	
生年月日	明治四十一年八月十一日生
本籍地	東京市本郷區駒込林町七番地

所屬	總裁室文書課

略	
昭和一二、七、七	事變勤務ニ就ク（總裁室文書課打字手）
同一二、八、四	天津事務所及陸軍特務部派遣
同一二、九、七	歸還
同一三、一、三	奉天鐵道總局ニ派遣
同一三、一、二六	日給一圓四九錢
同一三、一、二九	歸還
同一三、五、一	上海事務所ニ派遣
同一三、六、二	歸還
同一三、一〇、二六	日給一圓六三錢
同一三、一二、二六	日給一圓八〇錢（給額改訂）

北支那方面軍囑託

北支那方面軍囑託（兼務）

本籍　氏名　戸籍謄本照合濟

責任者印

列次

（13. 12. 50,000枚 滿日社印）

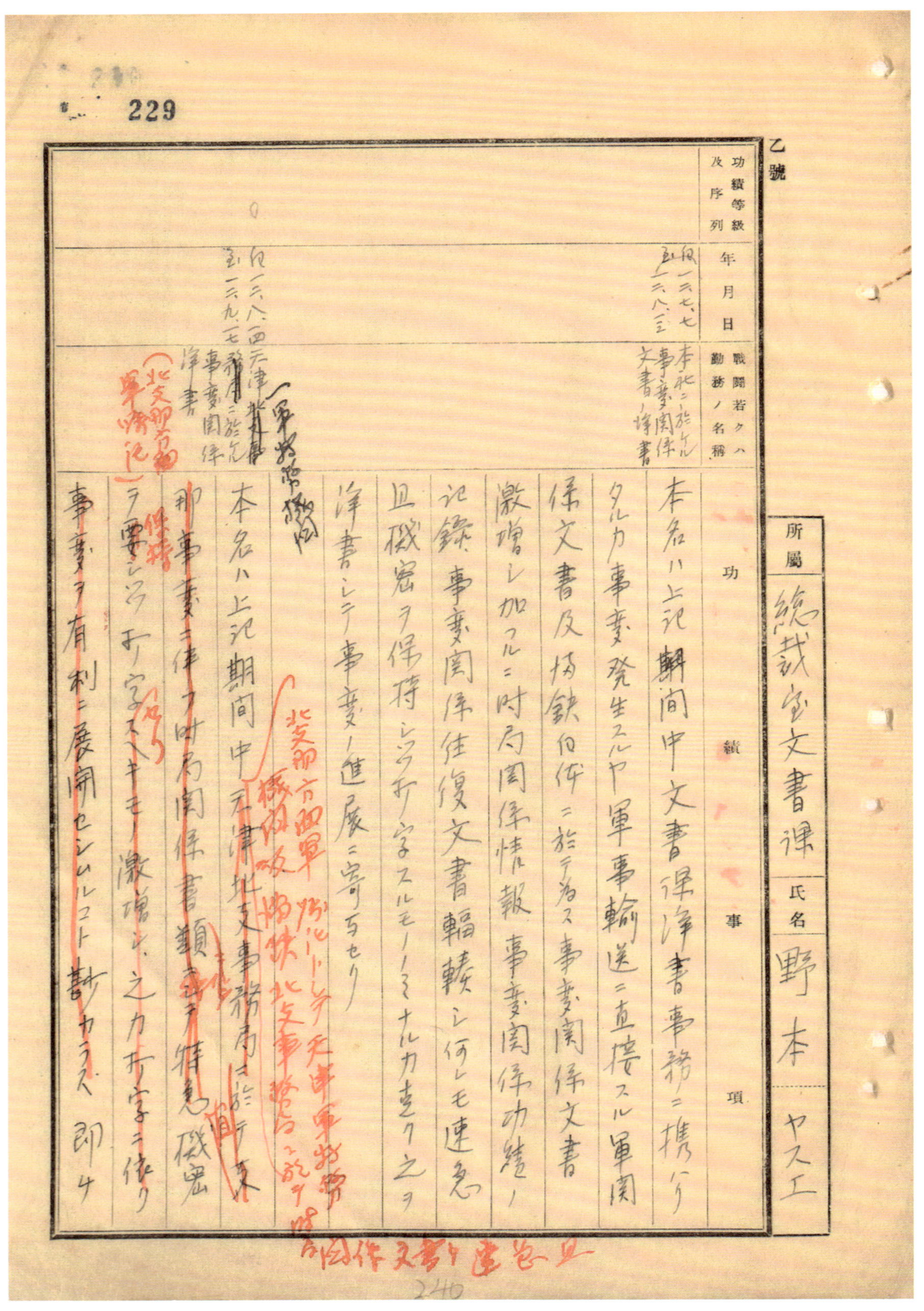
229

乙號

所屬	總裁室文書課
氏名	野本ヤスエ

功績等級及序列	年月日	戰闘若クハ勤務ノ名稱
	自一二、七、七 至一二、八、三	本社ニ於ケル事変関係文書浄書
	自一二、八、四 至一二、九、七	天津北支事務所ニ於ケル事変関係浄書（北支那方面軍特務機関）

功績事項

本名ハ上記期間中文書課浄書事務ニ携リタルカ事変発生スルヤ軍事輸送ニ直接スル軍関係文書及満鉄伯係ニ於テ為ス事変関係文書激増シ加フルニ時局関係情報事変関係功績ノ記録事変関係往復文書輻輳シ何レモ速急且機密ヲ保持シ浄字スルモノナルカ克ク之ヲ浄書シテ事変ノ進展ニ寄与セリ

本名ハ上記期間中天津北支事務所ニ於テ支那事変ニ伴フ時局関係書類其ノ特ニ機密ヲ要シ浄字スヘキモノ激増シ之カ浄字ニ依リ事変ヲ有利ニ展開セシムルコト尠カラス即チ

240

乙號

所屬	總裁室文書課
氏名	野本ヤスエ

功績等級及序列	
年月日	自一六、九、八 至一六、一二、一〇
戰鬪若クハ勤務ノ名稱	本社ニ於ケル事變關係浄書

功績事項

山積セル立案文書ヲ克ク浄寫完成シ
業務ニ當リテハ困苦欠乏ニ堪ヘ國家的使命ヲ
念慮シ男子社員ニ伍シテ早出晩退休養ヲ得
ルノ遑モナク日夜精勵シ以テ事變ニ貢献セリ

本名ハ上記期間中事變關係文書ノ浄書ニ
從事シ常ニ軍鉄一致ノ精神ニ基キ迅速正確
且機密ヲ嚴守シテ業務ヲ完遂シ事變進行ニ
寄与セリ
事變關係文書ニシテ主ナルモノハ事變記録、
功績調査、軍事輸送及給養、情報、調査、
其ノ他軍機文書等ナリ

231

乙號

功績等級及序列	
年月日	自一二、一〇、三 至一二、一〇、九 / 自一二、一〇、三〇 至一三、五、九
戰闘若クハ勤務ノ名稱	奉天鉄道總局ニ於ケル事變関係浄書 / 本社ニ於ケル事變関係文書浄書

所屬 總裁室文書課

氏名 野本ヤスエ

功績事項

一、本名ハ事變ニ直面シテ軍事輸送其ノ他軍事関係計画ノ根幹ヲ為ス鉄道総局ニ上記期間派遣ヲ命セラレ迅速正確ヲ要スル文書ノ浄書ニ従事シ克ク其ノ任務ヲ果セリ、社業遂行ニ貢献セリ、（派遣ヲ現ス）

本名ハ上記期間中事変関係文書ノ浄書ニ従事シ常ニ軍鉄一致ノ精神ニ基キ迅速正確且機密ヲ嚴守シテ業務ヲ完遂シ事変進行ニ寄与セリ、事変関係文書ニシテ主ナルモノハ事変記録、功績調査、軍事輸送及給養、情報調査、其ノ他軍機文書等ナリ

242

乙號

功績等級及序列	年月日	戰鬪若クハ勤務ノ名稱
	自一三、五、一〇 至一三、六、二七	上海事務所ニ於ケル事変関係浄書
	自一三、六、二八 至一四、七、二〇	本社ニ於ケル事変関係文書浄書

所屬	氏名
総裁室文書課	野本ヤスヱ

功績事項

三、支那事変ノ拡大ニ伴ヒ上海事務所管内ニ於ケル軍関係文書ノ浄書激増セルヲ以テ本名ハ上記期間内上海ニ在リテ上記文書ノ浄書ニ従事シ満鉄ノ担当スヘキ中南支方面ニ於ケル軍事協力事項ノ完遂ニ邁進セリ

本名ハ上記期間中事変関係文書ノ浄書ニ従事シ常ニ軍鉄一致ノ精神ニ基キ迅速、正確且機密ヲ厳守シテ業務ヲ完遂シ事変進行ニ寄与セリ。事変関係文書ニシテ主ナルモノハ事変記録、功績調査、軍事輸送及給養、情報、調査、其ノ他軍機文書等ナリ

233

乙號

功績等級及序列	
年月日	自四、七、二 到四九、五 / 自四、九、一六 到一五、二、七
戰闘若クハ勤務ノ名稱	上海事務所ニ於ケル事変関係淨書 / 本社ニ於ケル事変関係文書ノ淨書

所屬 総裁室文書課

氏名 野本ヤスエ

功績事項

支那事変ノ拡大ニ伴ヒ上海事務所管内ニ於ケル軍関係文書ノ淨書激増セルヲ以テ本名ハ上記期間内上海ニ在リテ上記文書ノ淨書ニ従事シ満鉄ノ担当スヘキ中南支方面ニ於ケル軍事協力事項ノ完遂ニ邁進セリ

本名ハ上記期間中事変関係文書ノ淨書ニ従事シ常ニ軍鉄一致ノ精神ニ基キ迅速、正確且機密ヲ嚴守シテ業務ヲ完遂シ事変進行ニ寄与セリ。事変関係文書ニシテ主ナルモノハ事変記録、功績調査、軍事輸送及給養、情報、調査其ノ他軍機文書等ナリ

244

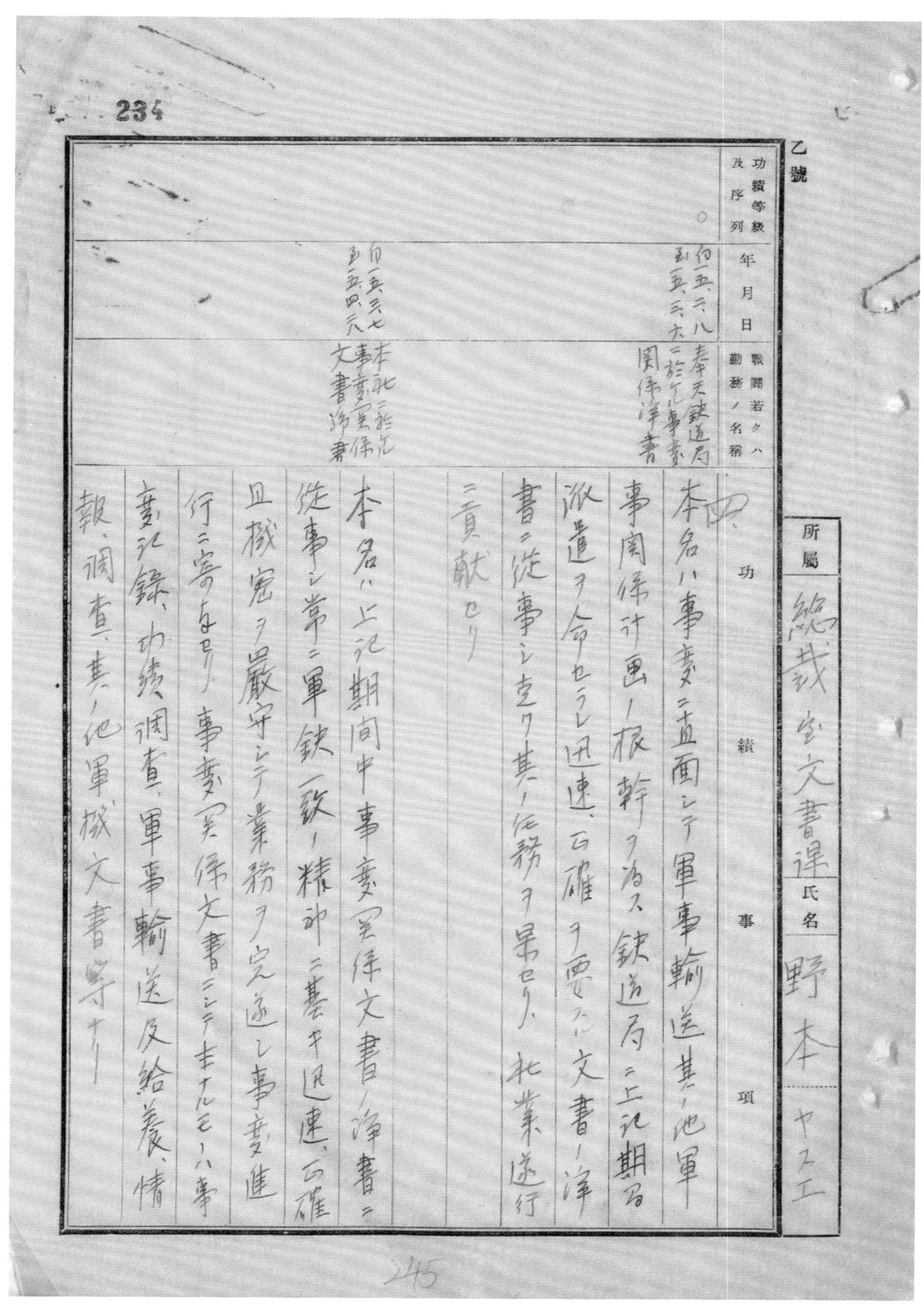

234

乙號

所属	総裁室文書課
氏名	野本ヤスエ

功績等級及序列	○	
年月日	自一五、二、八 至一五、三、六	自一五、三、七 至一五、四、二八
戦闘若クハ勤務ノ名称	奉天鉄道局ニ於ケル事変関係浄書	本社ニ於ケル事変関係文書浄書

功績事項

本名ハ事変ニ直面シテ軍事輸送其ノ他軍事関係計画ノ根幹ヲ為ス鉄道局ニ上記期間派遣ヲ命セラレ迅速、正確ヲ要スル文書ノ浄書ニ従事シ克ク其ノ任務ヲ果セリ、作業遂行ニ貢献セリ

本名ハ上記期間中事変関係文書ノ浄書ニ従事シ常ニ軍鉄一致ノ精神ニ基キ迅速、正確且機密ヲ厳守シテ業務ヲ完遂シ事変進行ニ寄与セリ、事変関係文書ニシテ主ナルモノハ事変記録、功績調査、軍事輸送及給養、情報、調査其ノ他軍機文書等ナリ

245

总裁室文书课职员山本早苗军事功绩调查资料（一九三七年七月七日）

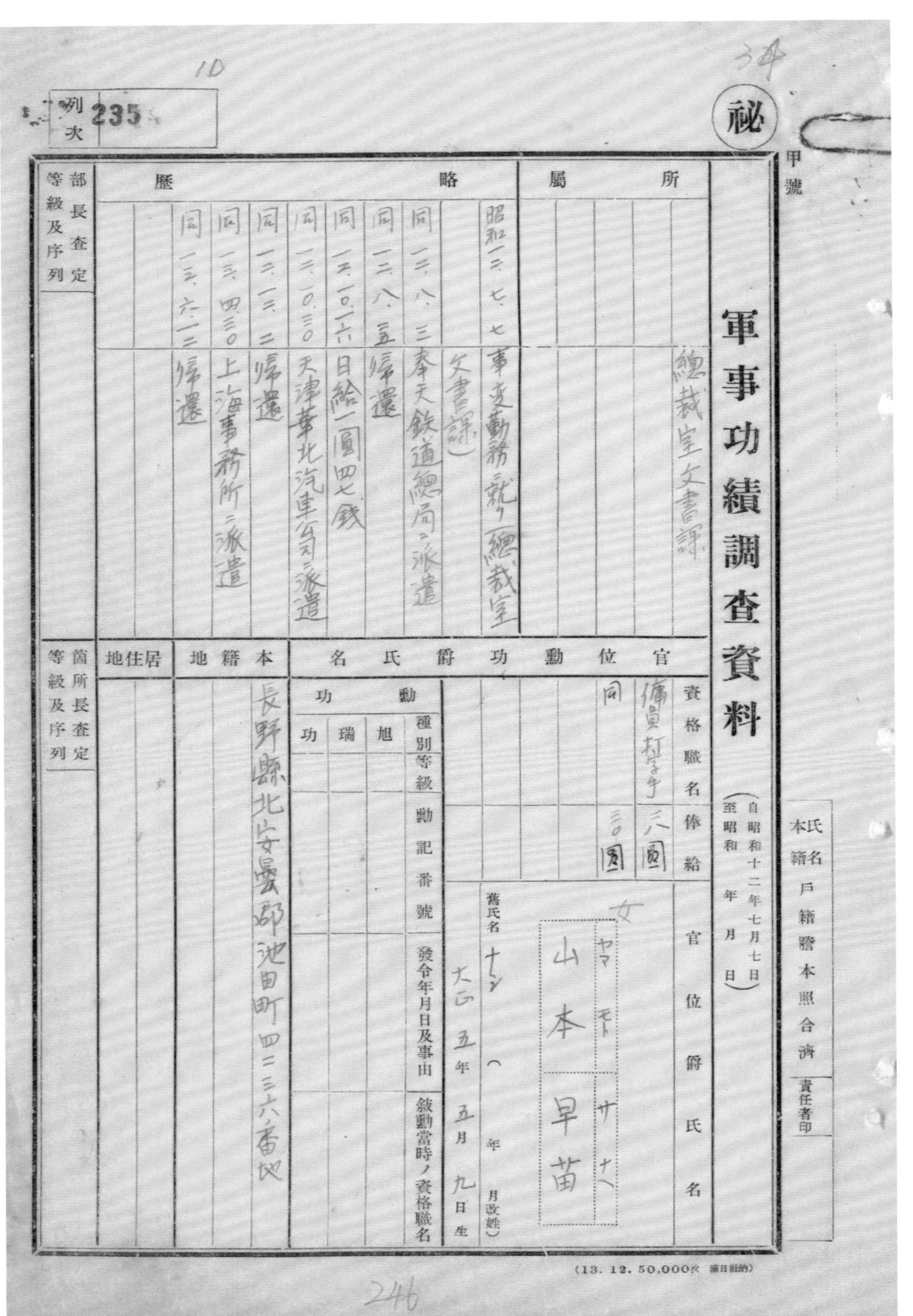

列次 235

祕

甲號

軍事功績調查資料（自昭和十二年七月七日 至昭和 年 月 日）

氏名 本籍 戶籍謄本照合濟 責任者印

所屬	
總裁室文書課	

資格職名	俸給
備員打字手	三八圓
同	三〇圓

官位爵氏名：女 ヤマモト サナヘ 山本早苗

舊氏名：ナシ（ 年 月改姓）

大正五年五月九日生

勳功				
種別等級	旭	瑞	功	
勳記番號				
發令年月日及事由				
敍勳當時ノ資格職名				

本籍地：長野縣北安曇郡池田町四二三六番地

居住地：

箇所長查定 等級及序列：

略歷	
昭和一二、七、七	事變勤務ニ就ク（總裁室文書課）
同 一二、八、三	奉天鉄道總局ニ派遣
同 一二、八、五	帰還
同 一二、一〇、一六	日給一圓四七錢
同 一二、一〇、三〇	天津華北汽車公司ニ派遣
同 一三、一、二	帰還
同 一三、四、三〇	上海事務所ニ派遣
同 一三、六、一三	帰還

部長查定 等級及序列：

（13. 12. 50,000枚 滿日納）

乙號

所屬	氏名
総裁室文書課	山本早苗

功績等級及序列	年月日	戰鬪若クハ勤務ノ名稱	功績事項
一	自一二、七、七 至一三、八、二 四、三、三	事変関係文書ノ浄書	本名ハ上記期間中文書課浄書事務ニ携リタルカ事変発生スルヤ軍事輸送ニ直接スル軍関係文書及満鉄自体ニ於テ為ス事変関係文書激増シ加フルニ時局関係情報、事変関係功績ノ記録、事変関係往復文書輻輳シ何レモ速急且機密ヲ保持シツツ行ノ字スルモノノミナルカ克ク之ヲ浄書シテ事変ノ進展ニ寄与セリ
二	自一二、八、三 至一二、八、五	奉天鉄道総局ニ於ケル事変関係浄書	本名ハ事変ニ直面シテ軍事輸送其ノ他軍事関係計画ノ根幹ヲ為ス鉄道総局ニ上記期間派遣ヲ命セラレ迅速正確ヲ要スル文書ノ浄書ニ従事シ克ク其ノ任務ヲ果セリ　北業遂

237

乙號

功績等級及序列	年月日	戰鬪若クハ勤務ノ名稱
	自一二、八、二六 至一二、一〇、二九	事變関係文書浄書
三	自一二、一〇、三〇 至一二、一二、二七	北支事務局ニ於ケル事變関係浄書

所屬 總裁室文書課

氏名 山本早苗

功績事項

行ニ貢献セリ

本名ハ上記期間中事變関係文書ノ浄書ニ從事シ常ニ軍鐵一致ノ精神ニ基キ迅速正確且機密ヲ嚴守シテ業務ヲ完遂シ事變進行ニ寄与セリ

事變関係文書ニシテ主ナルモノハ事變記録、功績調査、軍事輸送及給養、情報、調査其ノ他軍機文書等ナリ

本名ハ上記期間軍事輸送其ノ他事變ニ對應スル為設置セラレタル北支事務局ニ派遣ヲ

248

乙號

所屬：總裁室文書課

氏名：山本早苗

功績等級及序列：

年月日：自三、一三、三　至一三、四、二九

戰鬪若クハ勤務ノ名稱：事變関係文書浄書

功績事項

命セラレ治安、衛生等不備ノ困窮ニ堪ヘ克ク浄書ノ本分ヲ盡シテ國家的使命ヲ遂行セリ

本名ハ上記期間中事變関係文書ノ浄書ニ従事シ常ニ軍鉄一致ノ精神ニ基キ迅速正確且機密ヲ嚴守シテ業務ヲ完遂シ事變進行ニ寄与セリ

事變関係文書ニシテ主ナルモノハ事變記録、功績調査、軍事輸送及給養、情報、調査其ノ他軍機文書等ナリ

239

乙號

功績等級及序列	年月日	戰鬪若クハ勤務ノ名稱
四	自一三、四、三〇 至一三、六、一五	上海事務所ニ於ケル事變関係浄書
一	自一三、六、一六 至一四、三、三一	本社ニ於ケル事變関係文書浄書

所屬：總裁室文書課

氏名：山本 早苗

功績事項

支那事變ノ拡大ニ伴ヒ、上海事務所所管内ニ於ケル軍関係文書ノ浄書激増セルヲ以テ本名ハ上記期間内上海ニ在リテ上記文書ノ浄書ニ従事シ満鉄ノ担当スヘキ中南支方面ニ於ケル軍事協力事項ノ完遂ニ邁進セリ

本名ハ上記期間中事變関係文書ノ浄書ニ従事シ常ニ軍鉄一致ノ精神ニ基キ迅速、正確且機密ヲ嚴守シテ業務ヲ完遂シ事變進行ニ寄与セリ。事變関係文書ニシテ主ナルモノハ事變記録、功績調査、軍事輸送及給養

250

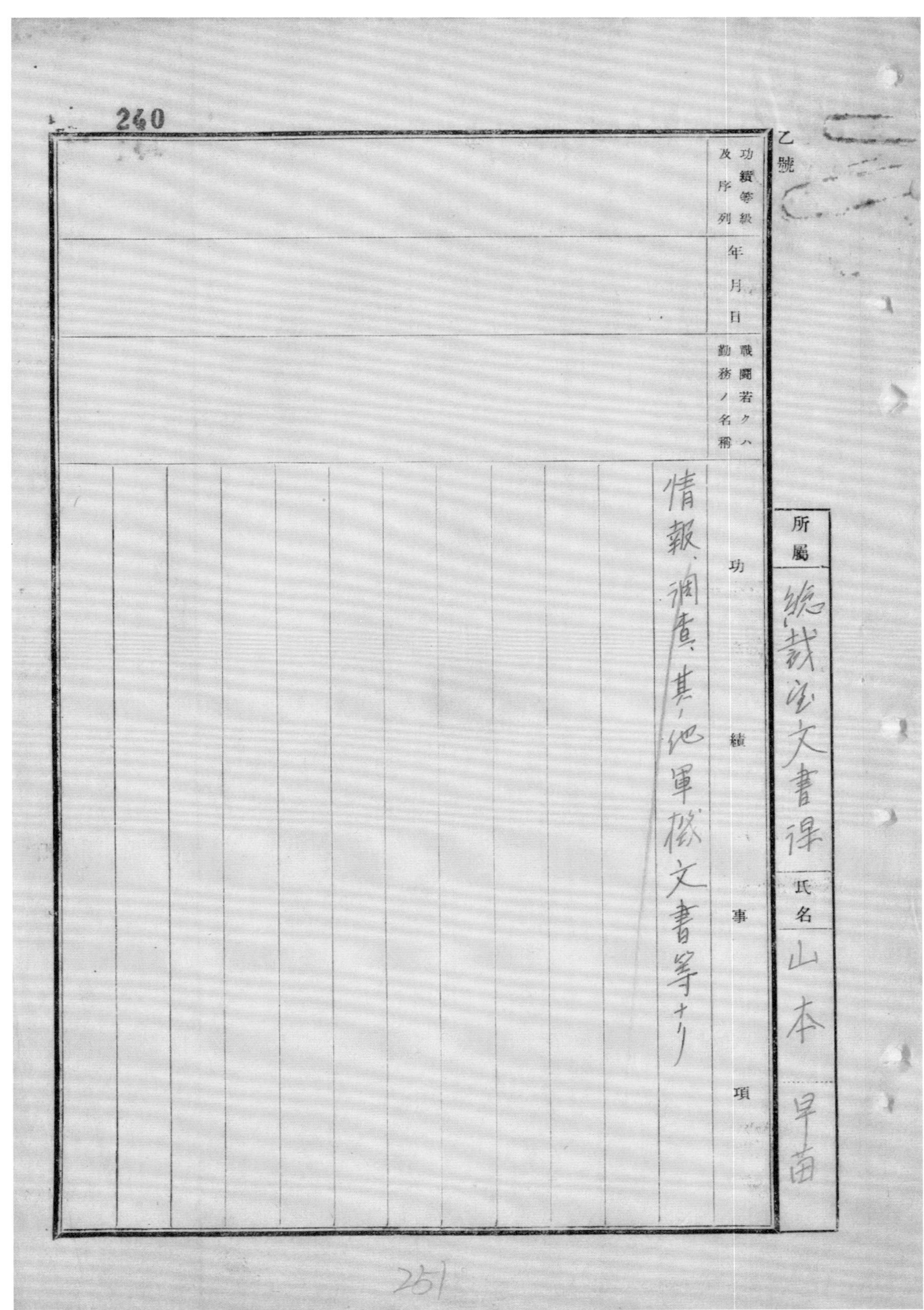
240

乙號

所屬　總裁室文書課

氏名　山本　早苗

功績等級及序列

年月日

戰鬪若クハ勤務ノ名稱

功績事項

情報、調査、其ノ他軍機文書寫ナリ

251

总裁室文书课职员安部节子军事功绩调查资料（一九三七年七月七日）

10

秘

列次 241

甲號

軍事功績調査資料

（自昭和十二年七月七日 至昭和　年　月　日）

本籍戸籍謄本照合濟 氏名 責任者印

所屬：總裁室文書課

歷略：
昭和一二、七、七 事変勤務ニ就ク（總裁室文書課打字手）
同 一二、八、二三 奉天鉄道總局ニ派遣
同 一二、九、一四 帰還
同 一二、一二、一四 奉天鉄道總局ニ派遣
同 一二、一二、二九 帰還
同 一三、三、一〇 上海事務所ニ派遣
同 一三、四、四 帰還

部長査定等級及序列：

官位勳功爵氏名：
資格職名俸給：傭員打字手 三〇圓
官位爵氏名：アベ セツコ 安部節子 女
舊氏名（　年　月改姓）
大正四年十二月二五日生

勳功：種別等級／勲記番號／發令年月日及事由／敍勳當時ノ資格職名
旭　瑞　功

本籍地：宮崎縣宮崎市末廣町一丁目三二

居住地：

箇所長査定等級及序列：

(13. 12. 50,000枚 満日納)

252

乙號

所属 総裁室文書課

氏名 安部節子

功績等級及序列

年月日	戦闘若クハ勤務ノ名称
自一二、七、七 至一三、八、三	事変関係文書ノ浄書
自一三、八、三 至一三、九、四	奉天鉄道総局ニ於ケル事変関係浄書

功績事項

本名ハ上記期間中文書課浄書事務ニ携ハリ
タルカ事変発生スルヤ軍事輸送ニ直接スル軍
関係文書及偽鉄伯係ニ於テ為ス事変関係
文書激増ニ加フルニ時局関係情報、事変関係
功績ノ記録、事変関係往復文書輻輳シ、
何レモ速急且機密ヲ保持シツツ打字スルモノ
ノミナルカ克ク之ヲ浄書シテ事変ノ進展ニ
寄与セリ

本名ハ事変ニ直面シテ軍事輸送其ノ他軍
事関係計画ノ根幹ヲ為ス鉄道総局ニ上記
期間派遣ヲ命セラレ迅速正確ヲ要スル文書

253

243

乙號

所属	総裁室文書課
氏名	安部節子

功績等級及序列	年月日	戦闘若クハ勤務ノ名称
レ	自一二、九、五 至一三、三、三	事変関係文書ノ浄書
三	自一二、一二、四 至一三、二、二	奉天鉄道局ニ於ケル事変関係浄書

功績事項

ノ浄書ニ従事シ克ク其ノ任務ヲ果セリ
社業ノ遂行ニ貢献セリ

本名ハ上記期間中事変関係文書ノ浄書ニ
従事シ常ニ軍鉄一致ノ精神ニ基キ迅速、
正確且機密ヲ厳守シテ業務ヲ完遂シ
事変進行ニ寄与セリ
事変関係文書ニシテ主ナルモノハ事変記録、
功績調査、軍事輸送及給養、情報、調査
其ノ他軍機文書等ナリ

北支ニ於ケル軍事工作ニ伴フ緊急書類激

254

244

乙號

所屬　総裁室文書課

氏名　安部節

功績等級及序列

年月日　自一二、一二、一〇　至一三、三、九

戰闘若クハ勤務ノ名稱　事変関係文書浄書

功績事項

増シ之カ浄書ノ為奉天鉄道局ニ派遣ヲ命セラレ上記期間ニ亘リ昼夜兼行浄書事務ニ専念社命ヲ遂行セリ

本名ハ上記期間中事変関係文書ノ浄書ニ従事シ常ニ軍鉄一致ノ精神ニ基キ迅速、正確、且機密ヲ厳守シテ業務ヲ完遂シ事変進行ニ寄与セリ、事変関係文書ニシテ主ナルモノハ事変記録、功績調査、軍事輸送及給養、情報、調査、其ノ他軍機文書等ナリ

255

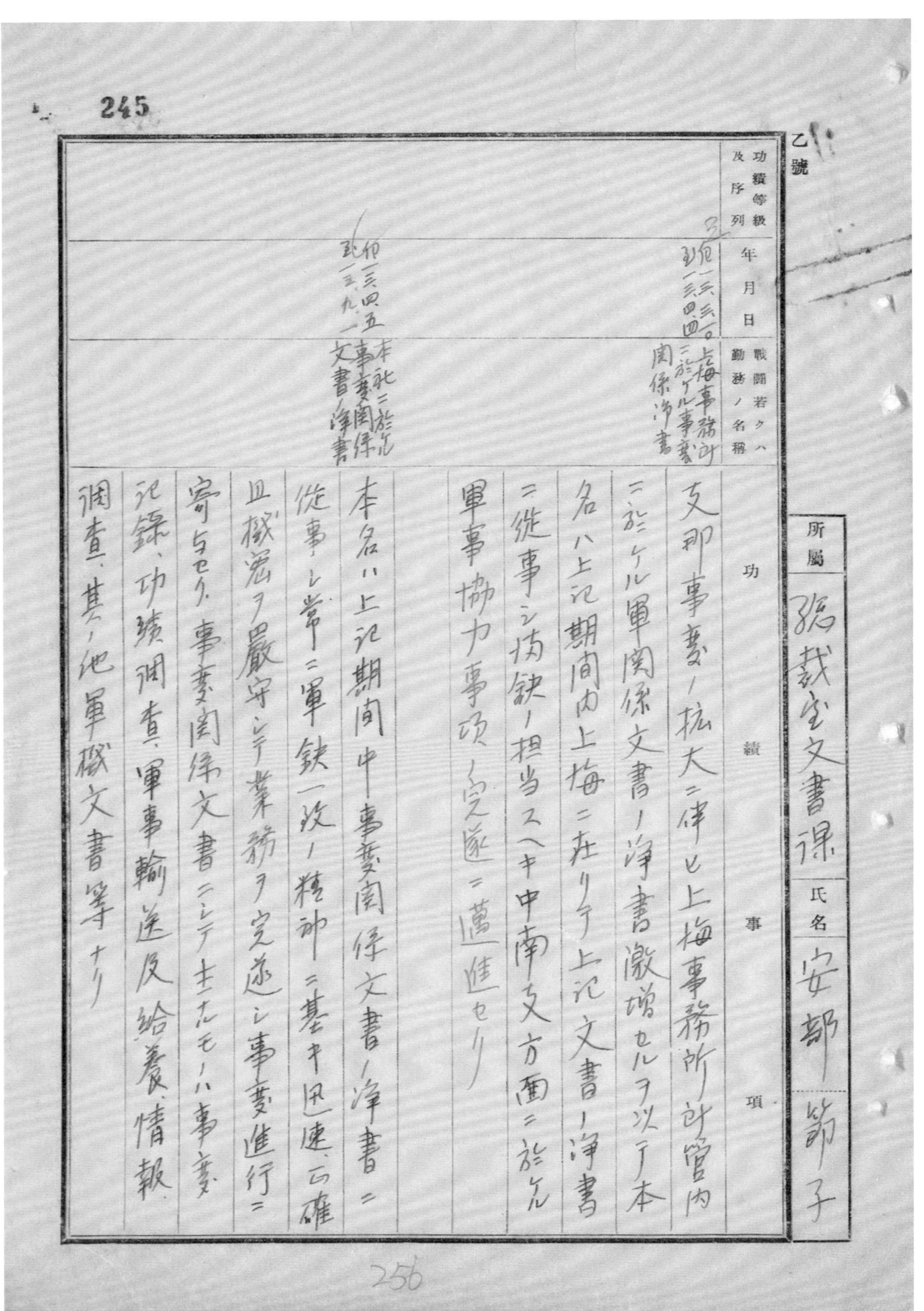

245

乙號

功績等級及序列	年月日	戰鬪若クハ勤務ノ名稱
	自一二、七、一〇 到一二、四、四	上海事務所ニ於ケル事變関係浄書
	自一三、四、五 到一三、九、一	本社ニ於ケル事變関係文書浄書

所屬 總裁室文書課

氏名 安部節子

功績事項

支那事變ノ拡大ニ伴ヒ上海事務所管内ニ於ケル軍関係文書ノ浄書激増セルヲ以テ本名ハ上記期間内上海ニ在リテ上記文書ノ浄書ニ従事シ坊鈌ノ担当スヘキ中南支方面ニ於ケル軍事協力事項ノ完遂ニ邁進セリ

本名ハ上記期間中事變関係文書ノ浄書ニ従事シ常ニ軍鈌一致ノ精神ニ基キ迅速正確且機密ヲ嚴守シテ業務ヲ完遂シ事變進行ニ寄与セリ。事變関係文書ニシテ主ナルモノハ事變記録、功績調査、軍事輸送及給養、情報調査、其ノ他軍機文書等ナリ

256

㊙

10

列次 246

甲號

軍事功績調査資料

（自昭和十二年七月七日 至昭和 年 月 日）

官位勳功爵氏名

資格職名：傭員打字手 / 同

俸給：二七圓 / 二九圓

官位爵氏名：女

ワタナベ フク

渡邊 冨久

舊氏名 ナシ （ 年 月改姓）

大正七年三月三十日生

所屬：總裁室文書課

歷略

昭和一二、七、七	事變勤務ニ就ク（總裁室文書課打字手）
同 一二、八、一四	天津事務所ニ派遣
同 一二、九、一〇	帰還
同 一二、一二、一四	北京事務所ニ派遣
同 一三、二、九	帰還
同 一三、四、一六	日給一圓四四錢
同 一三、六、三	上海事務所ニ派遣
同 一三、八、一	帰還

部長查定等級及序列

本籍地：横濱市中区吉野町四丁目一八番地

居住地

箇所長查定等級及序列

勳功

種別等級	勳記番號	發令年月日及事由	敘勳當時ノ資格職名
旭			
瑞			
功			

氏名 本籍 戶籍謄本照合濟

責任者印

（13. 12. 50,000枚 満日社納）

257

247

乙號

功績等級及序列	
年月日	自一二、七、七 至一二、八、三
	自一二、八、四 至一二、九、一七
戦闘若クハ勤務ノ名称	本社ニ於ケル事変関係文書洋書
	天津事務所ニ於ケル事変関係洋書

所属 総裁室文書課

氏名 渡邊冨久

功績事項

本名ハ上記期間中文書課洋書事務ニ携リタルカ事変発生スルヤ軍事輸送ニ直接スル軍関係文書及満鉄自体ニ於テ為ス事変関係文書激増シ加フルニ時局関係情報、事変関係功績ノ記録、事変関係往復文書輻輳シ何レモ速急且機密ヲ保持シツツ打字スルモノノミナルカ克ク之ヲ洋書ニテ事変ノ進展ニ寄与セリ

本名ハ上記期間中 天津事務所ニ於テ支那事変ニ伴フ時局関係書類ニシテ特急且機密ヲ要シ之ヲ打字スヘキモノ激増シ、之カ打字ニ依リ事変ヲ有利ニ展開セシムルコト 尠カラス 即チ業務

258

乙號

所属　臨時文書課

氏名　渡邊富久

功績等級及序列	年月日	戰闘若クハ勤務ノ名稱
	自一六、九、一八　至一六、一六、三	本社ニ於ケル事変関係文書浄書
	自一六、一六、四　至一六、六、九	北支事務局ニ於ケル事変関係浄書

功績事項

ニ当リテハ困苦欠乏ニ堪ヘ尽忠的使命ヲ念慮シ男子社員ニ伍シテ早出晩退休養ヲ得ルノ遑モナク日夜精励セリ

本名ハ上記期間中事変関係文書ノ浄書ニ従事シ常ニ軍鉄一致ノ精神ニ基キ迅速、正確且機密ヲ厳守シテ業務ヲ完遂シ事変進行ニ寄与セリ。ハ事変関係文書ニシテ主ナルモノハ事変記録、功績調査、軍事輸送及給養、情報、調査、其ノ他軍機文書等ナリ

本名ハ上記期間北支事務局ニ派遣ヲ命セラレ

249

乙號

功績等級及序列	
年月日	自 一二、一二、一〇 至 一三、三、三一
戰鬪若クハ勤務ノ名稱	本社ニ於ケル事変関係文書ノ浄書
所屬	総裁室文書課
氏名	渡邊富久

功績事項

堆積セル事変関係文書ノ浄書ヲ速ク完カニシ為ニ満鉄ノ使命タル軍鉄一致ニ基ク軍事処理事項ヲ遂行セシメ凡ユル困苦ニ堪ヘ其ノ任務ヲ果セリ

本名ハ上記期間中事変関係文書ノ浄書ニ従事シ常ニ軍鉄一致ノ精神ニ基キ迅速、正確、且機密ヲ厳守シテ業務ヲ完遂シ事変進行ニ寄与セリ。事変関係文書ニシテ主ナルモノハ事変記録、功績調査、軍事輸送及給養、情報、調査、其ノ他軍機文書等ナリ

260

250

乙號

功績等級及序列	年月日	戰闘若クハ勤務ノ名稱
	自一三、六、一三 至一三、八、一	上海事務所ニ於ケル事變関係浄書
	自一三、八、二 至一四、三、三一	本社ニ於ケル事變関係文書浄書

所屬　総裁室文書課

氏名　渡邊富久

功績ノ事項

支那事變ノ擴大ニ伴ヒ上海事務所所管内ニ於ケル軍関係文書ノ浄書激増セルヲ以テ本名ハ上記期間内上海ニ在リテ上記文書ノ浄書ニ従事シ満鉄ノ担当スヘキ中南支方面ニ於ケル軍事協力事項ノ完遂ニ邁進セリ

本名ハ上記期間中事變関係文書ノ浄書ニ従事シ常ニ軍鉄一致ノ精神ニ基キ迅速、正確、且機密ヲ嚴守シテ業務ヲ完遂シ事變進行ニ寄与セリ。事變関係文書ニシテ主ナルモノハ事變記録、功績調査、軍事輸送及給養、情報、調査、其ノ他軍機文書等ナリ

261

总裁室文书课职员小山タエ子军事功绩调查资料（一九三七年七月七日）

10　列次 251　37

秘　甲號

軍事功績調查資料

（自昭和十二年七月七日 至昭和　年　月　日）

氏名　本籍　戸籍謄本照合濟　責任者印

官位勳功爵氏名	
官位爵氏名	小山（コヤマ）タエ子　女
舊氏名	ナシ（　年　月改姓）
生年月日	大正六年九月十六日生

資格職名	俸給
傭員タイピスト	二六圓
同	二九圓
同	三一圓
同	三四圓

勳功 種別等級	旭	瑞	功
勳記番號			
發令年月日及事由			
敍勳當時ノ資格職名			

本籍地：大阪市西淀川区傳法町南谷町目貳拾九番地

居住地：

箇所長査定等級及序列：

所属：總裁室文書課

歴略	
昭和一二、七、七	事変勤務ニ就ク（總裁室文書課タイピスト）
同　一二、八、三	奉天鉄道總局ニ派遣
同　一二、八、二五	帰還
同　一二、一〇、一六	日給一圓四〇銭
同　一二、一〇、二〇	天津北寧鉄路管理局ニ派遣
同　一二、一二、二	帰還
同　一三、四、九	上海事務所ニ派遣
同　一三、五、八	帰還
同　一三、一〇、一六	日給一圓五二銭
同　一三、一二、二六	日給一圓六八銭（給額改訂）

部長査定等級及序列：

（13. 12. 50,000枚 満日印刷）

262

乙號

功績等級及序列	
年月日	自一二、七、七 至一二、八、二
戰鬪若クハ勤務ノ名稱	本社ニ於ケル事変関係文書ノ浄書
年月日	自一二、八、三 至一二、八、一五
戰鬪若クハ勤務ノ名稱	奉天鉄道総局ニ於ケル事変関係浄書

所屬：總裁室文書課

氏名：小山タエ子

功績事項

本名ハ上記期間中文書課ニ浄書事務ニ携ハリタルカ事変発生スルヤ軍事輸送ニ直接スル軍関係文書及満鉄自体ニ於テ為ス事変関係文書激増シ加フルニ時変関係往復文書輻輳シ何レモ速急且機密ヲ保持シ[illegible]スルモノノミナルカ克ク之ヲ浄書シテ事変ノ進展ニ寄与セリ

本名ハ事変ニ直面シテ軍事輸送其ノ他軍事関係計画ノ根幹ヲ為ス鉄道総局ニ上記期間派遣ヲ命セラレ迅速、正確ヲ要スル文書ノ浄書ニ従事シ克ク其ノ任務ヲ果セリ、社業遂行ニ貢献セリ

263

253

乙號

所属	総裁室文書課
氏名	小山タエ子

功績等級及序列	年月日	戦闘若クハ勤務ノ名称
	自一二、八、二六 至一二、一〇、二九	本社ニ於ケル事変関係文書浄書
	自一二、一〇、三〇 至一二、一二、二	天津北寧鉄路管理局ニ於ケル事変関係浄書

功績事項

本名ハ上記期間中事変関係文書ノ浄書ニ従事シ常ニ軍鉄一致ノ精神ニ基キ迅速、正確且機密ヲ厳守シツツ業務ヲ完遂シ事変進行ニ寄与セリ。事変関係文書ニシテ主ナルモノハ事変記録、功績調査、軍事輸送及給養、情報、調査、其ノ他軍機文書等ナリ

本名ハ天津北寧鉄路管理局ニ派遣ヲ命セラレ、支那事変ニ伴フ時局関係書類ニシテ特急且機密ヲ要シツツ印字スヘキモノ激増シ之カ印字ニ依リ事変ヲ有利ニ展開セシムルコト尠カラス　即チ業務ニ当リテハ困苦欠乏ニ堪ヘ国家的使命ヲ念慮シ

264

254

乙號

所属	総裁室文書課
氏名	小山タエ子

功績等級及序列	年月日	戦闘若クハ勤務ノ名称
	自一二・一二・三 至一三・四・八	本社ニ於ケル事変関係文書ノ淨書
	自一三・四・九 至一三・五・八	上海事務所ニ於ケル事変関係淨書

功績事項

男子社員ニ伍シテ早出晩退休養ヲ得ルノ遑モナク日夜精勵セリ

本名ハ上記期間中事変関係文書ノ淨書ニ従事シ常ニ軍鉄一致ノ精神ニ基キ迅速、正確且機密ヲ厳守シテ業務ヲ完遂シ事変進行ニ寄与セリ

事変関係文書ニシテ主ナルモノハ事変記録、功績調査、軍事輸送及給養、情報、調査、其ノ他軍機文書等ナリ

支那事変ノ拡大ニ伴ヒ上海事務所所管内ニ於ケル軍関係文書ノ淨書激増セルヲ以テ本名ハ

265

255

乙號

功績等級及序列	
年月日	自一三、五、九 至一四、八、三〇
戰闘若クハ勤務ノ名稱	本社ニ於ケル事変関係文書ノ浄書
年月日	自一四、八、三一 至一四、九、三〇
戰闘若クハ勤務ノ名稱	青島興亜院山東派遣事務所ニ於ケル事変関係浄書

所屬 総裁室文書課

氏名 小山タエ子

功績事項

上期期間内上海ニ在リテ上記文書ノ浄書ニ従事シ満鉄ノ担当スヘキ中南支方面ニ於ケル軍事協力事項ノ完遂ニ邁進セリ

本名ハ上記期間中事変関係文書ノ浄書ニ従事シ常ニ軍鉄一致ノ精神ニ基キ迅速、正確且機密ヲ厳守シテ業務ヲ完遂シ事変進行ニ寄与セリ。事変関係文書ニシテ主ナルモノハ事変記録、功績調査、軍事輸送及給養、情報、調査、其ノ他軍機文書等ナリ

支那事変ニ於テ山東方面ノ攻略成ルヤ北支方

266

乙號

功績等級及序列	
年月日	自四一、一〇、二五 至五四、二八
戰鬪若クハ勤務ノ名稱	本社ニ於ケル事変関係文書ノ浄書

所屬	総裁室文書課
氏名	小山 タエ子

功績事項

画ニ於ケル軍事及一般物資ノ吞吐港トシテ青島ノ價値一層重要ナルヲ認メ軍ハ急速ニ青島建設ニ着手セリ、當鉄ニ於テモ直ニ之ニ協力シ港湾経営、都市計画等各種ノ事業ヲ分担シ興亜院其ノ他トノ連絡ヲ採リ使命ノ遂行ニ邁進セリ、本名ハ上記期間青島ニ派遣ヲ命セラレ、前記ニ関スル文書ノ浄書ニ従事シ克ク業務ヲ達成セリ。

本名ハ上記期間中事変関係文書ノ浄書ニ従事シ常ニ軍鉄一致ノ精神ニ基キ迅速、正確且機密ヲ厳守シテ業務ヲ完遂シ事変進行

257

乙號

所屬	總裁室文書課
氏名	小山タエ子

功績等級及序列	
年月日	
戰闘若クハ勤務ノ名稱	
功績事項	事變関係文書ニシテ主ナルモノハ事變記録、功績調査、軍事輸送及給養、情報調査、其ノ他軍機文書等ナリ ニ寄与セリ

268

列次 258

秘

甲號

軍事功績調査資料

（自昭和十二年七月七日 至昭和　年　月　日）

氏名 本籍 戸籍謄本照合済 責任者印

資格職名	俸給
傭員打字手	二六圓
同	二九圓
同	三一圓
同	三四圓

官位爵氏名：北岡（キタオカ）輝子（テルコ）　女

舊氏名：大正六年十二月三十日生

本籍地：鳥取縣東伯郡小鹿村大字東小鹿六五五番地

所屬：總裁室文書課

歷略	
昭和一二、七、七	事変勤務ニ從事（總裁室文書課打字手）
同 一二、七、五	奉天鐵道總局ニ派遣
同 一二、八、五	帰還
同 一三、一〇、一六	日給一圓四二銭
同 一三、一〇、一八	豐台輸送事務所及支那事務局派遣
同 一三、一一、一八	帰還
同 一三、一二、三	済南鉄道事務所ニ派遣
同 一三、五、八	帰還
同 一三、一〇、一六	日給一圓五四銭
同 一三、一二、一六	日給一圓七〇銭（給額改訂）

部長査定 等級及序列：一四、三、三一 退職

259

乙號

項目	第一	第二
功績等級及序列		
年月日	自一二、七、七 至一二、七、一四	自一二、七、一五 至一二、八、五
戰鬪若クハ勤務ノ名稱	事變関係文書ノ浄書	奉天鉄道総局ニ於ケル事変関係浄書

所屬　総裁室文書課

氏名　北岡輝子

功績事項

本名ハ上記期間中文書課浄書事務ニ携リタルカ事変発生スルヤ軍事輸送ニ直接スル軍関係文書及満鉄各係ニ於テ為ス事変関係文書激増ニ加フルニ時局関係情報事変関係功績ノ記録、事変関係文書輻輳シ何レモ迅速且機密ヲ保持シツツ打字スルモノノミナルカ克ク之ヲ浄書シテ事変ノ進展ニ寄与セリ

本名ハ事変ニ直面シテ軍事輸送其ノ他軍事関係計画ノ根幹ヲ為ス鉄道総局ニ上記期間派遣ヲ命セラレ迅速正確ヲ要スル

270

260

乙號

所屬　總裁室文書課

氏名　北岡輝子

功績等級及序列

年月日　戰鬪若クハ勤務ノ名稱

自一六、八、六
至一六、一〇、七　事変関係文書ノ浄書

自一六、一〇、八
至一六、一一、二　豊台輸送事務所ニ於ケル事変関係浄書

功績事項

文書ノ浄書ニ従事シ克ク其ノ任務ヲ果セリ
作業遂行ニ貢献セリ

本名ハ上記期間中事変関係文書ノ浄書ニ
従事シ常ニ軍紀一致ノ精神ニ基キ迅速、正
確、且機密ヲ厳守シテ業務ヲ完遂シ事
変進行ニ寄与セリ。事変関係文書ニシテ
主ナルモノハ事変記録、功績調査、軍事輸送
及給養、情報、調査、其ノ他軍機文書等
ナリ

本名ハ上記期間北支豊台輸送事務所ニ

271

261

乙號

功績等級及序列	
年月日	自一二、二、五 至一三、三、三一
戰鬪若クハ勤務ノ名稱	事変関係文書ノ浄書

所属	總裁室文書課
氏名	北岡輝子

功績事項

派遣ヲ命セラレ事変関係文書ノ浄書ニ従事セリ即チ軍事輸送其ノ他事変ニ直接セル文書ノ浄書ナルカ事変直後ノ豊台ハ治安全ク維持セラレス宿泊食事等ノ施設整ハス戦場サナカラノ状態ナリシカ此ノ間ニ在リテ男子ニ負ケス克ク任務ヲ果シ事変ノ進展ニ寄与セリ

本名ハ上記期間中事変関係文書ノ浄書ニ従事シ常ニ軍鉄一致ノ精神ニ基キ迅速、正確且機密ヲ厳守シテ業務ヲ完遂シ事変進行ニ寄与セリ。事変関係文書ニ

272

262

乙號

所屬　弘報室文書課

氏名　北岡輝子

功績等級及序列	年月日	戰鬪若クハ勤務ノ名稱
	自一三、三、三〇 至一三、五、八	済南鉄路局ニ於ケル事変関係浄書

功績事項

ニテノ主ナルモノハ事変記録、功績調査、軍事輸送及給養情報、調査、其ノ他軍機文書等ナリ

本名ハ上記期間済南鉄路局ニ派遣ヲ命セラレ事変関係文書ノ浄書ニ従事セリ。当時ハ山東方面ニ於ケル治安全カラス往復ノ列車ニ於テモ時々匪賊ノ襲撃スル危険アルハ勿論済南市内ニ於テモ猶此ノ危険ニ曝サレタリ。本名ハ此ノ間ニ在リテ克ク居住、飲食ノ不自由ヲ忍ヒ刻苦精励ニテ業務ヲ完遂シ事変ノ進展ニ貢献セリ。

2B

263

乙號

所屬 總裁室文書課

氏名 北岡輝子

功績等級及序列

年月日 自一三、五、八 至一四、三、三一

戰鬪若クハ勤務ノ名稱 本社ニ於ケル事変関係文書浄書

功績事項

本名ハ上記期間中事変関係文書ノ浄書ニ従事シ常ニ軍鉄一致ノ精神ニ基キ迅速、正確且機密ヲ嚴守シテ業務ヲ完遂シ事変進行ニ寄与セリ。事変関係文書ニシテ主ナルモノハ事変記録、功績調査、軍事輸送及給養、情報、調査、其ノ他軍機文書等ナリ

274

列次 264

祕

甲號

軍事功績調查資料

（自昭和十二年七月七日 至昭和 年 月 日）

所属：總裁室文書課

略歴

昭和一二、七、七 事変勤務ニ就ク（總裁室文書課打字手）

同 一二、七、一五 奉天鐵道總局ニ派遣

同 一二、八、五 帰還

同 一二、一〇、一六 日給一圓三〇錢

同 一二、一〇、一八 天津北支事務局ニ派遣

同 一三、二、一八 帰還

同 一三、三、三〇 上海事務所ニ派遣

同 一三、五、一五 帰還

部長查定等級及序列

官位勳功爵氏名

資格職名：傭員打字手

俸給：二六圓 四〇圓

官位爵氏名：橋爪（ハシヅメ）福子（フクコ） 女

舊氏名：ナシ（ 年 月改姓）

大正五年二月一八日生

勳功：種別等級、勳記番號、發令年月日及事由、敍勳當時ノ資格職名（功、瑞、旭）

本籍地：福岡縣八女郡三河村高塚

居住地

箇所長查定等級及序列

氏名本籍戸籍謄本照合濟

責任者印

（13. 12. 50,000枚 蒲日納）

265

乙號

所属	總裁室文書課
氏名	橋爪 福子

功績等級及序列	
年月日	自一二、七、七 至一二、七、一四 ／ 自一二、七、一五 至一二、八、五
戦闘若クハ勤務ノ名称	事変関係文書ノ浄書 ／ 奉天鉄道総局ニ於ケル事変関係浄書

功績事項

本名ハ上記期間中文書課浄書事務ニ携リタルカ事変発生スルヤ軍事輸送ニ直接スル軍関係文書及満鉄自体ニ於テ為ス事変関係文書激増ニ加フルニ時局関係情報、事変関係功績ノ記録事変関係往復文書輻輳シ何レモ速急且機密ヲ保持シツツ打字スルモノノミナルカ克ク之ヲ浄書シテ事変ノ進展ニ寄与セリ

本名ハ事変ニ直面シテ軍事輸送其ノ他軍事関係計画ノ根幹ヲ為ス鉄道総局ニ上記期間派遣ヲ命セラレ迅速正確ヲ要スル文書ノ浄書ニ従事シ克ク其ノ任務ヲ果セリ 就業

276

乙號

所属	調査室文書課
氏名	橋爪 福子

功績等級及序列	年月日	戰闘若クハ勤務ノ名稱
	自一六、八、六 至一六、一〇、七	事変関係文書ノ浄書
	自一六、一〇、六 至一六、一二、八	北支事務局ニ於ケル事変関係浄書

功績事項

遂行ニ貢献セリ

本名ハ上記期間中事変関係文書ノ浄書ニ従事シ常ニ軍鉄一致ノ精神ニ基キ迅速、正確且機密ヲ厳守シテ業務ヲ完遂シ事変遂行ニ寄与セリ

事変関係文書ニシテ主ナルモノハ事変記録、功績調査、軍事輸送及給養、情報、調査、其ノ他軍機文書等ナリ

本名ハ上記期間軍事輸送其ノ他事変ニ対応スル為設置セラレタル北支事務局ニ派遣ヲ命

277

267

乙號

所屬	総裁室文書課
氏名	橋爪福子

功績等級及序列	年月日	戰鬪若クハ勤務ノ名稱
	自一二、六、二九 至一三、六、二九	事變関係文書ノ浄書
	自一三、六、三〇 至一六、五、五	上海事務所ニ於ケル事變関係浄書

功績事項

セラレ、治安、衛生等不備ノ困窮ニ堪ヘ克ク浄書ノ本分ヲ盡シテ國家的使命ヲ遂行セリ

本名ハ上記期間中事變関係文書ノ浄書ニ従事シ常ニ軍鉄一致ノ精神ニ基キ迅速、正確且機密ヲ嚴守シテ業務ヲ完遂シ事變進行ニ寄与シタリ、事變関係文書ニシテ主ナルモノハ事變記録、功績調査、軍事輸送及給養情報、調査其ノ他軍機文書等ナリ

支那事變ノ拡大ニ伴ヒ上海事務所所管内ニ

278

乙號

所屬	總裁室文書課
氏名	橋爪福子

功績等級及序列	
年月日	自一三、五、一六 至一三、一二、一
戰鬪若クハ勤務ノ名稱	本事変ニ於ケル事変関係文書ノ浄書

功績事項

於ケル軍関係文書ノ浄書激増セルヲ以テ上記期間内上海ニ在リテ上記文書ノ浄書ニ従事シ満鉄ノ担当スヘキ中南支方面ニ於ケル軍事協力事項ノ完遂ニ邁進セリ

本名ハ上記期間中事変関係文書ノ浄書ニ従事シ常ニ軍鉄一致ノ精神ニ基キ迅速正確且機密ヲ厳守シテ業務ヲ完遂シ事変進行ニ寄与セリ　事変関係文書ニシテ主ナルモノハ事変記録、功績調査、軍事輸送及給養情報、調査、其ノ他軍機文書等ナリ

总裁室文书课职员谷崎秀子军事功绩调查资料（一九三七年七月七日）

秘

列永 269

甲號

軍事功績調査資料

（自昭和十二年七月七日 至昭和　年　月　日）

所屬
總裁室文書課

官位勳功爵氏名	資格職名	俸給
	傭員打字手	二四圓
	同	二六圓
	同	二八圓
	同	三一圓

官位爵氏名：谷崎秀子（タニザキ ヒデコ）女

舊氏名：大正七年四月三日生（　年　月改姓）

勳功 種別等級	勳記番號	發令年月日及事由	敍勳當時ノ資格職名
旭			
瑞			
功			

本籍地：熊本市横手町七〇四番地

居住地：

箇所長査定 等級及序列：

歷略	
昭一二、七、七	事変勤務ニ就ク（總裁室文書課打字手）
同一二、一〇、一六	日給一圓二八錢
同一二、一一、一三	天津陸軍報道部ニ派遣
同一二、一二、一二	帰還
同一三、三、五	北京北支事務局ニ派遣
同一三、四、二二	帰還
同一三、八、三〇	北京北支事務局ニ派遣
同一三、九、二三	帰還
同一三、一〇、一六	日給一圓三八錢
同一三、一二、一六	日給一圓五二錢（給額改訂）

部長査定 等級及序列：

氏名本籍 戶籍謄本照合濟 責任者印

(13. 12. 50,000枚 滿日社納)

270

乙號

功績等級及序列	年月日	戰鬪若クハ勤務ノ名稱
	自一二・七・七 至一三・二・二	本社ニ於テ事変関係文書ノ浄書
	自一三・二・三 至一三・一二・二	天津寺内部隊報道部ニ於ケル浄書事務

所屬　總裁室文書課

氏名　谷崎秀子

功績事項

本名ハ上記期間中文書課浄書事務ニ携リタルカ事変発生スルヤ軍事輸送ニ直接スル軍関係文書及満鉄自体ニ於テ為ス事変関係文書激増シ加フルニ時局関係情報事変関係功績ノ記録事変関係往復文書輻輳シ何レモ速急且機密ヲ保持シツツ打字スルモノミナルカ克ク之ヲ浄書シテ事変ノ進展ニ寄与セリ

本名ハ上記期間天津寺内部隊報道部ニ於テ軍事行動ニ直接スル機密文書ノ浄書ニ従事シ恪勤精励克ク任務ヲ果シ軍事上重要ナル報道任務ヲ遂行セシメタリ

281

271

乙號

功績等級及序列	
年月日	自一二、二、三 至一三、三、四
戰鬪若クハ勤務ノ名稱	本社ニ於ケル事変関係浄書
功績事項	依テ其ノ功績別紙北支那方面軍報道部長功績現認書ノ如ク慰労金乙ニ該當スルモノト認ム 本名ハ上記期間中事変関係文書ノ浄書ニ従事シ常ニ軍鉄一致ノ精神ニ基キ迅速、正確且ツ機密ヲ厳守シテ業務ヲ完遂シ事変進行ニ寄与セリ 事変関係文書ニシテ主ナルモノハ事変記録功績調査軍事輸送及給養、情報調査其ノ他軍機文書等ナリ

所属	總裁室文書課
氏名	谷崎秀子

282

272

乙號

所屬	總務室文書課
氏名	谷崎秀子

功績等級及序列	
年月日	自一三.二.五 至一三.四.二一 自一三.四.二二 至一三.八.二九
戰鬪若クハ勤務ノ名稱	北京北支事務局ニ於テ事変関係文書ノ浄書 本社ニ於テ事変関係文書ノ浄書

功績事項

(一)本名ハ上記期間北支事務局ニ派遣ヲ命セラレ堆積セル事変関係文書ノ浄書ヲ克ク完行シ為ニ滿鉄ノ使命タル軍鉄一致ニ基ク軍事ノ処理事項ヲ遂行セシメ凡ユル困苦ニ堪ヘ其ノ任務ヲ果セリ

本名ハ上記期間中事変関係文書ノ浄書ニ従事シ常ニ軍鉄一致ノ精神ニ基キ迅速正確且ツ機密ヲ嚴守シテ業務ヲ完遂シ事変進行ニ寄与セリ

事変関係文書ニシテ主ナルモノハ事変記録、功績調査、軍事輸送及給養情報、調査其

283

273

乙號

所屬	氏名
總裁室文書課	谷崎秀子

功績等級及序列	年月日	職關若クハ勤務ノ名稱
	自一三、八、三〇 至一三、九、二三	北京北支事務局ニ於テ事変関係文書浄書
	自一三、九、二四 至一四、六、五	本社ニ於テ事変関係文書ノ浄書

功績事項

ノ他軍機文書等ナリ

本名ハ上記期間北支事務局ニ派遣ヲ命セラレ堆積セル事変関係文書ノ浄書ヲ克ク完行シ爲ニ満鉄ノ使命タル軍鉄一致ニ基ク軍事処理事項ヲ遂行セシメ凡ユル困苦ニ堪ヘ其ノ任務ヲ果セリ

本名ハ上記期間中事変関係文書ノ浄書ニ従事シ常ニ軍鉄一致ノ精神ニ基キ迅速正確、且ツ機密ヲ嚴守シテ事務ヲ完遂シ事変進行ニ寄与セリ

284

274

乙號

所屬　總裁室文書課

氏名　谷崎秀子

功績等級及序列	
年月日	自一四、六、六 至一四、七、二七
戰闘若クハ勤務ノ名稱	上海事務所ニ於テ事変関係文書ノ浄書
年月日	自一四、七、二八 至一五、四、二八
戰闘若クハ勤務ノ名稱	本社ニ於ケル事変関係文書浄書

功績事項

事変関係文書ニシテ主ナルモノハ事変記録功績調査軍事輸送及給養情報調査其ノ他軍機文書等ナリ

支那事変ノ擴大ニ伴ヒ上海事務所管内ニ於ケル軍関係文書ノ浄書激増セルヲ以テ本名ハ上記期間内上海ニ在リテ上記文書ノ浄書ニ従事シ満鉄ノ担当スヘキ中南支方面ニ於ケル軍協力事項ノ完遂ニ邁進セリ

本名ハ上記期間中事変関係文書ノ浄書ニ従事シ常ニ軍鉄一致ノ精神ニ基キ迅速正確

285

275

乙號

功績等級及序列

年月日

戰鬪若クハ勤務ノ名稱

功績事項

且機密ヲ嚴守シテ業務ヲ完遂シ事変進行ニ寄与セリ、事変関係文書ニシテ主ナルモノハ事変記錄、功績調査、軍事輸送及給養、情報、調査其ノ他軍機文書等ナリ

所屬 總裁室文書課

氏名 岩崎秀子

286

列次 276

㊙

甲號

軍事功績調査資料

（自昭和十二年七月七日 至昭和 年 月 日）

氏名 本籍 戸籍謄本照合済

責任者印

所属：總裁室文書課

略歴：

昭和一二、七、七	事変勤務ニ就ク
	（總裁室文書課打字手）
同 一二、九、一三	奉天鉄道總局ニ派遣
同 一二、一〇、五	帰還
同 一二、一二、二四	天津汽車公司、北京北支
	事務局ニ派遣
同 一三、二、九	帰還
同 一三、四、一六	日給一圓三九銭
同 一三、四、二五	北京寺内軍司令部ニ派遣
同 一三、六、一八	帰還
同 一三、一二、一六	日給一圓五三銭（給額改訂）

部長査定等級及序列

官位勲功爵氏名：

資格職名	俸給
傭員打字手	二六圓
同	二八圓
同	三一圓
同	三六円

官位爵氏名：ナガノ 長野ノリ 女

舊氏名：ナシ（ 年 月改姓）

大正八年一月二十五日生

勲功：

種別等級	旭	瑞	功
勲記番號			
發令年月日及事由			
叙勲當時ノ資格職名			

本籍地：鹿児島縣川邊郡枕崎町西鹿籠一三七三六番地

居住地：

箇所長査定等級及序列

(13. 12. 50,000枚 満日印刷)

277

乙號

功績等級及序列	年月日	戰鬪若クハ勤務ノ名稱
	自一二、七、七 至一三、九、一三	本社ニ於ケル事変関係浄書
	自一三、九、一三 至一六、一〇、五	奉天鉄道総局ニ於ケル事変関係浄書

所屬：総裁室文書課

氏名：長野ノリ

功績事項

本名ハ上記期間中文書課浄書事務ニ携リタルカ事変発生スルヤ軍事輸送ニ直接スル軍関係文書及協鉄伯作ニ於テ為ス事変関係文書激増ニ加フルニ時局関係情報、事変関係功績ノ記録、事変関係往復文書輻輳シ何レモ速急且機密ヲ保持シツツ打字スルモノナルカ克ク之ヲ浄書シテ事変ノ進展ニ寄与セリ

本名ハ事変ニ直面シテ軍事輸送甚シク軍事関係計画ノ根幹ヲ為ス鉄道総局ニ上記期間派遣ヲ命セラレ迅速、正確ヲ要スル文書ノ浄書ニ従事シ克ク其ノ任務ヲ果セリ、社業遂行ニ貢

288

乙號

所屬	總裁室文書課
氏名	長野ノリ

功績等級及序列	年月日	戰鬪若クハ勤務ノ名稱
	自一二、一〇、六 至一三、一一、三	本社ニ於ケル事變關係文書ノ淨書
	自一二、一二、一六 至一三、六、九	北支事務局及天津汽車公司ニ於ケル事變關係淨書

功績事項

献セリ

本名ハ上記期間中事變關係文書ノ淨書ニ從事シ常ニ軍鉄一致ノ精神ニ基キ迅速、正確且機密ヲ嚴守シテ業務ヲ完遂シ事變進行ニ寄與セリ、事變關係文書ニシテ主ナルモノハ事變記錄、功績調査、軍事輸送及給養、情報、調査其ノ他軍機文書等ナリ

本名ハ上記期間北支事務局及天津汽車公司ニ派遣ヲ命セラレ堆積セル事變關係文書ノ淨書ヲ速ク完行シ為ニ満鉄ノ使命タル軍鉄一致ニ

279

乙號

功績等級及序列	年月日	戰闘若クハ勤務ノ名稱	功績事項
			甚ク軍事処理事項ヲ遂行セシメ凡ユル困苦ニ堪ヘ 其ノ任務ヲ果セリ
	自一三、二、一〇 至一三、四、二四	本社ニ於ケル事変関係文書ノ浄書	本名ハ上記期間中事変関係文書ノ浄書ニ従 事シ常ニ軍鉄一致ノ精神ニ基キ迅速、正確、且 機密ヲ厳守シテ業務ヲ完遂シ事変進行ニ 寄与セリ、事変関係文書ニシテ主ナルモノハ事変 記録、功績調査、軍事輸送及給養、情報、 調査、其ノ他軍機文書等ナリ
	自一三、四、二五 至一三、六、二八	北京寺内軍司令部ニ於ケル事変関係浄書	本名ハ上記期間北京寺内部隊報道部ニ於テ 軍事行動ニ直接スル機密文書ノ浄書ニ従事

所属：総裁室文書課

氏名：長野ノリ

290

280

乙號

所屬	總裁室文書課
氏名	長野ノリ
功績等級及序列	
年月日	自一三、六、九 至一四、六、五
戰鬪若クハ勤務ノ名稱	本邦ニ於ケル事變關係文書淨書

功績事項

シ恪勤精勵克ク任務ヲ果シ軍事上重要ナル
報道任務ヲ遂行セシメタリ
依テ其ノ功績別紙北支那方面軍報道部
長功績現認書ノ如ク慰労金甲ニ該当スル
モノト認ム

本名ハ上記期間中事變關係文書ノ淨書ニ
從事シ常ニ軍紀一致ノ精神ニ基キ迅速、正確
且機密ヲ嚴守シテ業務ヲ完遂シ事變進行
ニ寄与セリ。事變關係文書ニシテ主ナルモノハ
事變記錄、功績調査、軍事輸送及給養、
情報、調査、其ノ他軍機文書等ナリ

291

281

乙號

功績等級及序列		
年月日	自一四、六、六 至一四、七、二七	自一四、七、二八 至一五、四、二八
職鬪若クハ勤務ノ名稱	上海事務所ニ於ケル事変関係浄書	本社ニ於ケル事変関係文書浄書

所屬 總裁室文書課
氏名 長野ノリ

功績事項

支那事変ノ拡大ニ伴ヒ上海事務所管内ニ於ケル軍関係文書ノ浄書激増セルヲ以テ本名ハ上記期間内上海ニ在リテ上記文書ノ浄書ニ従事シ満鉄ノ担当スヘキ中南支方面ニ於ケル軍事協力事項ノ完遂ニ邁進セリ

本名ハ上記期間中事変関係文書ノ浄書ニ従事シ常ニ軍鉄一致ノ精神ニ基キ迅速正確且機密ヲ厳守シテ業務ヲ完遂シ事変進行ニ寄与セリ、事変関係文書ニシテ主ナルモノハ事変記録、功績調査、軍事輸送及給養状情報、調査、其ノ他軍機文書等ナリ

292

列次 282

秘

甲號

軍事功績調査資料

（自昭和十二年七月七日 至昭和　年　月　日）

本籍戸籍謄本照合濟

責任者印

氏名：佐々木照子（ササキテルコ）　女

舊氏名：ナシ

大正五年八月三日生

官位勲功爵氏名

資格職名	俸給
傭員打字手	二六圓
同	二八圓
同	三一圓

本籍地：宮城縣玉造郡岩出山町字浦小路一六番地面

所屬：總裁室文書課

歴略

昭和一二、七、七	事變勤務ニ就ク（總裁室文書課打字手）
同 一二、一〇、一六	日給一圓二九錢
同 一三、一〇、三〇	豊台輸送事務所ニ派遣
同 一三、一、三	歸還
同 一三、三、五	北京鉄路局ニ派遣
同 一三、四、二三	歸還
同 一三、八、三〇	北京北支事務所ニ派遣
同 一三、九、三〇	歸還
同 一三、一〇、一六	日給一圓四〇錢
同 一三、一二、一六	日給一圓五四錢（給額改訂）

部長査定等級及序列

箇所長査定等級及序列

居住地

勲功：種別等級　旭　瑞　功；勲記番號；發令年月日及事由；敍勲當時ノ資格職名

(13. 12. 50,000枚 滿日社印)

293

283

乙號

功績等級及序列	
年月日	自一二、七、七 至一三、一〇、九 ／ 自一三、一〇、一〇 至一三、三、三
戰闘若クハ勤務ノ名稱	本社ニ於ケル事変関係文書ノ浄書 ／ 北支豊台輸送事務所ニ於ケル事変関係浄書

所属 總裁室文書課

氏名 佐々木照子

功績事項

本名ハ上記期間中文書課浄書事務ニ携ハリタルカ事変発生スルヤ軍事輸送ニ直接スル軍関係文書及満鉄自体ニ於テ為ス事変関係文書激増ニ加フルニ時局関係情報、事変関係功績ノ記録、事変関係往復文書輻輳ニ何レモ速急且機密ヲ保持シツツ正確ヲ要スルモノノミナルカ克ク之ヲ浄書ニシテ事変ノ進展ニ寄与セリ

本名ハ上記期間北支豊台輸送事務所ニ派遣ヲ命セラレ事変関係文書ノ浄書ニ従事セリ即チ軍事輸送其ノ他事変ニ直接セル文書ノ浄書ナルカ事変直後ノ豊台ハ治安全ク維持セラレス

294

乙號

功績等級及序列		
年月日	自一二、三、四 至一三、三、四	自一三、三、五 至一三、四、二三
戰鬪若クハ勤務ノ名稱	本社ニ於ケル事變関係文書ノ浄書	北京鉄路局ニ於ケル事變関係浄書

所屬　臨戰室文書課

氏名　佐々木照子

功績事項

宿泊食事等施設整ハズ戰場サナカラノ状態ナリシカ此ノ間ニ在リテ男子社員ニ伍シテ克ク任務ヲ果シ事變ノ進展ニ寄與セリ

本名ハ上記期間中事變関係文書ノ浄書ニ從事シ常ニ軍鉄一致ノ精神ニ基キ迅速、正確、且機密ヲ嚴守シテ業務ヲ完遂シ事變進行ニ寄與セリ、事變関係文書ニシテ主ナルモノハ事變記録、功績調査、軍事輸送及給養、情報調査、其ノ他軍機文書等ナリ

本名ハ上記期間北京鉄路局ニ派遣ヲ命セラレ

285

乙號

功績等級及序列	
年月日	自一三、四、一 至一三、八、三一
戰闘若クハ勤務ノ名稱	本社ニ於ケル事変関係文書ノ浄書

功績事項

堆積セル事変関係文書ノ浄書ヲ速ク完行シ為ニ満鉄ノ使命タル軍鉄一致ニ基ク軍事処理事項ヲ遂行セシメ凡ユル困苦ニ堪ヘ其ノ任務ヲ果セリ

本名ハ上記期間中事変関係文書ノ浄書ニ従事シ常ニ軍鉄一致ノ精神ニ基キ迅速、正確且機密ヲ厳守シテ業務ヲ完遂シ事変進行ニ寄与セリ、事変関係文書ニシテ主ナルモノハ事変関係記録、功績調査、軍事輸送及給養、情報、調査、其ノ他軍機文書等ナリ

所屬 総裁室文書課

氏名 佐々木照子

296

286

乙號

功績等級及序列	
年月日	自一三、八、三〇 至一三、九、三〇 / 自一三、一〇、一 至一四、六、五
戰鬪若クハ勤務ノ名稱	北京北支事務局ニ於ケル事變関係浄書 / 本部ニ於ケル事變関係文書ノ浄書

所屬 總務室文書係

氏名 佐々木 照子

功績事項

本名ハ上記期間北支事務局ニ派遣ヲ命セラレ堆積セル事變関係文書ノ浄書ヲ克ク完カシ為ニ政戰ノ使命タル軍政一致ニ基ク軍事處理事項ヲ遂行セシメ凡ユル困苦ニ堪ヘ其ノ任務ヲ果セリ

本名ハ上記期間中事變関係文書ノ浄書ニ従事シ常ニ軍政一致ノ精神ニ基キ迅速、正確機密ヲ嚴守シ業務ヲ完遂シ事變進行ニ寄与セリ、事變関係文書ニシテ主ナルモノハ事變記録、功績調査、軍事輸送及給養、情報、調査其ノ他軍機文書等ナリ

297

287

乙號

功績等級及序列	
年月日	自昭一四、六、六 至昭一四、七、二七
戰鬪若クハ勤務ノ名稱	上海中支派遣軍ニ於ケル関係浄書 ([illegible])
功績事項	本名ハ上記期間上海中支派遣軍ニ於ケル浄書ノ為派遣ヲ命セラレ畏クモ上長ノ命ニ従ヒ昼夜兼行打字業務ニ従事シ軍事関係文書ニシテ雄績セルモノヲ次々ニ打字完了シ以テ軍事行動ヲ援助シ貢献スルトコロ甚大ナリ、加之上海ハ当時猶治安不完全ニシテ人心ニ動揺甚シキモノアリ此ノ間ニアリテ居住、飲食等ノ不便ヲ忍ヒ軍ト共ニ勤務ニ励ミ以テ其ノ使命ヲ遂行セリ
年月日	自昭一四、七、二八 至昭一五、四、二八
戰鬪若クハ勤務ノ名稱	本社ニ於ケル事変関係文書ノ浄書
功績事項	本名ハ上記期間中事変関係文書ノ浄書ニ従事シ常ニ軍鉄一致ノ精神ニ基キ迅速、正確且機密ヲ厳守シテ業務ヲ完遂シ

所属 総裁室文書課

氏名 佐々木照子

298

288

乙號

功績等級及序列

年月日

戰鬪若クハ勤務ノ名稱

所屬 總裁室文書課

氏名 佐々木照子

功績事項

事変進行ニ寄与セリ
事変関係文書ニシテ主ナルモノハ事変記録、功績調査、軍事輸送及給養、情報、調査、其他軍機文書等ナリ

299

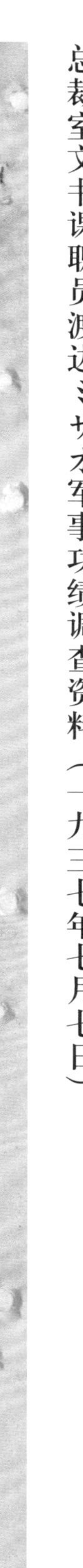

总裁室文书课职员渡边ミサオ军事功绩调查资料（一九三七年七月七日）

列次 289

秘

甲號

軍事功績調查資料

（自昭和十二年七月七日 至昭和 年 月 日）

氏名

本籍

戸籍謄本照合濟

責任者印

所屬：總裁室文書課

歴略：

昭和一二、七、七 事変勤務ニ就ク

同 一二、一〇、七 天津北支事務局ニ派遣（總裁室文書課タイピスト）

同 一二、一〇、一六 日給一圓三〇錢

同 一二、一二、一五 歸還

同 一三、四、一 上海事務所ニ派遣

同 一三、六、一三 歸還 北支那方面軍嘱託

同 一三、八、一〇 北支事務局ニ派遣

同 一三、九、二 歸還 嘱託ヲ解カル

同 一三、一〇、一六 日給一圓四〇錢

同 一三、一二、一六 日給一圓五〇錢（給額改訂）

部長查定等級及序列

官位勲功爵氏名

資格職名：傭員タイピスト 同 同 同 同

俸給：二四圓 二六圓 二九圓 三一圓 三四圓

官位爵氏名：女 北支那方面軍嘱託（ ） 渡邊ミサオ

舊氏名：ナシ（ 年 月改姓）

大正五年九月二十日生

勲功：種別等級 勲記番號 發令年月日及事由 敍勲當時ノ資格職名 旭 瑞 功

本籍地：愛媛縣温泉郡川上村大字南方

居住地

箇所長查定等級及序列

（13. 12. 50,000枚 滿日社納）

290

乙號

功績等級及序列	
年月日	自一二、七、七 至一六、五、六
戰闘若クハ勤務ノ名稱	本社ニ於ケル事變関係文書浄書
年月日	自一六、五、七 至一六、一二、五
戰闘若クハ勤務ノ名稱	天津北支事務局ニ於ケル事變関係浄書

所屬 總裁室文書課

氏名 渡邊ミサオ

功績事項

本名ハ上記期間中文書課浄書事務ニ携ハリタルカ事變發生スルヤ軍事輸送ニ直接スル軍関係文書及同鉄道ニ於テ為ス事變関係文書激増シ加フルニ時局関係情報、事變関係功績記録事變関係往復文書輻輳シ何レモ速急且機密ヲ保持シツツ打字スルモノニシテ大ナルカ克ク之ヲ浄書シテ事變ノ進展ニ寄与セリ

本名ハ上記期間中天津北支事務局ニ於テ支那事變ニ伴フ時局関係書類ニシテ特急機密ヲ要シツツ打字スヘキモノ激増シ、之カ打字ニ依リ事變ヲ有利ニ展開セシムルコト勘カラス 即チ業務ニ

301

乙號

所属	総裁室文書課
氏名	渡邊 ミサオ

功績等級及序列	年月日	戦闘若クハ勤務ノ名称
	自一二、八、二六 至一三、四、三〇	本社ニ於ケル事変関係文書浄書
	自一三、四、三〇 至一三、六、二三	上海事務所ニ於ケル事変関係浄書

功績事項

本名ハ上記期間中事変関係文書ノ浄書ニ従事シ常ニ軍鉄一致ノ精神ニ基キ迅速、正確且機密ヲ厳守シテ業務ヲ完遂シ事変進行ニ寄与セリ。事変関係文書ニシテ主ナルモノハ事変記録功績調査、軍事輸送及給養、情報、調査其ノ他軍機文書等ナリ

支那事変ノ拡大ニ伴ヒ上海事務所所管内

当リテハ困苦欠乏ニ堪ヘ忠実ニ使命ヲ念慮シ男子社員ニ伍シテ早出晩退休養ヲ得ルノ遑モナク日夜精励セリ

302

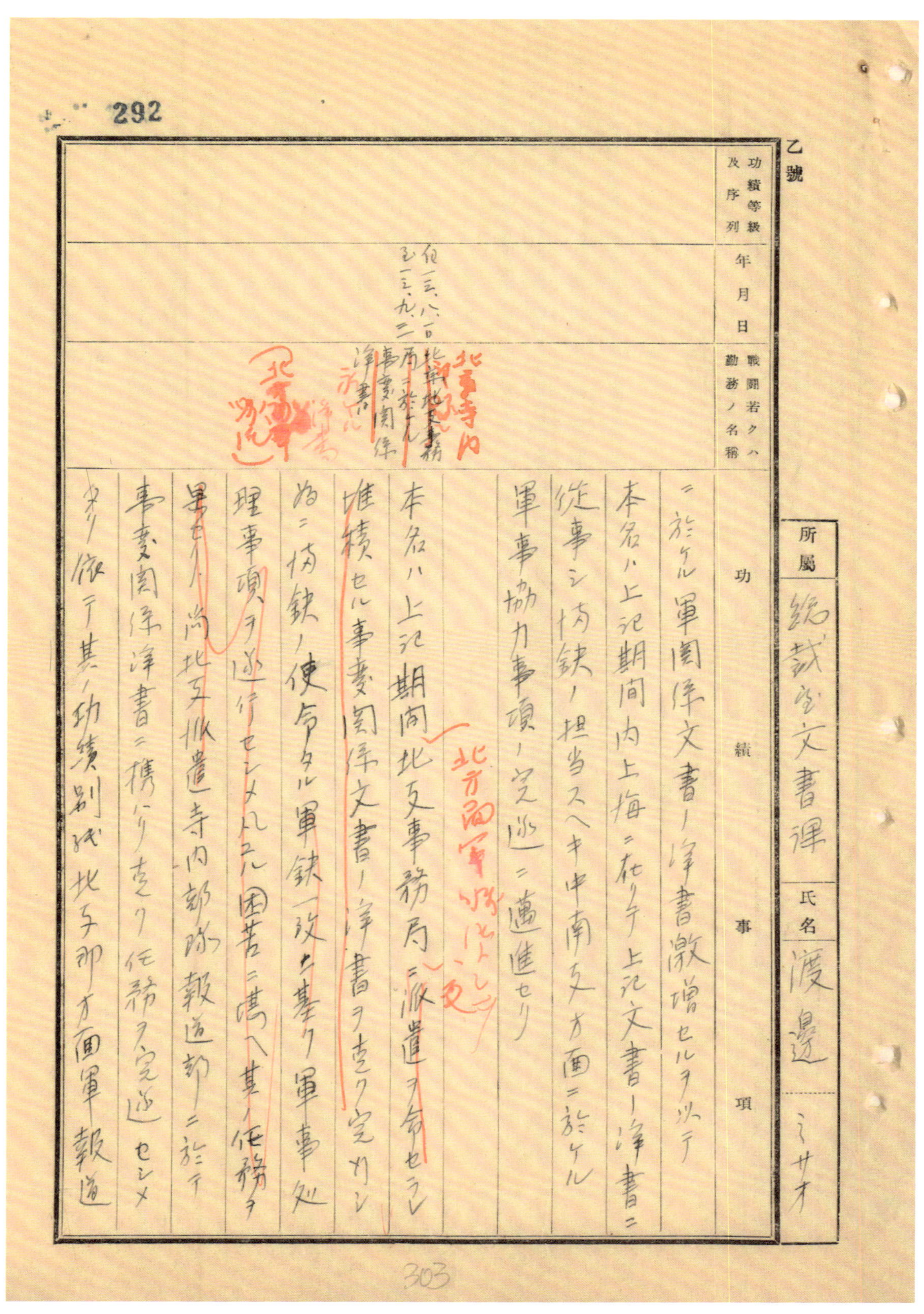

292

乙號

功績等級及序列	
年月日	自一三、八、一〇 至一三、九、二
戰鬪若クハ勤務ノ名稱	北支事務所ニ於ケル事變關係浄書

所屬 總裁室文書課

氏名 渡邊ミサオ

功績事項

ニ於ケル軍關係文書ノ浄書激増セルヲ以テ
本名ハ上記期間内上海ニ在リテ上記文書ノ浄書ニ
從事シ満鉄ノ担当スヘキ中南支方面ニ於ケル
軍事協力事項ノ完遂ニ邁進セリ

本名ハ上記期間北支事務局ニ派遣ヲ命セラレ
堆積セル事變關係文書ノ浄書ヲ克ク完了シ
為ニ満鉄ノ使命タル軍鉄一致ニ基ク軍事処
理事項ヲ遂行セシメタルニ困苦ニ堪ヘ其ノ任務ヲ
果セリ 尚北支派遣寺内部隊報道部ニ於テ
事變關係浄書ニ携ハリ克ク任務ヲ完遂セシメ
タリ 依テ其ノ功績別紙北支那方面軍報道

303

293

乙號

功績等級及序列	
年月日	自一三、九、三 至一四、六、九
職閲若クハ勤務ノ名稱	本社ニ於ケル事変関係文書ノ浄書
年月日	自一四、六、三 至一四、一二、三
職閲若クハ勤務ノ名稱	上海事務所ニ於ケル事変関係浄書

所属：総裁室文書課

氏名：渡邊ミサオ

功績事項

部長功績現認書ノ如ク勲労金乙ニ該当スルモノト認ム

本名ハ上記期間中事変関係文書ノ浄書ニ従事シ常ニ軍鉄一致ノ精神ニ基キ迅速、正確且機密ヲ厳守シテ業務ヲ完遂シ事変進行ニ寄与セリ、事変関係文書ニシテ主ナルモノハ事変記録、功績調査、軍事輸送及給養、情報、調査、其ノ他軍機文書等ナリ

支那事変ノ拡大ニ伴ヒ上海事務所所管内ニ於ケル軍関係文書ノ浄書激増セルヲ以テ

304

294

乙號

功績等級及序列	
年月日	自一五、一、一 到一五、四、二八
戰鬪若クハ勤務ノ名稱	本社ニ於ケル事変関係文書ノ浄書

功績事項

本名ハ上記期間内上海ニ在リテ上記文書ノ浄書ニ従事シ傍ラ鉄ノ担当スル中中南支方面ニ於ケル軍事協力事項ノ完遂ニ邁進セリ

本名ハ上記期間中事変関係文書ノ浄書ニ従事シ常ニ軍鉄一致ノ精神ニ基キ迅速、正確且機密ヲ厳守シテ業務ヲ完遂シ事変進行ニ寄与セリ、事変関係文書ニシテ主ナルモノハ事変記録、功績調査、軍事輸送及給養、情報、調査、其ノ他軍機文書等ナリ

所屬：総裁室文書課

氏名：渡邊 ミサオ

305

总裁室文书课职员高桥喜代子军事功绩调查资料（一九三七年七月七日）

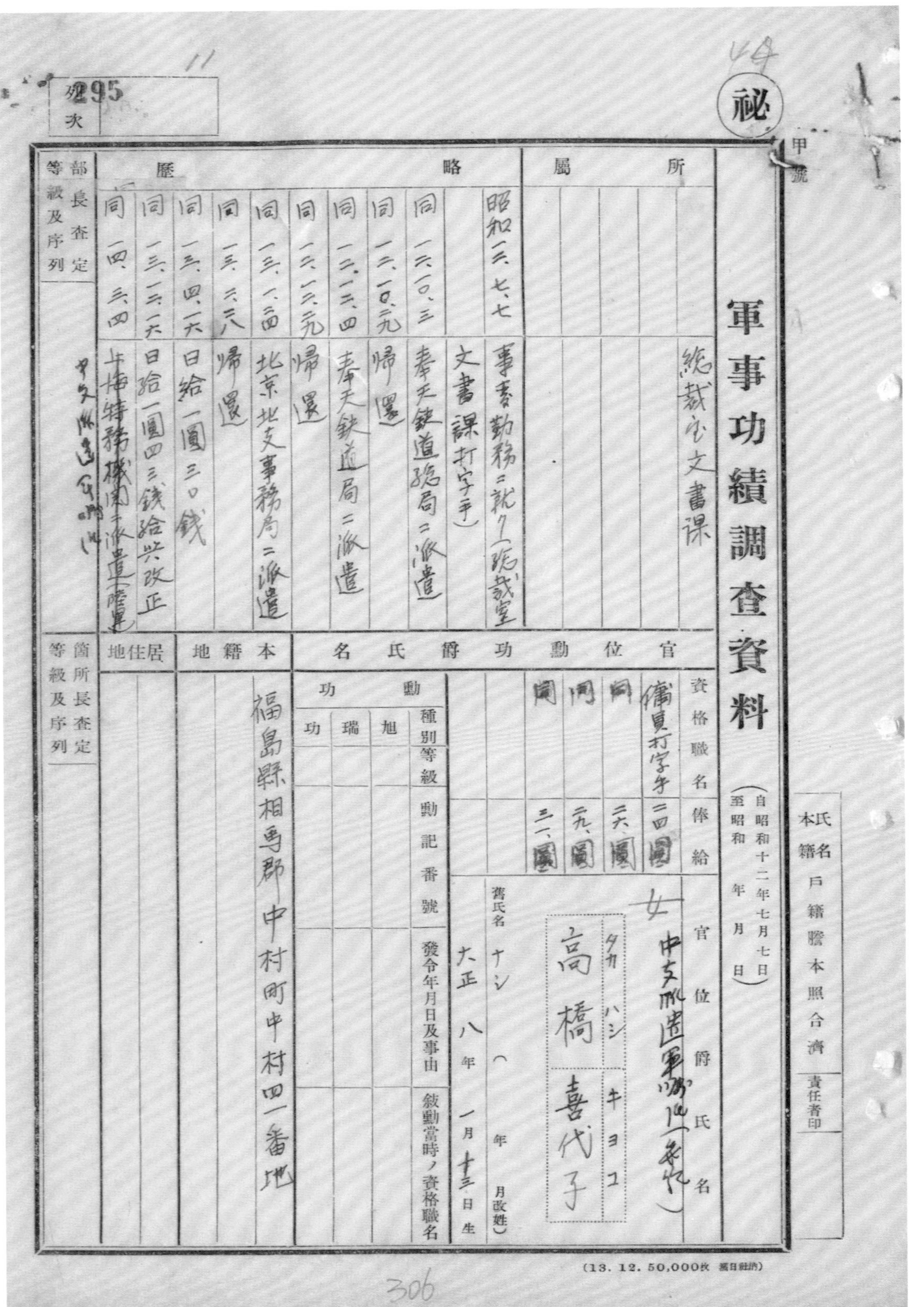

祕

甲號

順次 295

軍事功績調査資料

（自昭和十二年七月七日
至昭和　年　月　日）

本籍 戸籍謄本照合濟

氏名

責任者印

所屬	
	總裁室文書課

歷略	
昭和一二、七、七	事变勤務ニ就ク（總裁室文書課打字手）
同 一二、一〇、三	奉天鉄道總局ニ派遣
同 一二、一〇、元	帰還
同 一二、一二、四	奉天鉄道局ニ派遣
同 一二、一二、元	帰還
同 一三、一、四	北京北支事務局ニ派遣
同 一三、三、六	帰還
同 一三、四、一六	日給一圓三〇銭
同 一三、一二、一六	日給一圓四三銭給與改正
同 一四、三、四	上海特務機關ニ派遣（嘱託）

部長査定等級及序列：中支派遣（嘱託）

官位勳功爵氏名	
資格職名	傭員打字手 / 同 / 同 / 同
俸給	二四圓 / 二六圓 / 二九圓 / 三一圓
官位爵氏名	中支派遣軍嘱託（嘱託）　女 タカハシ キヨコ 高橋喜代子
舊氏名	ナシ（　年　月改姓）
生年月日	大正八年一月十三日生

勳功	
種別	旭 / 瑞 / 功
等級	
勳記番號	
發令年月日及事由	
敍勳當時ノ資格職名	

本籍地：福島縣相馬郡中村町中村四一番地

居住地：

箇所長査定等級及序列：

（13. 12. 50,000枚 滿日印刷）

11　44　306

乙號

功績等級及序列	
年月日	自一二、七、七 至一二、一〇、二
戰鬪若クハ勤務ノ名稱	本社ニ於ケル事變関係文書ノ浄書
年月日	自一二、一〇、三 至一二、一〇、二九
戰鬪若クハ勤務ノ名稱	奉天鉄道總局ニ於ケル事變関係浄書

功績事項

本名ハ上記期間中文書課浄書事務ニ携リタルカ事變発生スルヤ軍事輸送ニ直接スル軍関係文書及内鉄自体ニ於テ為ス事變関係文書激増シ加フルニ時局関係情報、事變関係功績ノ記録、事變関係往復文書輻輳シ何レモ速急且ニ機密ヲ保持スルヲ要スルモノノミナルカ克ク之ヲ浄書シテ事變ノ進展ニ寄与セリ

本名ハ事變ニ直面シテ軍事輸送其ノ他軍事関係計画ノ根幹ヲ為ス鉄道總局ニ上記期間派遣ヲ命セラレ迅速、正確ヲ要スル文書ノ浄書ニ従事シ克ク其ノ任務ヲ果セリ、社業遂

所屬：總裁室文書課

氏名：高橋喜代子

307

297

乙號

功績等級及序列	
年月日	自一二.一〇.三〇 至一二.一二.三一
戰鬪若クハ勤務ノ名稱	本社ニ於ケル事変関係文書ノ浄書
年月日	自一二.一二.四 至一三.一二.九
戰鬪若クハ勤務ノ名稱	奉天鉄道局ニ於ケル事変関係浄書

所屬　總裁室文書課

氏名　高橋喜代子

功績事項

行ニ貢献セリ

本名ハ上記期間中事変関係文書ノ浄書ニ従事シ常ニ軍鉄一致ノ精神ニ基キ迅速正確且機密ヲ厳守シテ業務ヲ完遂シ事変進行ニ寄与セリ。事変文書ニシテ主ナルモノハ事変記録、功績調査、軍事輸送及給養、情報調査、其ノ他軍機文書等ナリ

北支ニ於ケル軍事工作ニ伴フ緊急書類激増シ之カ浄書ノ為奉天鉄道局ニ派遣ヲ命セラレ、上記期間ニ亘リ昼夜兼行浄書事務ニ専念社命

308

乙號

所屬 弘誠堂文書課
氏名 高橋 喜代子

功績等級及序列	年月日	戰闘若クハ勤務ノ名稱
	自一二、一二、二三 至一三、一、二三	本邦ニ於ケル事変関係文書浄書
	自一三、一、一四 至一五、六、二八	北京北支事務局ニ於ケル事変関係浄書

功績事項

ヲ遂行セリ

本名ハ上記期間中事変関係文書ノ浄書ニ従事シ常ニ軍民一致ノ精神ニ基キ迅速、正確並機密ヲ厳守シテ業務ヲ完遂シ事変進行ニ寄与セリ、事変関係文書ニシテ主ナルモノハ事変記録、功績調査、軍需輸送及給養、情報、調査、其ノ他軍機文書等ナリ

本名ハ上記期間北支事務局ニ派遣ヲ命セラレ堆積セル事変関係文書ノ浄書ヲ克ク完行シ為ニ協戦ノ使命タル軍民一致ニ基ク軍事処

309

299

乙號

所属 總裁室文書課

氏名 高橋喜代子

功績等級及序列	
年月日	自一三、一 至一四、三、三 ／ 自一四、三、四 至一四、四、七
戰闘若クハ勤務ノ名稱	本社ニ於ケル事變關係文書浄書 ／ 上海陸軍特務機関ニ於ケル事變関係浄書

功績事項

理事項ヲ遂行セシメ凡ユル困苦ニ堪ヘ其ノ任務ヲ果セリ

本名ハ上記期間中事變関係文書ノ浄書ニ從事シ常ニ軍鉄一致ノ精神ニ基キ迅速、正確且機密ヲ嚴守シテ業務ヲ完遂シ事變進行ニ寄与セリ、事變関係文書ニシテ主ナルモノハ事變記録、功績調査、軍事輸送及給養、情報、調査其ノ他軍機文書等ナリ

本名ハ上記期間上海陸軍特務機関ニ於ケル浄書ノ為派遣ヲ命セラレ克ク上長ノ命ニ從ヒ書

310

300

乙號

所屬	總裁室文書課
氏名	高橋喜代子

功績等級及序列	
年月日	自亘、四、八 至亘、六、五
戰鬪若クハ勤務ノ名稱	本社ニ於ケル事変関係文書ノ浄書

功績事項

夜兼行打字業務ニ従事シ軍事関係文書ニシテ堆積セルモノヲ短日ニ打字完了シ以テ軍事行動ヲ援助シ貢献スルトコロ甚大ナリ 加之上海ハ當时猶治安不完全ニシテ人心動揺甚シキモノアリ、此ノ間ニ在リテ居住、飲食等ノ不便ヲ忍ヒ軍ト共ニ勤務ニ励ミ以テ其ノ使命ヲ遂行セリ

本名ハ上記期間中事変関係文書ノ浄書ニ従事シ常ニ軍鈇一致ノ精神ニ基キ迅速、正確且機密ヲ厳守シテ業務ヲ完遂シ事変進行ニ寄与セリ。事変関係文書ニシテ主ナルモノハ事変記録、功績調査、軍事輸送及給養情報、調

311

301

乙號

功績等級及序列	
年月日	自一四、六、六 至一四、七、一六
戰闘若クハ勤務ノ名稱	青島興亜院都市計画事務所ニ於ケル事務関係浄書

所属：總裁室文書課

氏名：高橋喜代子

功績事項

査、其ノ他軍機文書等ナリ
支那事変ニ於テ山東方面ノ攻略成ルヤ北支方面ニ於ケル軍事及一般物資ノ各吐港トシテ青島ノ價値一層重要ナルヲ認メ軍ハ急速ニ青島建設ニ着手セリ。
満鉄ニ於テモ直ニ之ニ協力シ港湾営業、都市計画等各種ノ事業ヲ分担シ興亜院其ノ他トノ聯絡ヲ採リ使命遂行ニ邁進セリ。本名ハ上記期間青島ニ派遣ヲ命セラレ前記ニ関スル文書ノ浄書ニ従事シ克ク業務ヲ達成セリ

312

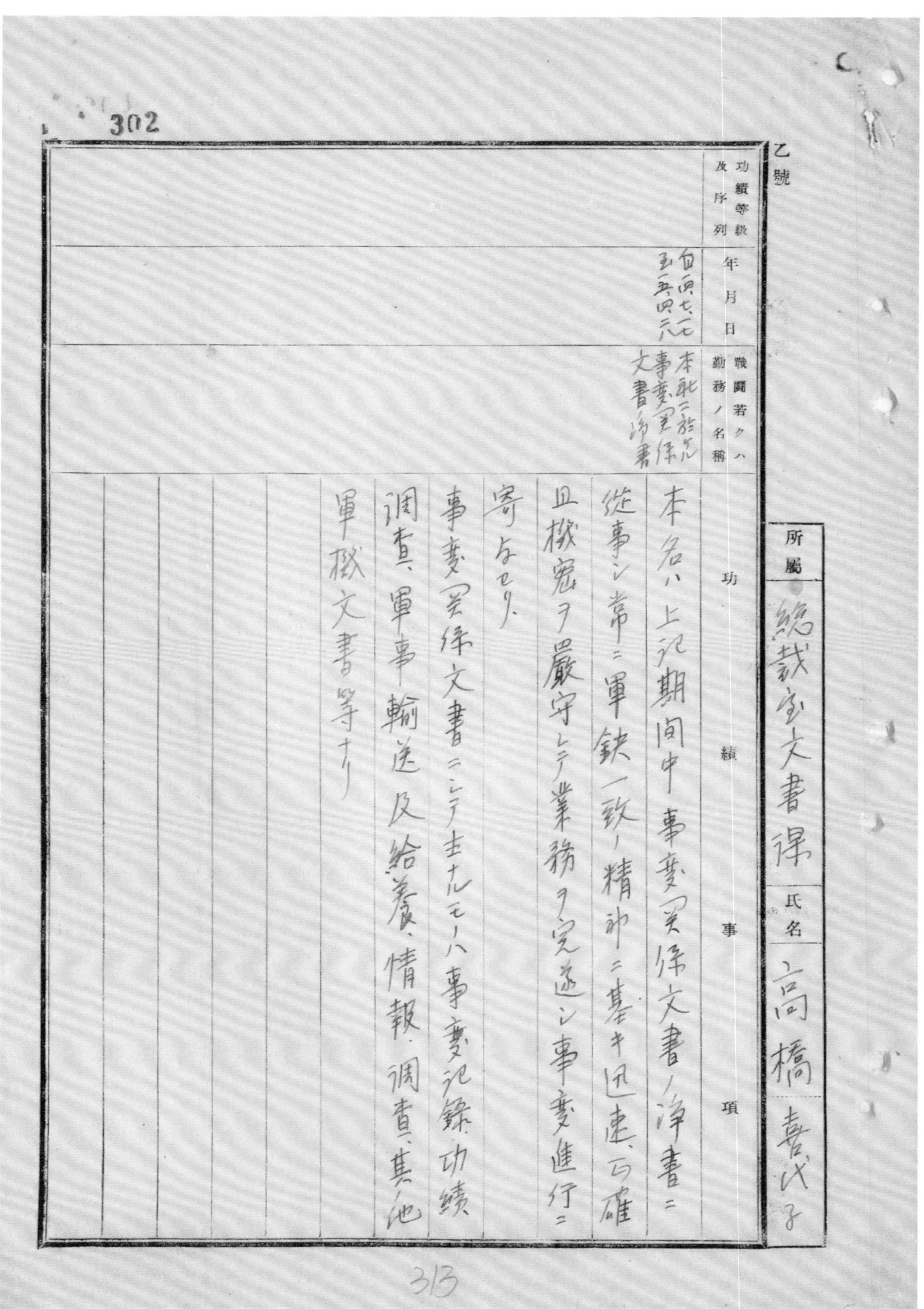

302

乙號

功績等級及序列	
年月日	自一四、七、一七 至一五、四、二八
戰鬪若クハ勤務ノ名稱	本部ニ於ケル事變關係文書淨書
功績事項	本名ハ上記期間中事變關係文書ノ淨書ニ從事シ常ニ軍鉄一致ノ精神ニ基キ迅速、正確且機密ヲ嚴守シテ業務ヲ完遂シ事變進行ニ寄与セリ 事變關係文書ニシテ主ナルモノハ事變記錄、功績調査、軍事輸送及給養、情報、調査、其他軍機文書等ナリ

所屬	總裁室文書課
氏名	高橋喜代子

313

总裁室文书课职员最上キクノ军事功绩调查资料（一九三七年七月七日）

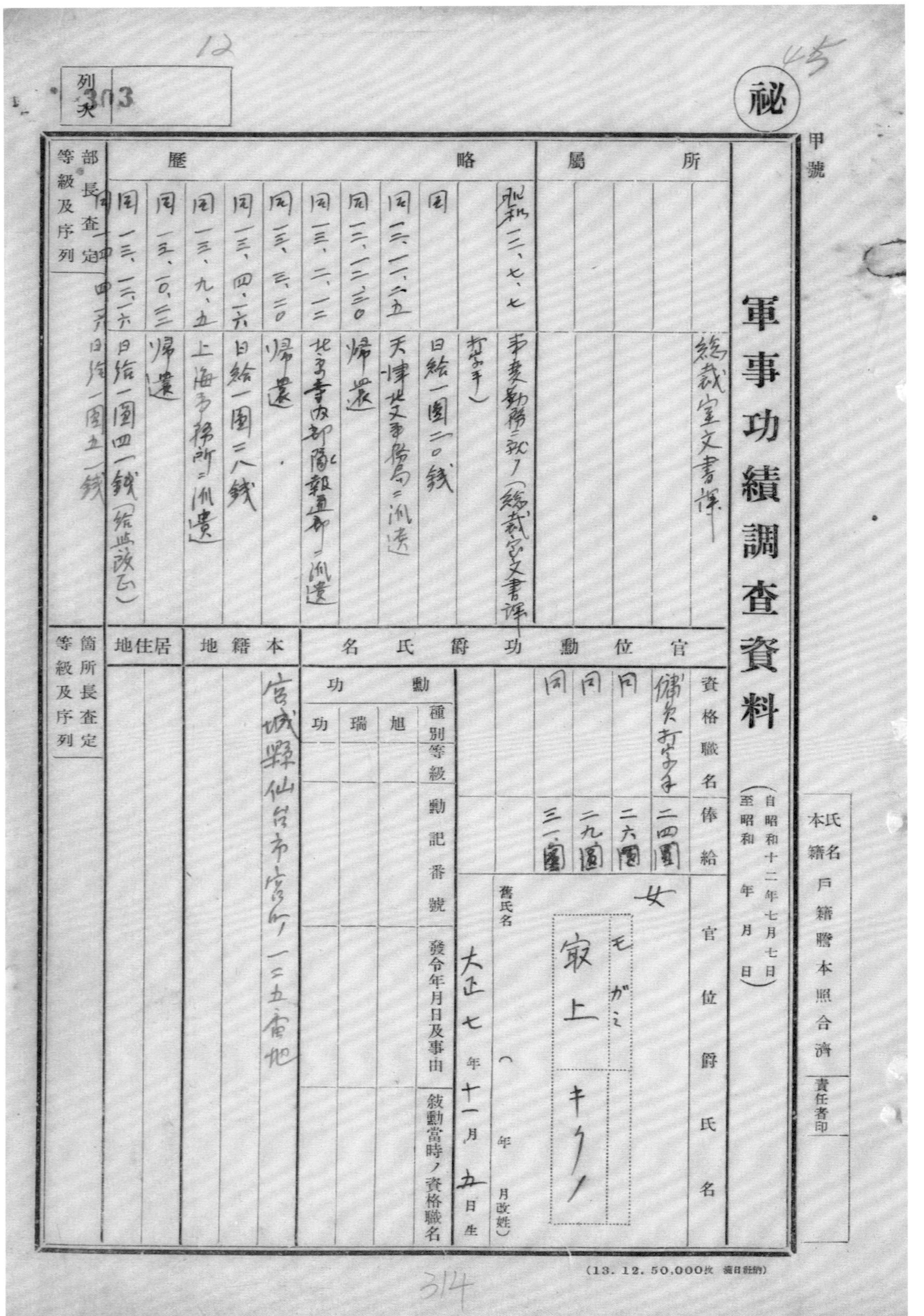

12　45

列 303

秘

甲號

軍事功績調査資料

（自昭和十二年七月七日 至昭和　年　月　日）

氏名　本籍　戸籍謄本照合濟　責任者印

所屬：総裁室文書課

歴略：

昭和一二、七、七	事変勤務ニ就ク（総裁室文書課打字手）
同	日給一圓二〇銭
同 一二、一一、二五	天津北支事務局ニ派遣
同 一二、一二、三〇	帰還
同 一三、二、一二	北支事務部報道部ニ派遣
同 一三、三、二〇	帰還
同 一三、四、一六	日給一圓二八銭
同 一三、九、五	上海事務所ニ派遣
同 一三、一〇、三	帰還
同 一三、一二、一六	日給一圓四一銭（給与改正）
同 一四、四、一六	日給一圓五一銭

部長查定等級及序列

官位勲功爵氏名：

資格職名	俸給
傭員打字手	二四圓
同	二六圓
同	二九圓
同	三一圓

官位爵氏名：女　最上（モガミ）キクノ

舊氏名（　年　月改姓）

大正七年十一月五日生

勲功：種別等級　勲記番號　發令年月日及事由　敘勲當時ノ資格職名　旭　瑞　功

本籍地：宮城縣仙台市宮町一二五番地

居住地

箇所長查定等級及序列

（13. 12. 50,000枚 満日納）

314

304

乙號

功績等級及序列	年月日	戰鬪若クハ勤務ノ名稱
	自一二、七、七 至一三、二、一四	事変関係文書ノ浄書
	自一三、二、一五 至一三、一二、三〇	天津北支事務局ニ於ケル事変関係浄書

所屬　總裁室文書課

氏名　最上キクノ

功績事項

本名ハ上記期間中文書課浄書事務ニ携リタルカ事変発生スルヤ軍事輸送ニ直接スル軍関係文書及傷鈌白作ニ於テ為ス事変関係文書激増シ加フルニ時局関係情報、事変関係功績ノ記録、事変関係往復文書輻輳シ何レモ速急且機密ヲ保持シ浄打字スルモノニシテ尤カ意クニヲ浄書シテ事変ノ進展ニ寄与セリ。

本名ハ上記期間中天津北支事務局ニ於テ支那事変ニ伴フ時局関係書類ニシテ特急機密ヲ要シ浄打字スヘキモノ激増シ、之カ打字ニ

315

305

乙號

功績等級及序列	
年月日	自一二、一二、三 至一三、六、一二
戰鬪若クハ勤務ノ名稱	事変関係文書ノ浄書

所屬	總裁室文書課
氏名	寛上キクノ

功績事項

本名ハ上記期間中事変関係文書ノ浄書ニ従事シ常ニ軍鉄一致ノ精神ニ基キ迅速正確且機密ヲ厳守シテ業務ヲ完遂シ事変進行ニ寄与セリ

事変関係文書ニシテ主ナルモノハ事変記録、功績調査、軍事輸送及給養、情報、調査其他軍機文書等ナリ

依リ事変ヲ有利ニ展開セシムルコト尠カラス、即チ業務ニ当リテハ困苦欠乏ニ堪ヘ忍的使命ヲ念慮シ男子社員ニ伍シテ早出、晩退休養ヲ得ルノ遑モナク日夜精励セリ

316

乙號

所屬	總裁室文書課
氏名	寂上　キクノ

功績等級及序列		
年月日	自一三、六、一二 至一三、三、二〇	自一三、三、三一 至一三、九、四
戰闘若クハ勤務ノ名稱	北京寺内部隊報道部ニ於ケル浄書ノ勤務	事変関係文書ノ浄書

功績事項

本名ハ上記期間北京寺内部隊報道部ニ於テ軍事行動ニ直接スル機密文書ノ浄書ニ従事シ恪勤精励克ク任務ヲ果シ軍事上重要ナル報道任務ヲ遂行セシメタリ

依テ其ノ功績別紙北支那方面軍報道部長功績現認書ノ如ク慰労金甲ニ該当スルモノト認ム

本名ハ上記期間中事変関係文書ノ浄書ニ従事シ常ニ軍紀ノ精神ニ基キ迅速、正確且機密ヲ厳守シテ業務ヲ完遂シ事変進行ニ寄与セリ

317

307

乙號

功績等級及序列

年月日	戰鬪若クハ勤務ノ名稱
自一三、九、五 至一三、六、一二	上海事務所ニ於ケル事變関係浄書
自一三、六、一三 至一五、三、三一	本社ニ於ケル事變関係文書浄書

所屬 総裁室文書課

氏名 嶺上キクノ

功績事項

事変関係文書ニシテ主ナルモノハ事変記録、功績調査、軍事輸送及給養、情報、調査其ノ他軍機文書等ナリ

支那事変ノ拡大ニ伴ヒ上海事務所管内ニ於ケル軍関係文書ノ浄書激増セルヲ以テ本名ハ上記期間内上海ニ在リテ上記文書ノ浄書ニ従事シ満鉄ノ担当スヘキ中南支方面ニ於ケル軍事協力事項ノ完遂ニ邁進セリ

本名ハ上記期間中事変関係文書ノ浄書ニ従事シ常ニ軍鉄一致ノ精神ニ基キ迅速、正確

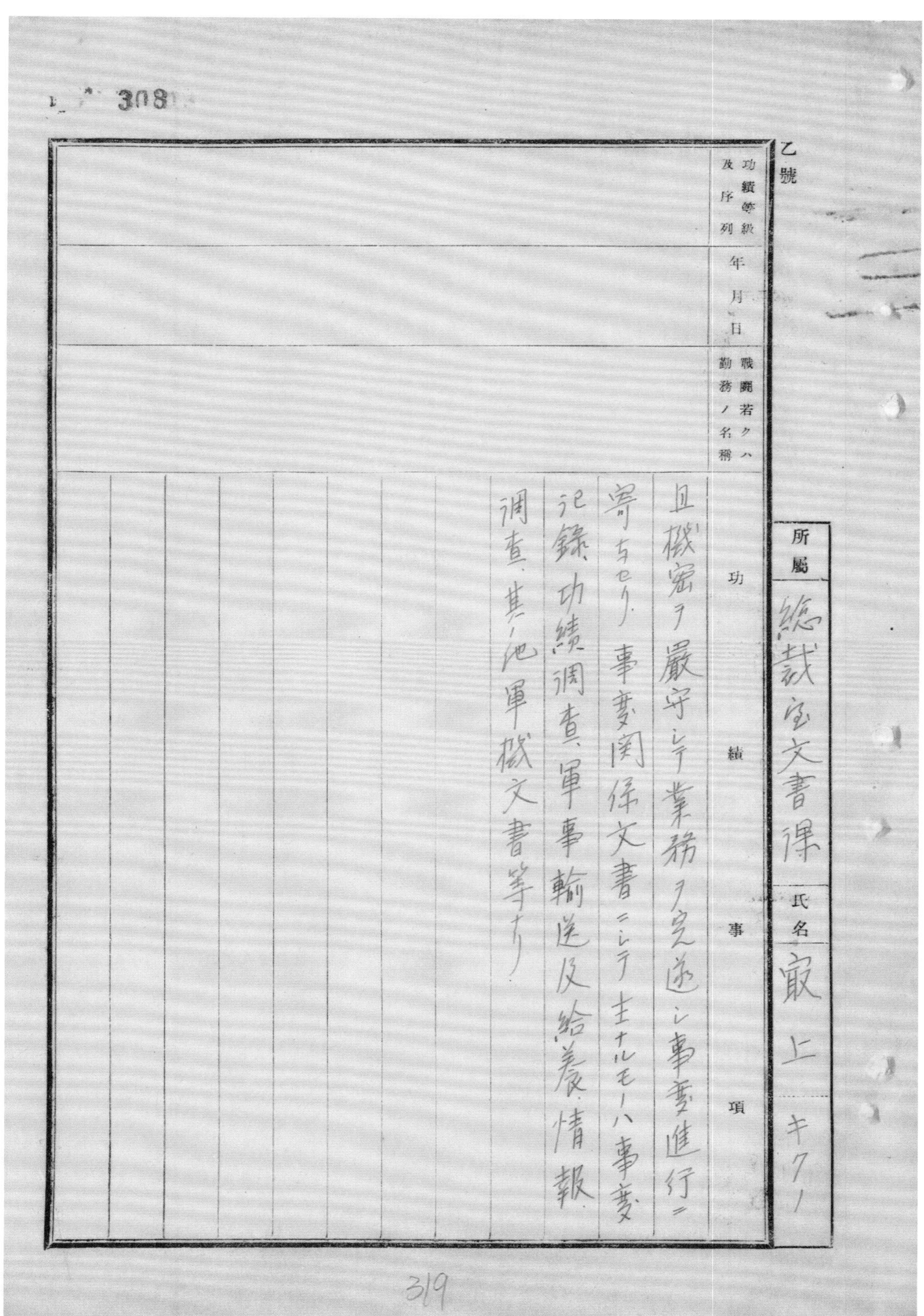

308

乙號

所属	総裁室文書課
氏名	寂上キクノ

功績等級及序列	
年月日	
戰鬪若クハ勤務ノ名稱	
功績事項	且機密ヲ嚴守シテ業務ヲ完遂シ事変進行ニ寄与セリ 事変関係文書ニシテ主ナルモノハ事変記録、功績調査、軍事輸送及給養、情報調査、其ノ他軍機文書等ナリ

319

总裁室文书课职员三町三鹤子军事功绩调查资料（一九三七年七月七日）

12　46

列次 309

秘

甲號

軍事功績調查資料

（自昭和十二年七月七日 至昭和　年　月　日）

氏名 本籍 戸籍謄本照合濟 責任者印

所屬：總裁室文書課

略歷：
昭和一二、七、七、事変勤務ニ就ク（總裁室文書課打字手）
一二、一〇、二〇 天津事務所ニ派遣
一三、一、一 歸還
一三、一、一 上海事務所ニ派遣
一三、二、二四 歸還
一三、四、一六 日給一圓九七錢
一三、一二、一六 日給二圓一七錢（給額改訂）
一四、三、四 上海事務所ニ派遣
一四、四、二四 歸還

部長查定 等級及序列

官位勳功爵氏名：

資格職名：雇員打字手／同／同
俸給：三七圓／四〇圓／四四圓

官位爵氏名：女 三町（ミマチ）三鶴子（ミツコ）
舊氏名：　（　年　月改姓）
明治四十三年三月二日生

功勳：種別等級／勳記番號／發令年月日及事由／敍勳當時ノ資格職名
旭　瑞　功

本籍地：東京市品川区南品川二丁目四三番地

居住地：

箇所長查定 等級及序列

（13. 12. 50,000枚 滿日印刷）

320

310

乙號

功績等級及序列：乙

年月日：自一二、七、七　至一二、一〇、二九

戰鬪若クハ勤務ノ名稱：本社ニ於ケル事變關係文書ノ淨書

功績事項：

本名ハ上記期間中文書課淨書事務ニ携ハリタルカ事變發生スルヤ軍事輸送ニ直接スル軍關係文書及滿鐵自体ニ於テ爲ス事變關係文書激增シ加フルニ時局關係情報、事變關係功績ノ記錄、事變關係往復文書輻輳シ何レモ速急且機密ヲ保持シツツ淨書スルモノノミナルカ克ク之ヲ淨書シテ事變ノ進展ニ寄與セリ

年月日：自一二、一〇、三〇　至一二、一二、二

戰鬪若クハ勤務ノ名稱：天津北支事務局ニ於ケル事變關係淨書

功績事項：

本名ハ上記期間中天津北支事務局ニ於テ支那事變ニ伴フ時局關係書類ニシテ特急機密ヲ要シツツ淨書スヘキモノ激增シ之カ淨書ニ依リ事變ヲ有利ニ展開セシムルコト尠カラス、即チ業務ニ

所屬：總裁室文書課

氏名：三町　三鶴子

321

311

乙號

功績等級及序列	年月日	戰鬪若クハ勤務ノ名稱
	自一二、一二、三 至一三、八、一〇	本社ニ於ケル事変関係浄書
一乙	自一三、八、一一 至一三、一二、一四	上海事務所ニ於ケル事変関係浄書

所屬	氏名
総裁室文書課	三町 三鶴子

功績事項

当リテハ困苦欠乏ニ堪ヘ国家的使命ヲ念慮シ男子社員ニ伍シテ早出晩退休養ヲ得ルノ遑モナク日夜精励セリ

本名ハ上記期間中事変関係文書ノ浄書ニ従事シ常ニ軍鉄一致ノ精神ニ基キ迅速、正確且機密ヲ厳守シテ業務ヲ完遂シ事変進行ニ寄与セリ。事変関係文書ニシテ主ナルモノハ事変記録、功績調査、軍事輸送及給養、情報、調査、其ノ他軍機文書等ナリ

支那事変ノ拡大ニ伴ヒ上海事務所ノ所管内ニ

322

312

乙號

功績等級及序列	
年月日	自一三、六、二五 至一四、三、三
戰鬪若クハ勤務ノ名稱	本社ニ於ケル事変関係文書ノ浄書

所屬　総務室文書課

氏名　三町　三鶴子

功績事項

於ケル軍関係文書ノ浄書激増セルヲ以テ本名ハ上記期間内上海ニ在リテ上記文書ノ浄書ニ従事シ華鉄ノ担当スヘキ中南支方面ニ於ケル軍事協力事項ノ完遂ニ邁進セリ

本名ハ上記期間中事変関係文書ノ浄書ニ従事シ常ニ軍鉄一致ノ精神ニ基キ迅速、正確且機密ヲ厳守シテ業務ヲ完遂シ事変進行ニ寄与セリ　事変関係文書ニシテ主ナルモノハ事変記録、功績調査、軍事輸送及給養、情報調査、其ノ他軍機文書等ナリ

323

313

乙號

所屬	總裁室文書課
氏名	三町三鶴子

功績等級及序列	年月日	戰闘若クハ勤務ノ名稱
	自一四、三、四 至一四、四、一四	上海事務所ニ於ケル事変関係浄書
	自一四、四、一五 至一五、四、二八	本社ニ於ケル事変関係文書浄書

功績事項

支那事変ノ拡大ニ伴ヒ上海事務所管内ニ於ケル軍関係文書ノ浄書激増セルヲ以テ本名ハ上記期間内上海ニ在リテ上記文書ノ浄書ニ従事シ満鉄ノ担当スヘキ中南支方面ニ於ケル軍事協力事項ノ完遂ニ邁進セリ

本名ハ上記期間中事変関係文書ノ浄書ニ従事シ常ニ軍鉄一致ノ精神ニ基キ迅速、正確且機密ヲ厳守シテ業務ヲ完遂シ事変進行ニ寄与セリ　事変関係文書ニシテ主ナルモノハ事変記録、功績調査、軍事輸送及給養、情報、調査其他軍機文書等ナリ

324

12　47

列次 314

祕

甲號

軍事功績調査資料

（自昭和十二年七月七日 至昭和　年　月　日）

本籍 氏名 戸籍謄本照合濟 責任者印

所屬：總裁室文書課

略歷

昭和一二、七、七	事變勤務ニ就ク
	（總裁室文書課打字手）
同 一二、九、六	天津北支事務局ニ派遣
同 一三、一、一	帰還
同 一三、二、二五	北支方面軍嘱託 北寧特務機関ニ派遣
同 一三、六、三〇	帰還 嘱託ヲ解カル
同 一三、一〇、一六	日給二圓一〇銭
同 一三、一二、一	上海事務所ニ派遣
同 一三、一二、一六	日給二圓三三銭（給額改訂）
同 一四、一、二一	帰還
同 一五、二、一七	死亡

部長査定等級及序列

官位勳功爵氏名

資格職名	俸給
雇員打字手	三九圓
同	四三圓
同	四七圓

官位爵氏名：女 北支方面軍嘱託（免職）

山下（ヤマシタ）美智子（ミチコ）

舊氏名 ナシ（　年　月改姓）

明治四十五年二月一日生

勳功 種別等級	功	瑞	旭
勳記番號			
發令年月日及事由			
敍勳當時ノ資格職名			

本籍地：鹿児島縣薩摩郡宮之城町屋地

居住地：

箇所長査定等級及序列

(13. 12. 50,000枚 滿日印刷)

325

315

乙號

功績等級及序列	
年月日	自一二、七、七 至一三、九、五 / 自一三、九、六 至一三、一〇、一
戰闘若クハ勤務ノ名稱	本社ニ於ケル事変関係文書淨書 / 天津北支事務局ニ於ケル事変関係淨書

所屬	總裁室文書課
氏名	山下美智子

功績事項

本名ハ上記期間中文書課淨書事務ニ携ハリタルカ事変発生スルヤ軍事輸送ニ直接スル軍関係文書及満鉄自体ニ於テ為ス事変関係文書激増シ加フルニ時局関係情報、事変関係功績ノ記録、事変関係往復文書輻輳シ何レモ速急且機密ヲ保持シ浄写スルモノノミナルカ克ク之ヲ淨書シテ事変ノ進展ニ寄与セリ

本名ハ上記期間中天津北支事務局ニ於テ支那事変ニ伴フ時局関係書類ニシテ特急機密ヲ要シ且ツ浄写スヘキモノ激増シ之カ浄写ニ依リ事変ヲ有利ニ展開セシムルコト尠カラス即チ業務ニ当リテハ

326

乙號

功績等級及序列	
年月日	自一二、一〇、二 至一三、一二、二〇
戰鬪若クハ勤務ノ名稱	本社ニ於ケル事変関係文書ノ浄書
功績事項	本名ハ上記期間中事変関係文書ノ浄書ニ従事シ常ニ軍紀一致ノ精神ニ基キ迅速、正確且機密ヲ厳守シテ業務ヲ完遂シ事変進行ニ寄与セリ。 事変関係文書ニシテ主ナルモノハ事変記録、功績調査、軍事輸送及給養、情報、調査其ノ他軍機文書等ナリ 困苦欠乏ニ堪ヘ国家的使命ヲ念慮シ男子社員ニ伍シテ早出晩退休養ヲ得ルノ遑モナク日夜精勵セリ。

所属 総裁室文書課

氏名 山下美智子

321

乙號

功績等級及序列	年月日	戰鬪若クハ勤務ノ名稱
	自一二、六、五 至一二、一二、三	北京特務機關ニ於ケル事變關係浄書
	自一二、一二、三 至一三、三、一	本社ニ於ケル事變關係文書浄書

所屬 總裁室文書課

氏名 山下美智子

功績事項

本名ハ支那事變ニ伴フ時局關係書類ニシテ
特急且機密ヲ要シ而カモ打字スヘキモノ激増シ之カ
打字ニ依リ事變ヲ有利ニ展開セシムルコト甚カ大
依テ上記ノ期間ニ亘リ困苦欠乏ニ堪ヘ国家的
使命ヲ念慮シ男子社員ニ伍シテ早出晩退休
養ノ遑モナク北京特務機關ニテ軍事變關係
機密文書ノ浄書事務ニ携ハル

本名ハ上記期間中事變關係文書ノ浄書ニ
從事シ常ニ軍鉄一致ノ精神ニ基キ迅速、正確
且機密ヲ嚴守シテ業務ヲ完遂シ事變進行
ニ寄与セリ。事變關係文書ニシテ主ナルモノハ

318

乙號

所属 総裁室文書課

氏名 山下美智子

功績等級及序列	年月日	戦闘若クハ勤務ノ名称
	自一三、一二、二 至一四、一、三一	上海事務所ニ於ケル事変関係浄書
	自一四、六、二二 至一五、三、一七	本社ニ於ケル事変関係文書ノ浄書

功績事項

事変記録、功績調査、軍事輸送及給養、情報調査、其ノ他軍機文書等ナリ

支那事変ノ拡大ニ伴ヒ上海事務所所管内ニ於ケル軍関係文書ノ浄書激増セルヲ以テ本名ハ上記期間内上海ニ在リテ上記文書ノ浄書ニ従事シ協鉄ノ担当スヘキ中南支方面ニ於ケル軍事協力事項ノ完遂ニ邁進セリ

本名ハ上記期間中事変関係文書ノ浄書ニ従事シ常ニ軍鉄一致ノ精神ニ基キ迅速、正確且機密ヲ厳守シテ業務ヲ完遂シ事変進行

329

319

乙號

功績等級及序列

年月日

戰闘若クハ勤務ノ名稱

功績事項

事變関係文書ニシテ主ナルモノハ事變記錄、功績調査、軍事輸送及給養、情報、調査、其他軍機文書等ナリ

ニ寄与セリ

所屬 總裁室文書課

氏名 山下美智子

330

别次 320

祕

甲號

軍事功績調査資料

（自昭和十二年七月七日 至昭和 年 月 日）

所屬：總裁室文書課

資格職名：傭員打字手

俸給：三〇圓

官位爵氏名：小野妙子（オノ タヘコ） 女

舊氏名（ 年 月改姓）

大正三年八月五日生

本籍地：大分市古国府下田中四番地

略歷：
昭和一二、七、七 事変勤務ニ就ク（總裁室文書課傭員）
同 一二、九、一三 天津北支事務局ニ派遣
同 一三、一、一一 帰還
同 一三、二、二三 上海事務所ニ派遣
同 一三、四、四 帰還
同 一三、四、一〇 日給一、五七
同 一三、五、三一 退職

勳功：種別等級／勳記番號／發令年月日及事由／叙勳當時ノ資格職名

部長查定等級及序列

箇所長查定等級及序列

本氏名 戶籍謄本照合濟 責任者印

（13. 12. 50,000枚 審日統制）

331

321

乙號

所属　総裁室文書課

氏名　小野妙子

功績等級及序列	年月日	戰鬪若クハ勤務ノ名稱
	自一二、七、七 至一二、九、二	事変関係文書ノ浄書
	自一二、九、二 至一二、一〇、一二	北支事務局ニ於ケル事変関係浄書

功績事項

本名ハ上記期間中文書課浄書事務ニ携リタルカ事変発生スルヤ軍事輸送ニ直接スル軍関係文書及満鉄自体ニ於テ為ス事変関係文書激増シ加フルニ時局関係情報、事変関係功績、事変関係往復文書輻輳シ何レモ速急且機密ヲ保持シツツ打字スルモノニシテナルカ克ク之ヲ浄書シテ事変ノ進展ニ寄与セリ

本名ハ上記期間北支事務局ニ派遣ヲ命セラレ堆積セル事変関係文書ノ浄書ヲ克ク完行シ為ニ満鉄ノ使命タル軍鉄一致ニ基ク軍事処理事項ヲ遂行セシメ凡ユル困苦ニ堪ヘ其ノ任務

332

322

乙號

功績等級及序列	年月日	戰鬪若クハ勤務ノ名稱
	自一二、一〇、一二 至一三、三、三	事變関係文書ノ浄書
	自一三、三、三 至一三、四、四	上海事務所ニ於ケル事變関係浄書

所屬 総務室文書課

氏名 小野妙子

功績事項

ヲ畢セリ

本名ハ上記期間中事變関係文書ノ浄書ニ
従事シ常ニ軍民一致ノ精神ニ基キ迅速、
正確且機密ヲ嚴守シテ業務ヲ完遂シ、事
變進行ニ寄与セリ
事變関係文書ニシテ主ナルモノハ事變記録、功
績調査、軍事輸送及給養、情報、調査其他
軍機文書等ナリ

支那事變ノ拡大ニ伴ヒ上海事務所所管内
ニ於ケル軍関係文書ノ浄書激増セルヲ以テ本名ハ

333

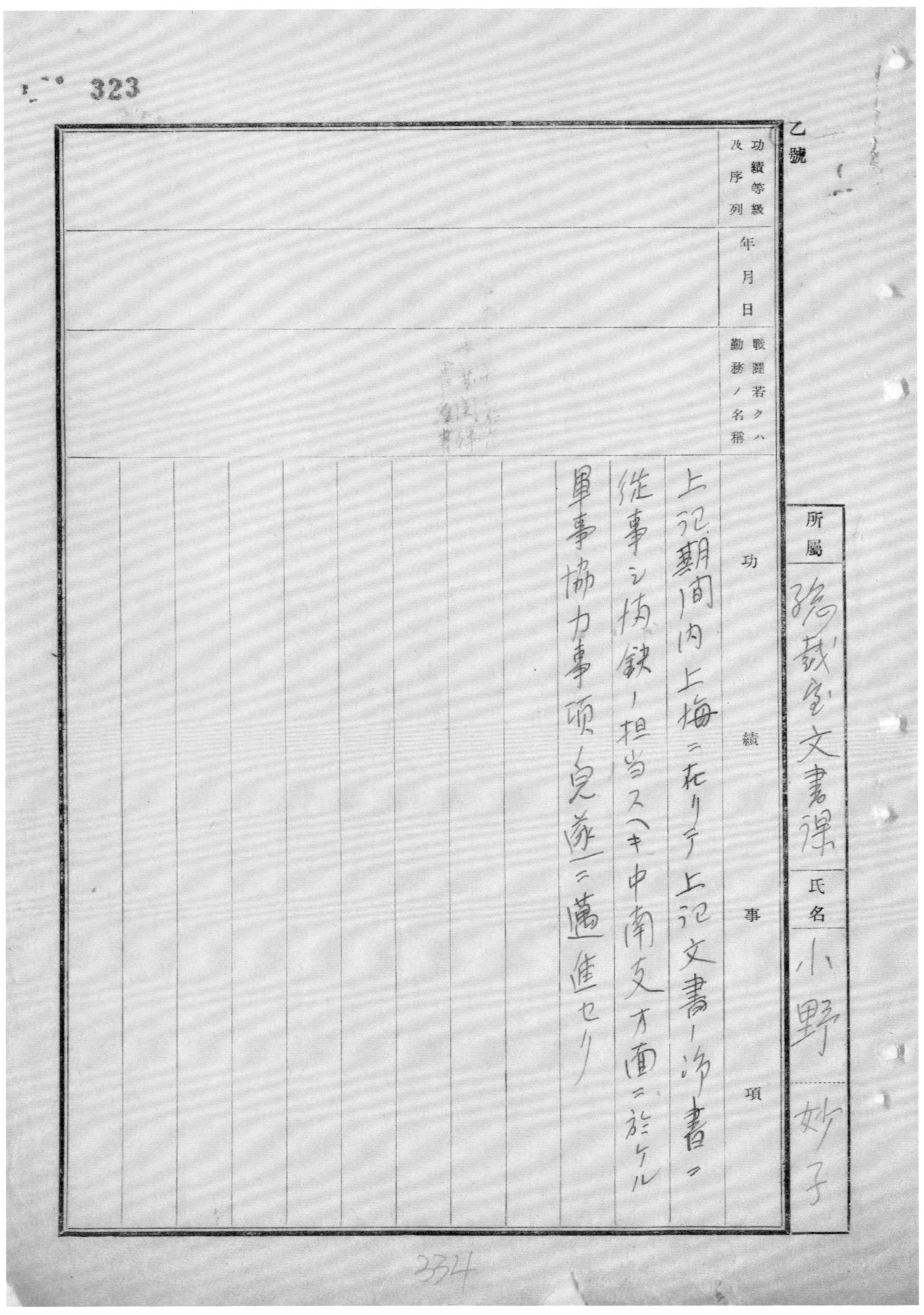

323

乙號

功績等級及序列	
年月日	
戰闘若クハ勤務ノ名稱	

所屬 総裁室文書課

氏名 小野妙子

功績事項

上記期間内上海ニ在リテ上記文書ノ浄書ニ従事シ満鉄ノ担当スヘキ中南支方面ニ於ケル軍事協力事項ノ完遂ニ邁進セリ

334

列次 324

12

49

秘

甲號

軍事功績調查資料

（自昭和十二年七月七日
至昭和　年　月　日）

所屬：總裁室文書課

資格職名	俸給
傭員打字手	二九圓
	三一圓
	三三圓
	三六圓

官位爵氏名：古館房子（フルタテ フサコ）女

舊氏名　（　年　月改姓）

明治四二年八月十一日生

歷略	
昭和一二、七、七	事變勤務ニ就ク（總裁室文書課打字手）
一二、一〇、一六	日給一圓五二錢
一二、一〇、三〇	天津北支事務局ニ派遣
一三、三、二	帰還
一三、三、三	上海事務所ニ派遣
一三、五、二〇	帰還
一三、一〇、一六	日給一圓六二錢
一三、一二、一六	日給一圓七八錢（給額改訂）
一四、五、三	退職

部長查定等級及序列：

本籍地：佐賀縣唐津市西旗町七四四番地

居住地：

勳功	種別等級	勳記番號	發令年月日及事由	敘勳當時ノ資格職名
旭				
瑞				
功				

箇所長查定等級及序列：

氏名本籍戶籍謄本照合濟　責任者印

325

(13. 12. 50,000枚 審日社印)

325

乙號

所属	總裁室文書課
氏名	古舘房子

功績等級及序列	年月日	職闘若クハ勤務ノ名稱
	自一二、七、七 至一二、一〇、三一	事変関係文書ノ浄書
	自一二、一〇、三一 至一二、一二、二	天津北支事務局ニ於ケル事変関係浄書

功績事項

本名ハ上記期間中文書課浄書事務ニ携リタルガ事変発生スルヤ軍事輸送ニ直接スル軍関係文書及満鉄自体ニ於テ為ス事変関係文書激増シ加フルニ時局関係情報、事変関係功績ノ記録、事変関係往復文書輻輳シ何レモ速急且機密ヲ保持シツツ打字スルモノノミナルガ克ク之ヲ浄書シテ事変ノ進展ニ寄与セリ

本名ハ上記期間中天津北支事務局ニ於テ支那事変ニ伴フ時局関係書類ニシテ特急機密ヲ要シツツ打字スヘキモノ激増シ之カ打字ニ依リ事変ヲ有利ニ展開セシムルコト尠カラス、即チ

336

乙號

所屬　總裁室文書課

氏名　古舘房子

功績等級及序列	年月日	戰鬪若クハ勤務ノ名稱
	自一二、一二、三 至一三、三、九	事變關係文書浄書
	自一三、三、三〇 至一六、五、二〇	上海事務所ニ於テ事變關係浄書

功績事項

業務ニ当リテハ困苦欠乏ニ堪ヘ國家的使命ヲ念慮シ男子社員ニ伍シテ早出晩退休養ヲ得ルノ遑モナク日夜精勵セリ

本名ハ上記期間中事變関係文書ノ浄書ニ従事シ常ニ軍鉄一致ノ精神ニ基キ迅速、正確且機密ヲ嚴守シテ業務ヲ完遂シ事變進行ニ寄与セリ、事變関係文書ニシテ主ナルモノハ事變記録、功績調査、軍事輸送及給養、情報、調査、其ノ他軍機文書等ナリ

支那事變ノ拡大ニ伴ヒ上海事務所所管内

327

乙號

功績等級及序列	
年月日	自一二、七、二 至一四、三、三一
戰鬪若クハ勤務ノ名稱	本社ニ於ケル事變関係文書ノ淨書

所屬：總裁室文書課

氏名：古館房子

功績事項

ニ於ケル軍関係文書ノ淨書激増セルヲ以テ本名ハ上記期間内上海ニ在リテ上記文書ノ淨書ニ從事シ満鉄ノ担当スヘキ中南支方面ニ於ケル軍事協力事項ノ完遂ニ邁進セリ

本名ハ上記期間中事變関係文書ノ淨書ニ從事シ常ニ軍鉄一致ノ精神ニ基キ迅速、正確且機密ヲ嚴守シテ業務ヲ完遂シ事變進行ニ寄与セシ事變関係文書ニシテ主ナルモノハ事變記録、功績調査、軍事輸送及給養、情報調査其ノ他軍機文書等ナリ

338

12

列次 328

秘

甲號

軍事功績調査資料

（自昭和十二年七月七日 至昭和　年　月　日）

氏名 本籍 戸籍謄本照合濟 責任者印

所屬：總裁室文書課

資格職名：傭員打字手　同　同　同

俸給：二八圓　三〇圓　三三圓　三五圓

官位爵氏名：北山睦子（キタヤマムツコ）女

舊氏名：ナシ（　年　月改姓）

大正六年一月十七日生

歴略	
昭和一二、七、七	事變勤務ニ就ク（總裁室文書課打字手）
同 一二、八、八	天津事務所ニ派遣
同 一二、九、九	帰還
同 一三、二、二	北京北支事務局ニ派遣
同 一三、三、二〇	帰還
同 一三、四、一六	日給一圓四六銭
同 一三、一〇、一六	上海事務所ニ派遣
同 一三、一二、九	帰還
同 一三、一二、一六	日給一圓六一銭（給額
同 一四、四、一六	日給一圓七一銭

部長査定等級及序列

勳功			
種別等級	旭	瑞	功
勳記番號			
發令年月日及事由			
敍勳當時ノ資格職名			

本籍地：石川縣鳳至郡字出津町字出津九三番地

居住地：

箇所長査定等級及序列

(13. 12. 50,000枚 滿日發行)

339

329

乙號

所屬	總裁室文書課
氏名	北山睦子

功績等級及序列	年月日	職闘若クハ勤務ノ名稱
	自一二、七、七 至一二、八、七	本社ニ於ケル事変関係文書浄書
	自一二、八、八 至一二、九、九	天津事務所ニ於ケル事変関係浄書

功績事項

本名ハ上記期間中文書課浄書事務ニ携リタルカ事変発生スルヤ軍事輸送ニ直接スル軍関係文書及満鉄自体ニ於テ為ス事変関係文書激増シ加フルニ時局関係情報事変関係功績ノ記録事変関係往復文書輻輳シ何レモ速急且機密ヲ保持シツツ浄写スルモノノミナルカ克ク之ヲ浄書シテ事変ノ進展ニ寄与セリ

本名ハ上記期間中天津北支事務局ニ於テ支那事変ニ伴フ時局関係書類ニシテ特急機密ヲ要シツツ浄写スヘキモノ激増シ之カ浄写ニ依リ事変ヲ有利ニ展開セシムルコト尠カラス 即チ

20

340

乙號

所屬：總裁室文書課

氏名：北山睦子

功績等級及序列	年月日	戰鬪若クハ勤務ノ名稱
	自一二、九、一日 至一三、二、二一	本社ニ於ケル事変関係文書浄書
	自一三、六、一二 至一三、三、二日	北京北支事務局ニ於ケル事変関係浄書

功績事項

業務ニ当リテハ困苦欠乏ニ堪ヘ国民的使命ヲ念慮シ男子社員ニ伍シ早出晩退休養ヲ得ルノ遑モナク日夜精励セリ

本名ハ上記期間中事変関係文書ノ浄書ニ従事シ常ニ軍鉄一致ノ精神ニ基キ迅速、正確且機密ヲ厳守シテ業務ヲ完遂シ事変進行ニ寄与セリ。事変関係文書ニシテ主ナルモノハ事変記録、功績調査、軍事輸送及給養、情報、調査、其ノ他軍機文書等ナリ

本名ハ上記期間北支事務局ニ派遣ヲ命

乙號

所属	総裁室文書課
氏名	北山睦子

功績等級及序列	
年月日	自一三、三、二一 至一三、一〇、一五
戰鬪若クハ勤務ノ名稱	本社ニ於ケル事変関係文書浄書
功績事項	セシ堆積セル事変関係文書ノ浄書ヲ克ク完行シ為ニ満鉄ノ使命タル軍鉄一致ニ基ク軍事処理事項ヲ遂行セシメ凡ユル困苦ニ堪ヘ其ノ任務ヲ果セリ 本名ハ上記期間中事変関係文書ノ浄書ニ従事シ常ニ軍鉄一致ノ精神ニ基キ迅速、正確且機密ヲ厳守シテ業務ヲ完遂シ事変進行ニ寄与セリ　事変関係文書ニシテ主ナルモノハ事変記録、功績調査、軍事輸送及給養、情報、調査、其ノ他軍機文書等ナリ

342

乙號

所屬	總裁室文書課
氏名	北山睦子

功績等級及序列	年月日	戰鬪若クハ勤務ノ名稱
	自一三、一〇、一六 至一三、一二、九	上海事務所ニ於ケル事變關係浄書
	自一三、一二、一〇 至一四、一、一七	本社ニ於ケル事變關係文書ノ浄書

功績事項

支那事變ノ拡大ニ伴ヒ上海事務所管内ニ於ケル軍関係文書ノ浄書激増セルヲ以テ本名ハ上記期間内上海ニ在リテ上記文書ノ浄書ニ従事シ満鉄ノ担当スヘキ中南支方面ニ於ケル軍事協力事項ノ完遂ニ邁進セリ

本名ハ上記期間中事変関係文書ノ浄書ニ従事シ常ニ軍鉄一致ノ精神ニ基キ迅速、正確且機密ヲ厳守シテ業務ヲ完遂シ事変進行ニ寄与セリ。事変関係文書ニシテ主ナルモノハ事変記録、功績調査、軍事輸送及給養、情報、調査、其ノ他軍機文書等ナリ

343

333

乙號

功績等級及序列	
年月日	自一四、三、一八 至一五、八、二六
戦闘若クハ勤務ノ名稱	南京ニ於ケル事変関係浄書

自一五、八、二七 至一五、三、一〇	
本社ニ於ケル事変関係文書ノ浄書	

所属 総裁室文書課

氏名 北山睦子

功績事項

本名ハ上記期間南京ニ派遣ヲ命セラレ時局関係文書ノ浄書ニ従事セリ即チ事変ノ進展ニ伴ヒ満鉄ニ於テハ中支及南支方面ノ交通、資源其他ノ諸調査ヲ初トシ情報ノ蒐集等軍ト協力シテ国策的計画ヲ遂行スヘキ任務ヲ負担セルカ本名ハ之カ浄書ヲ完遂シテ功績アリ。当时ハ治安全カラス飲食居住頗ル不便ナルノミナラス新政府樹立等ノ為文書輻輳セルニ拘ラス昼夜兼行克ク其ノ任ヲ果セリ

本名ハ上記期間中事変関係文書ノ浄書ニ

344

334

乙號

功績等級及序列	
年月日	
戰鬪若クハ勤務ノ名稱	
功績事項	従事シ常ニ軍紀ノ精神ニ基キ迅速、正確且機密ヲ嚴守シテ業務ヲ完遂シ事變進行ニ寄与セリ 事變關係文書ニシテ主ナルモノハ事變記録、功績調查、軍事輸送及給養、情報、調查、其他軍機文書等ナリ

所屬 總裁室文書課

氏名 北山睦子

345

总裁室文书课职员寺田美保子军事功绩调查资料（一九三七年七月七日）

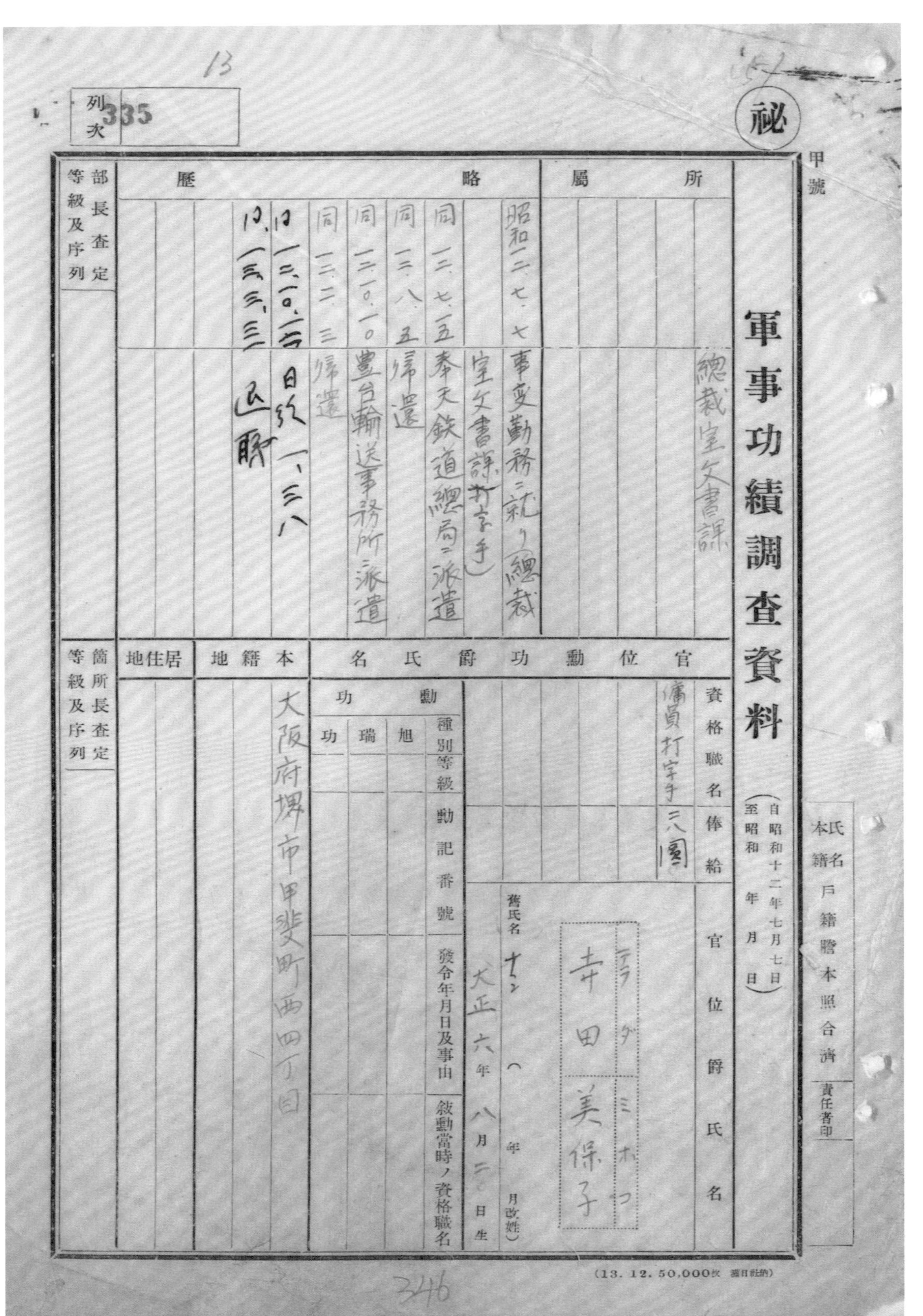

秘

列次 335

甲號

軍事功績調查資料

（自昭和十二年七月七日 至昭和　年　月　日）

官位勳功爵氏名：寺田美保子（テラダ ミホコ）

資格職名俸給：傭員打字手 二八圓

舊氏名：なし

大正六年八月二日生

本籍地：大阪府堺市甲斐町西四丁目

所属：總裁室文書課

略歴：
昭和一二、七、七 事変勤務ニ就キ總裁室文書課打字手
同 一二、七、一五 奉天鉄道總局ニ派遣
同 一二、八、五 帰還
同 一二、一〇、一〇 豊台輸送事務所派遣
同 一二、一二、三 帰還
12.12 一三、一〇、一六 日給一、三八
12.12 一五、三、三一 退職

乙號

所屬	總裁室文書課
氏名	寺田美保子

功績等級及序列	年月日	戰鬪若クハ勤務ノ名稱
	自一三、七、七 至一三、七、一四	事変関係文書浄書
	自一三、七、一五 至一三、八、五	鉄道総局ニ於ケル事変関係浄書

功績事項

本名ハ上記期間中文書課浄書事務ニ携リタルカ事変発生スルヤ軍事輸送ニ直接スル軍関係文書及満鉄自体ニ於テ為ス事変関係文書激増シ加フルニ時局関係情報、事変関係功績ノ記録、事変関係往復文書輻輳シ何レモ速急且機密ヲ保持シツヽ打字スルモノノミナルカ克ク之ヲ浄書シテ事変ノ進展ニ寄与セリ

本名ハ事変ニ直面シテ軍事輸送其ノ他軍事関係計画ノ根幹ヲ為ス鉄道総局ニ上記期間派遣ヲ命セラレ迅速正確ヲ要スル文書ノ浄書ニ従事シ克ク其ノ任務ヲ果セリ 社業遂行ニ

337

乙號

功績等級及序列	年月日	戰鬪若クハ勤務ノ名稱
	自一二、八、一〇 至一三、一〇、九	事變關係文書ノ淨書
	自一三、一〇、一〇 至一三、三、三	北支豐台輸送事務所ニ於ケル事變關係事務淨書

所屬：總裁室文書課

氏名：寺田美保子

功績事項

貢獻セリ

本名ハ上記期間中事變關係ノ淨書ニ從事シ常ニ軍職一致ノ精神ニ基キ迅速、正確且機密ヲ嚴守シテ業務ヲ完遂シ事變進行ニ寄與セリ事變關係文書ニシテ主ナルモノハ事變記錄、功績調査、軍事輸送及給養、情報、調査其ノ他軍機文書等ナリ

本名ハ上記期間北支豐台輸送事務所ニ派遣ヲ命セラレ事變關係文書ノ淨書ニ從事セリ 即チ軍事輸送其ノ他事變ニ直接セル文書ノ淨書ナルカ事變

348

乙號

所屬 總裁室文書課

氏名 寺田美保子

功績等級及序列	
年月日	自一二、一二、二四 至一三、三、三一
戰鬪若クハ勤務ノ名稱	本社ニ於ケル事變関係文書ノ淨書

功績事項

直後ノ豊台ハ治安全ク維持セラレズ宿泊ノ食事等ノ施設整ハズ戰場サナガラノ状態ナリシカ此ノ間ニ在リテ男子社員ニ伍シ克ク任務ヲ果シ事變ノ進展ニ寄与セリ

本名ハ上記期間中事變関係文書ノ淨書ニ従事シ常ニ軍鉄一致ノ精神ニ基キ迅速、正確且機密ヲ嚴守シテ業務ヲ完遂シ事變進行ニ寄与セリ。事變関係文書ニシテ主ナルモノハ事變記録、功績調査、軍事輸送及給養、情報、調査、其ノ他軍機文書等ナリ

总裁室文书课职员藤原正子军事功绩调查资料（一九三七年七月七日）

列次 339

㊙

甲號

軍事功績調査資料

（自昭和十二年七月七日 至昭和　年　月　日）

所屬
總裁室文書課

歷略	
昭和一二、七、七	事變勤務ニ就ク（總裁室文書課打字手）
同　一二、九、一三	天津事務所ニ派遣
同　一三、一、一二	歸還
同　一三、一〇、一六	日給一圓三七錢
同　一三、三、一四	北京北支事務局ニ派遣
同　一三、四、一九	歸還
同　一三、一〇、一六	日給一圓四六錢
同　一六、一二、一六	日給一圓六一錢（給額改訂）
同　一四、三、一四	上海事務所ニ派遣
同　一四、四、一四	歸還

部長查定等級及序列：

資格職名	俸給
傭員打字手	二六圓
同	二八圓
同	三〇圓
同	三三圓

官位勳功爵氏名：女　藤原（フジハラ）正子（マサコ）

舊氏名　ナシ（　年　月改姓）

大正七年三月十七日生

勳功種別等級	勳記番號	發令年月日及事由	敘勳當時ノ資格職名
旭			
瑞			
功			

本籍地：岡山縣赤盤郡佐伯上村大字田賀二一六番地

居住地：

箇所長查定等級及序列：

氏名本籍 戸籍謄本照合濟

責任者印

(13. 12. 50,000枚 滿日組納)

13　350

340

乙號

所属	総裁室文書課
氏名	藤原正子

功績等級及序列	
年月日	自一二、七、七 至一三、九、二
戦闘若クハ勤務ノ名称	本社ニ於ケル事変関係文書ノ浄書
年月日	自一三、九、三 至一三、一〇、二
戦闘若クハ勤務ノ名称	庁内事務所ニ於ケル事変関係浄書

功績事項

本名ハ上記期間中文書課浄書事務ニ携ハリタルガ事変発生スルヤ軍事輸送ニ直接スル軍関係文書及協鉄自体ニ於テ為ス事変関係文書激増シ加フルニ時局関係情報・事変関係功績ノ記録・事変関係往復文書輻輳シ何レモ速急且機密ヲ保持シツツ打字スルモノノミナルカ克ク之ヲ浄書シテ事変ノ進展ニ寄与セリ

本名ハ上記期間中庁内事務所ニ於テ支那事変ニ伴フ時局関係書類ニシテ特急機密ヲ要シツツ打字スヘキモノ激増シ之カ打字ニ依リ事変ヲ有利ニ展開セシムルコト尠カラス即チ

351

341

乙號

功績等級及序列	年月日	戰鬪若クハ勤務ノ名稱
	自一二、一〇、一二 至一三、三、一三	本社ニ於ケル事変関係文書ノ浄書
	自一三、三、一四 至一三、四、二九	北京北支事務局ニ於ケル事変関係浄書

功績事項

業務ニ当リテハ困苦欠乏ニ堪ヘ良ク使命ヲ念慮シ男子社員ニ伍シテ早出晩退休養ヲ得ルノ遑モナク日夜精励セリ

本名ハ上記期間中事変関係文書ノ浄書ニ従事シ常ニ軍鉄一致ノ精神ニ基キ迅速、正確且機密ヲ厳守シテ業務ヲ完遂シ事変進行ニ寄与セリ、事変関係文書ニシテ主ナルモノハ事変記録、功績調査、軍事輸送及給養、情報、調査、其ノ他軍機文書等ナリ

本名ハ上記期間北支事務局ニ派遣ヲ命セラ

所属　総裁室文書課

氏名　藤原正子

352

乙號

所屬	總裁室文書課
氏名	藤原正子

功績等級及序列	
年月日	自三、四、一五 至四、三、三
戰鬪若クハ勤務ノ名稱	本社ニ於ケル事變關係文書ノ浄書

功績事項

堆積セル事變關係文書ノ浄書ヲ速ク完了シ
シ着ニ作戰ノ使命及軍鉄一致ニ基ク軍事
処理事項ヲ遂行セシナ凡ユル困苦ニ堪ヘ其ノ
任務ヲ果セリ

本名ハ上記期間中事變關係文書ノ浄書ニ從
事シ常ニ軍鉄一致ノ精神ニ基キ迅速、正確
機密ヲ嚴守シテ業務ヲ完遂シ事變進行ニ寄
與セリ
事變關係文書ニシテ主ナルモノハ事變記録、功
績調査、軍事輸送及給養、情報、調査、
其ノ他軍機文書等ナリ

343

乙號

功績等級及序列	
年月日	自一四、三、四 至一四、四、二四
戰闘若クハ勤務ノ名稱	上海事務所ニ於ケル事変関係浄書
年月日	自一四、四、二五 至一五、一、一六
戰闘若クハ勤務ノ名稱	本社ニ於ケル事変関係文書ノ浄書

所屬：総裁室文書課

氏名：藤原 正子

功績事項

支那事変ノ拡大ニ伴ヒ上海事務所所管内ニ於ケル軍関係文書ノ浄書激増セルヲ以テ本名ハ上記期間内上海ニ在リテ上記文書ノ浄書ニ従事シ満鉄ノ担当スヘキ中南支方面ニ於ケル軍事協力事項ノ完遂ニ邁進セリ

本名ハ上記期間中事変関係文書ノ浄書ニ従事シ常ニ軍鉄一致ノ精神ニ基キ迅速、正確且機密ヲ厳守シテ業務ヲ完遂シ事変進行ニ寄与セリ、事変関係文書ニシテ主ナルモノハ事変記録、功績調査、軍事輸送及給養、情報、調査、其ノ他軍機文書等ナリ

354

344

乙號

所屬	総裁室文書課
氏名	藤原　正子

功績等級及序列	
年月日	自一五、十一、七 至一五、三、三
戰鬪若クハ勤務ノ名稱	南京ニ於ケル事変関係浄書
年月日	自一五、三、二二 至一五、四、二八
戰鬪若クハ勤務ノ名稱	本社ニ於ケル事変関係文書浄書

功績事項

本名ハ上記期間南京ニ派遣ヲ命セラレ同所
関係文書ノ浄書ニ従事セリ
即チ事変ノ進展ニ伴ヒ満鉄ニ於テハ中支及南
支方面ノ交通、経済其ノ他ノ諸調査ヲ初トシ情
報ノ蒐集等軍ト協力シテ国策的計画ヲ
遂行スヘキ任務ヲ負担セルカ本名ハ之カ浄書ヲ
完遂シテ功績アリ
当時ハ治安全カラス飲食居住頗ル不便ナルノミ
ナラス支那新政府樹立等ノ為文書輻輳セ
ルニ拘ラス昼夜兼行克ク其ノ任ヲ果セリ

本名ハ上記期間中事変関係文書ノ浄書

355

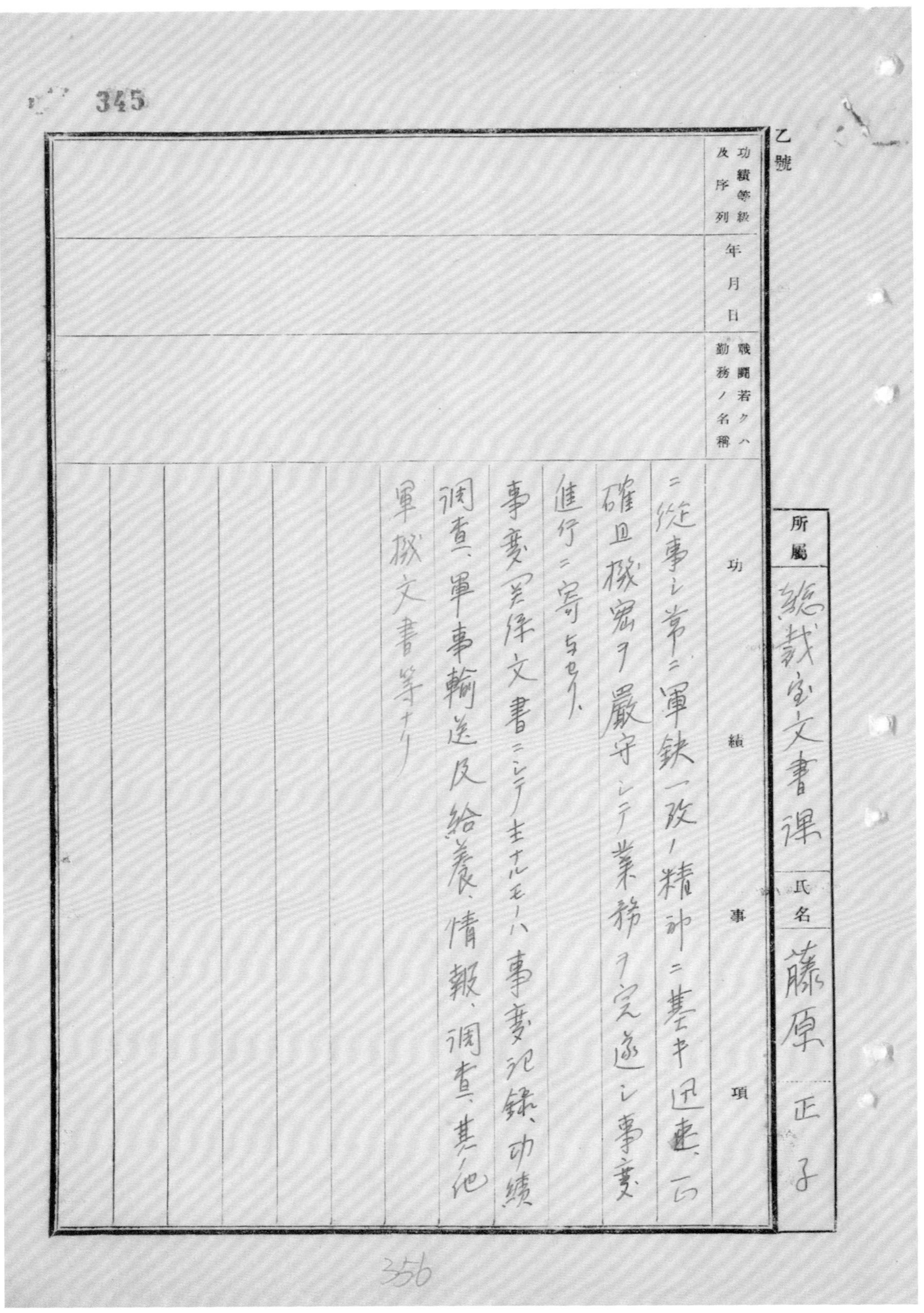

345

乙號

功績等級及序列	
年月日	
戰鬪若クハ勤務ノ名稱	
功績事項	ニ從事シ常ニ軍鉄一致ノ精神ニ基キ迅速、正確且機密ヲ嚴守シテ業務ヲ完遂シ事變進行ニ寄与セリ。事變関係文書ニシテ主ナルモノハ事變記録、功績調査、軍事輸送及給養、情報、調査其他軍機文書等ナリ

所屬	總裁室文書課
氏名	藤原正子

356

总裁室文书课职员山野ヒロ子军事功绩调查资料（一九三七年七月七日）

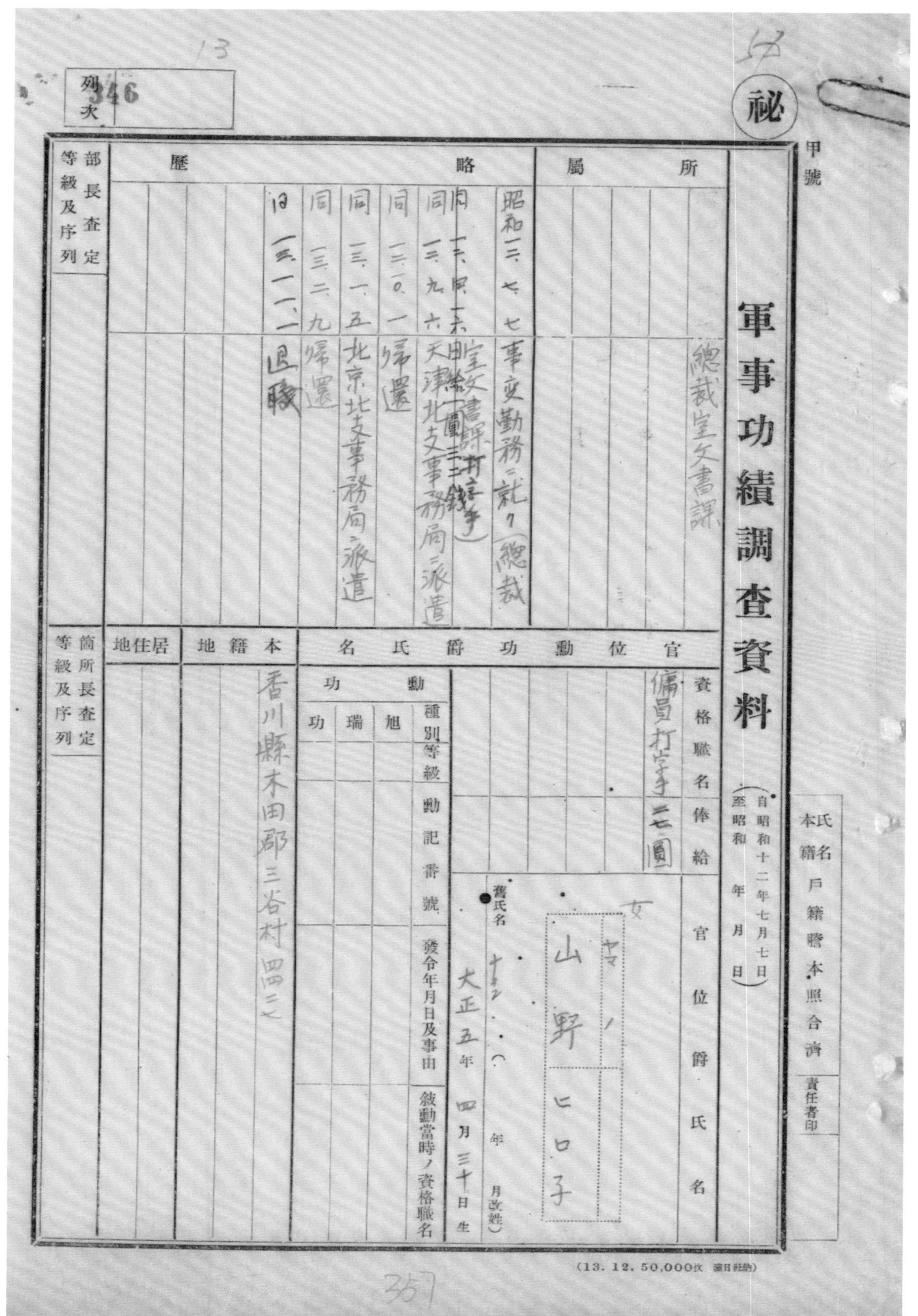
秘

甲號

軍事功績調查資料

（自昭和十二年七月七日 至昭和　年　月　日）

列次 346

所屬	總裁室文書課
略歷	昭和一二、七、七 事変勤務ニ就ク（總裁室文書課打字手）
	同 一二、九、六 天津北支事務局ニ派遣
	同 一三、一〇、一 帰還
	同 一三、一、五 北京北支事務局ニ派遣
	同 一三、二、九 帰還
	〃 一三、一一、一 退職

官位勳功爵氏名	
資格職名俸給	傭員打字手 二七圓
官位爵氏名	山野（ヤマノ）ヒロ子　女
舊氏名	（　年　月改姓）
生年月日	大正五年四月三十日生
本籍地	香川縣木田郡三谷村四四二七
居住地	

勳功	種別等級	勳記番號	發令年月日及事由	敍勳當時ノ資格職名
旭				
瑞				
功				

部長查定等級及序列

箇所長查定等級及序列

氏名 本籍 戶籍謄本照合濟 責任者印

（13. 12. 50,000枚 滿日社納）

347

乙號

所屬	總裁室文書課
氏名	山野 ヒロ子

功績等級及序列	
年月日	自一二、七、七 到一二、九、五
戰闘若クハ勤務ノ名稱	事変関係文書ノ浄書
年月日	自一二、九、六 到一三、一、一
戰闘若クハ勤務ノ名稱	天津北支事務局ニ於ケル事変関係浄書

功績事項

本名ハ上記期間中文書課浄書事務ニ携ハリタルガ事変発生スルヤ軍事輸送ニ直接スル軍関係文書及満鉄自体ニ於テ為ス事変関係文書激増シ加フルニ時局関係情報、事変関係功績ノ記録、事変関係往復文書輻輳シ何レモ速急且機密ヲ保持シツツ打字スルモノニシテ能ク之ヲ浄書シテ事変ノ進展ニ寄与セリ

本名ハ上記期間軍事輸送其ノ他事変ニ対応スル為設置セラレタル北支事務局ニ派遣ヲ命セラレ、治安、衛生等不備ノ困窮ニ堪ヘ克ク浄書ノ本分ヲ盡シテ国家的使命ヲ遂行セリ

358

乙號

所屬	氏名
総裁室文書課	山野 ヒロ子

功績等級及序列	年月日	戰鬪若クハ勤務ノ名稱
	自一二、一〇、二 至一三、八、四	事變関係文書ノ淨書
	自一三、八、五 至一三、六、九	北京北支事務局ニ於ケル事變関係淨書

功績事項

本名ハ上記期間中事變関係文書ノ淨書ニ從事シ常ニ軍鉄一致ノ精神ニ基キ迅速、正確且機密ヲ嚴守シテ業務ヲ完遂シ事變進行ニ寄与セリ、事變関係文書ニシテ主ナルモノハ事變記錄、功績調査、軍事輸送及給養、情報、調査其ノ他軍機文書等ナリ

本名ハ上記期間北支事務局ニ派遣ヲ命セラレ堆積セル事變関係文書ノ淨書ヲ克ク完行シ為ニ満鉄ノ使命タル軍鉄一致ニ基ク軍事処理事項ヲ遂行セシメ凡ユル困苦ニ堪ヘ其ノ任務ヲ果セリ

349

乙號

功績等級及序列	
年月日	自一三、六、一五 到一三、一二、一
職闘若クハ勤務ノ名稱	本社ニ於ケル事變関係文書ノ浄書

所屬 總裁室文書課

氏名 山野ヒロ子

功績事項

本名ハ上記期間中事變関係文書ノ浄書ニ從事シ常ニ軍鉄一致ノ精神ニ基キ迅速正確且機密ヲ嚴守シテ業務ヲ完遂シ事變進行ニ寄与セリ

事變関係文書ニシテ主ナルモノハ事變記錄、功績調査、軍事輸送及給養、情報、調査、其ノ他軍機文書等ナリ

360

列次 350

13

54

秘

甲號

軍事功績調查資料

（自昭和十二年七月七日 至昭和　年　月　日）

氏名 本籍 戸籍謄本照合済 責任者印

所屬：總裁室文書課

資格職名：傭員打字手

俸給：二四圓　二六圓　二九圓　三二圓

官位爵氏名：女　川崎（カワサキ）節子（セツコ）

舊氏名：ナシ（　年　月改姓）

大正七年二月三日生

勲功：種別等級／勲記番號／發令年月日及事由／敍勲當時ノ資格職名（旭・瑞・功）

本籍地：鹿児島縣出水郡阿久根村六〇番地

居住地：

箇所長查定 等級及序列：

略歴：
昭和一二、七、七　事務勤務ニ就ク（總裁室文書課打字手）
同　一二、九、二六　天津北支那駐屯軍司令部派遣
同　一二、一〇、二六　日給一圓三〇錢
同　一三、一〇、二三　帰還
同　一三、一、　天津陸軍機関ニ派遣
同　一三、三、八　帰還
同　一三、八、二三　北支事務局ニ派遣
同　一三、九、二三　帰還
同　一三、一〇、二六　日給一圓四〇錢
同　一三、一二、二六　日給一圓五六錢（給額改訂）

部長查定 等級及序列：

(13. 12. 50,000枚 滿日印刷)

361

351

乙號

功績等級及序列	
年月日	自一二、七、七 至一二、九、三〇
戰闘若クハ勤務ノ名稱	本社ニ於ケル事変関係文書浄書

年月日	自一二、九、三〇 至一二、一〇、三一
戰闘若クハ勤務ノ名稱	北支駐屯軍司令部ニ於ケル浄書

所屬：総裁室文書課

氏名：川崎節子

功績事項

本名ハ上記期間中文書課浄書事務ニ携ハリタルカ事変発生スルヤ軍事輸送ニ直接スル軍関係文書及満鉄自体ニ於テ為ス事変関係文書激増シ加フルニ時局関係情報、事変関係功績ノ記録、事変関係往復文書輻輳シ何レモ迅速且機密ヲ保持シツツ打字スルモノノミナルカ直ク之ヲ浄書シテ事変ノ進展ニ寄与セリ。

本名ハ上記期間北支駐屯軍司令部副官部ニ派遣セラレ軍ニ於テ特急且機密ヲ要スル打字業務ニ従事シ克ク困苦欠乏ニ堪ヘ國家的使命ヲ念慮シ早出晩退休養ヲ得ルノ遑モナク

362

乙號

所屬　總裁室文書課

氏名　川崎節子

功績等級及序列	
年月日	自一三、一〇、一五 至一三、六、二
戰鬪若クハ勤務ノ名稱	本邦ニ於ケル事變關係文書ノ淨書
年月日	自一三、六、一三 至一三、三、八
戰鬪若クハ勤務ノ名稱	北支方面陸軍機關ニ於ケル淨書

功績事項

精勵シ其ノ使命ヲ果セリ。

本名ハ上記期間中事變關係文書ノ淨書ニ從事シ常ニ軍紀一致ノ精神ニ基キ迅速正確且機密ヲ嚴守シテ業務ヲ完遂シ事變進行ニ寄与セリ。事變關係文書ニシテ主ナルモノハ事變記録、功績調查、軍事輸送及給養、情報、調查、其ノ他軍機文書等ナリ

本名ハ支那事變ニ伴フ時局關係書類ニシテ特急且機密ヲ要シ而モ淨字スヘキモノ激增シ之カ淨字ニ依リ事變ヲ有利ニ展開セシムルコト甚大

353

乙號

功績等級及序列	
年月日	自一三、三、元 至一三、八、元
戰鬪若クハ勤務ノ名稱	於社ニ於ケル事変関係文書ノ浄書

所属 総裁室文書課
氏名 川崎節子

功績事項

依テ上記ノ期間ニ亘リ困苦欠乏ニ堪ヘ忠実ニ使命ヲ念慮シ男子社員ニ伍シテ早出晩退休養ノ遑モナク北支天津陸軍機関ニ於テ軍関係機密文書ノ浄書事務ニ携ハル

本名ハ上記期間中事変関係文書ノ浄書ニ従事シ常ニ軍鉄一致ノ精神ニ基キ迅速、正確、且機密ヲ厳守シテ業務ヲ完遂シ事変進行ニ寄与セリ、事変関係文書ニシテ主ナルモノハ事変記録、功績調査、軍事輸送及給養、情報調査、其ノ他軍機文書等ナリ

364

354

乙號

所屬　總裁室文書課

氏名　川崎　節子

功績等級及序列	年月日	戰闘若クハ勤務ノ名稱	功績事項
	自一三、八、三〇 至一三、九、三〇	北支事務局ニ於ケル事變關係浄書	本名ハ上記期間北支事務局ニ派遣ヲ命セラレ堆積セル事變關係文書ノ浄書ヲ速ク完カラシ為ニ満鉄ノ使命タル軍鉄一致ニ基ク軍事処理事項ヲ遂行セシメ凡ユル困苦ニ堪ヘ其ノ任務ヲ果セリ
	自一三、九、三一 至一四、三、三一	本社ニ於ケル事變關係文書浄書	本名ハ上記期間中事變關係文書ノ浄書ニ従事シ常ニ軍鉄一致ノ精神ニ基キ迅速正確、且機密ヲ嚴守シテ業務ヲ完遂シ事變進行ニ寄与セリ。事變關係文書ニシテ主ナルモノハ事變記録、功績調査、軍事輸送及給養、情報、調査、其ノ他軍機文書等ナリ

365

总裁室文书课职员宇泽寿子军事功绩调查资料（一九三七年七月七日）

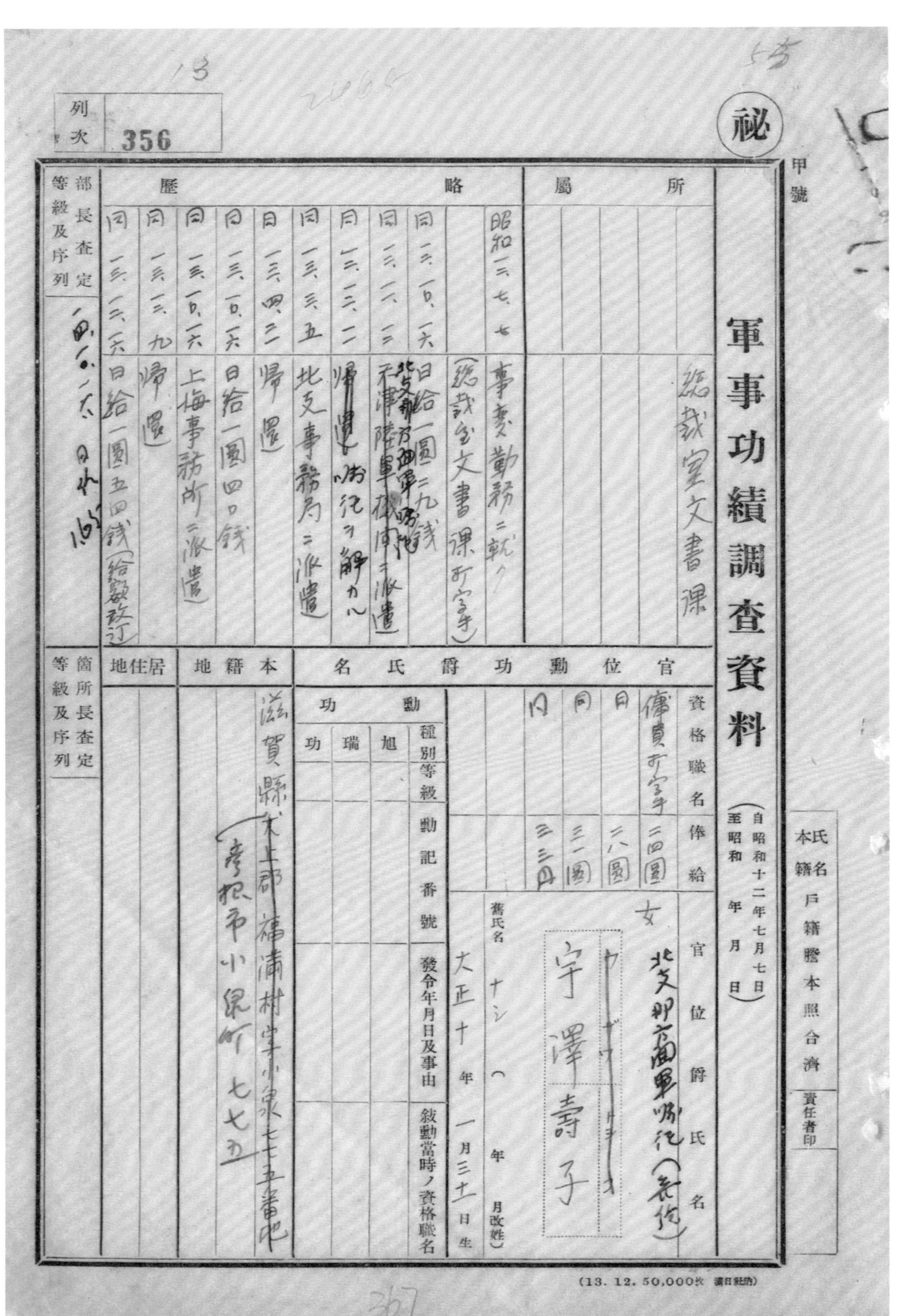

祕

列次 356

甲號

軍事功績調査資料

（自昭和十二年七月七日　至昭和　年　月　日）

所屬	
總裁室文書課	

歷略	
昭和一二、七、七	事變勤務ニ就ク（總裁室文書課打字手）
同　一二、一〇、一六	日給一圓二九錢
同　一三、一、一三	北支那方面軍嘱託　天津陸軍機関ニ派遣
同　一三、二、二	~~歸還~~ 嘱託ヲ解カル
同　一三、三、五	北支事務局ニ派遣
同　一三、四、二	歸還
同　一三、一〇、一六	日給一圓四〇錢
同　一三、一〇、一六	上海事務所ニ派遣
同　一三、一二、九	歸還
同　一三、一二、一六	日給一圓五四錢（給額改訂）

部長査定等級及序列：一四、一〇、一六　日本 [illegible]

官位勲功爵氏名

資格職名	傭員打字手	同	同	同
俸給	二四圓	二八圓	三一圓	三三圓

官位爵氏名：北支那方面軍嘱託（[illegible]）　女

氏名：宇澤壽子（ウザワトシコ）

舊氏名：ナシ（　年　月改姓）

大正十年一月三十一日生

功勲			
種別等級	旭	瑞	功
勲記番號			
發令年月日及事由			
敍勲當時ノ資格職名			

本籍地：滋賀縣犬上郡福滿村字小泉七十五番地（彦根市小泉町七七五）

居住地：

箇所長査定等級及序列：

氏名　本籍　戸籍謄本照合濟

責任者印

（13. 12. 50,000枚　滿日社納）

13　2065　55　367

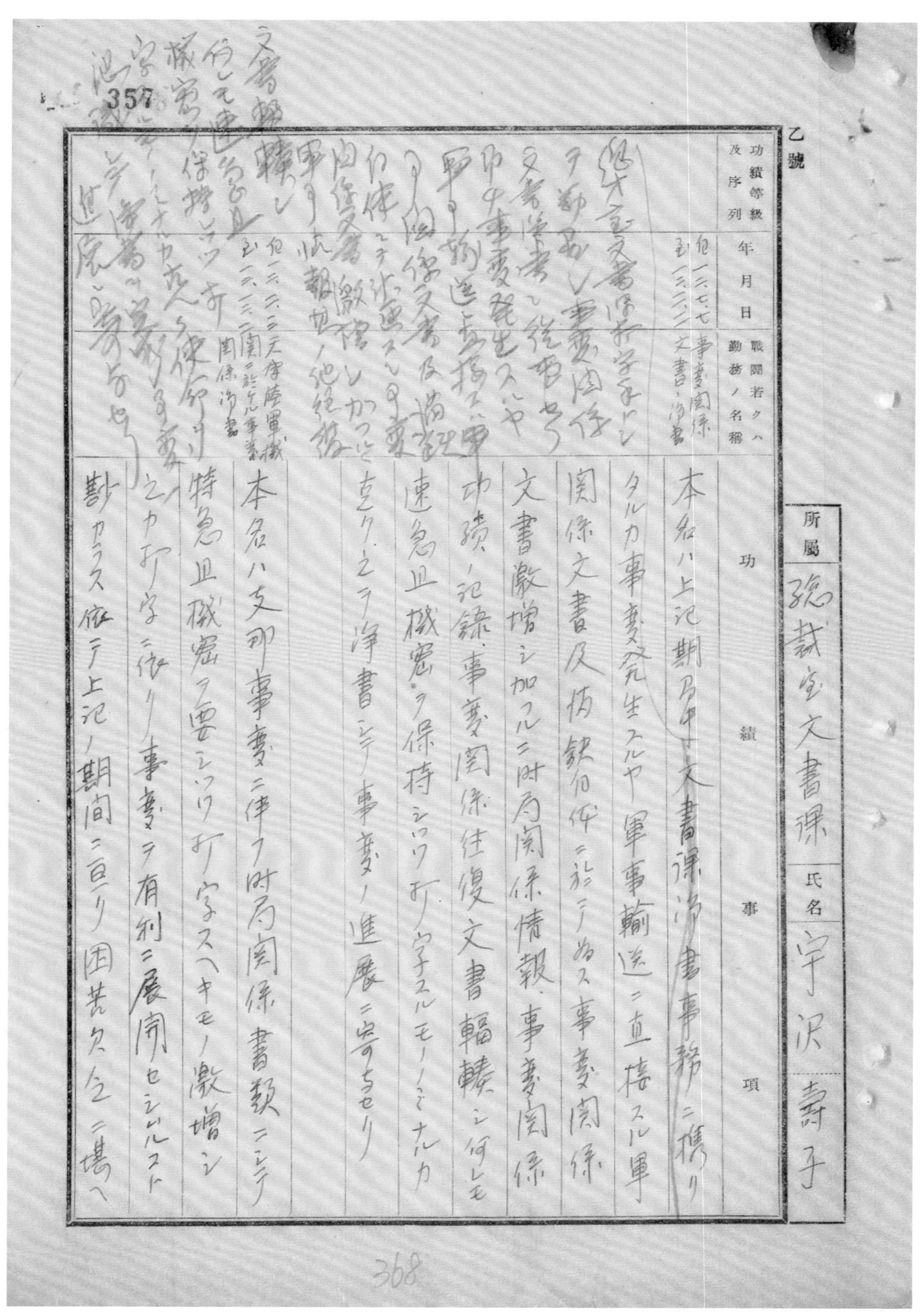

乙號

所屬	總裁室文書課
氏名	宇沢壽子

功績等級及序列	年月日	戰鬪若クハ勤務ノ名稱
	自一二、七、七 至一二、一二、二	事變関係文書ノ浄書

功績事項

本名ハ上記期間中文書課浄書事務ニ携リタルカ事變発生スルヤ軍事輸送ニ直接スル軍関係文書及防衛作戰ニ於テ為ス事變関係文書激増ニ加フルニ時局関係情報、事變関係功績、記録、事變関係往復文書輻輳ニ何レモ速急且機密ヲ保持シツツ打字スルモノナルカ克ク之ヲ浄書シテ事變ノ進展ニ寄与セリ

本名ハ支那事變ニ伴フ時局関係書類ニシテ特急且機密ヲ要シツツ打字スヘキモノ激増シ之カ打字ニ依リ事變ヲ有利ニ展開セシムルコト勘カラス依テ上記ノ期間ニ亘リ困苦欠乏ニ堪ヘ

357

368

358

乙號

功績等級及序列	
年月日	
戰闘若クハ勤務ノ名稱	自一二、一二、一 事変関係 至一三、三、四 文書ノ浄書
所属	總裁室文書課
氏名	宇澤壽子

功績事項

國家的使命ヲ念慮シ男子社員ニ伍シテ
早出晩退休養ノ遑モナク天津陸軍機関ニ於テ
軍事関係機密文書ノ浄書事務ニ携ハル

本名ハ上記期間中事変関係文書ノ浄書
ニ従事シ常ニ軍鉄一致ノ精神ニ基キ迅速、
正確且機密ヲ厳守シテ業務ヲ完遂シ事
変進行ニ寄與セリ
事変関係文書ニシテ主ナルモノハ事変記録、
功績調書、軍事輸送及給養、情報、調査
其ノ他軍機文書等ナリ

369

乙號

功績等級及序列	
年月日	自一三、三、五 至一三、四、三
戰鬪若クハ勤務ノ名稱	北支事務局ニ於ケル事變關係浄書
年月日	自一三、四、三 至一三、一〇、五
戰鬪若クハ勤務ノ名稱	事變關係文書ノ浄書

所屬　総裁室文書課

氏名　宇澤壽子

功績事項

本名ハ上記期間北支事務局ニ派遣ヲ命セラレ堆積セル事變關係文書ノ浄書ヲ直ク完了シ為ニ満鉄ノ使命タル軍鉄一致ニ基ク軍事處理事項ヲ遂行セシメ凡ユル困苦ニ堪ヘ其ノ任務ヲ果セリ

本名ハ上記期間中事變關係文書ノ浄書ニ從事シ常ニ軍鉄一致ノ精神ニ基キ迅速、正確且機密ヲ嚴守シテ業務ヲ完遂シ事變進行ニ寄与セリ、事變關係文書ニシテ主ナルモノハ事變記錄、功績調査、軍事輸送及給養、情報、調査、其ノ他軍機文書等ナリ。

360

乙號

功績等級及序列	
年月日	自一三、一〇、一六 至一三、一二、九
	自一三、一二、一〇 至一五、四、六
戰闘若クハ勤務ノ名稱	上海事務所ニ於ケル事變関係浄書
	本社ニ於ケル事變関係文書浄書

功績事項

支那事變ノ拡大ニ伴ヒ上海事務所管内ニ於ケル軍関係文書ノ浄書激増セルヲ以テ本名ハ上記期間内上海ニ在リテ上記文書ノ浄書ニ従事シ傍鉄ノ担当スヘキ中南支方面ニ於ケル軍事協力事項ノ完遂ニ邁進セリ

本名ハ上記期間中事變関係文書ノ浄書ニ従事シ常ニ軍鉄一致ノ精神ニ基キ迅速、正確且機密ヲ厳守シテ業務ヲ完遂シ事變進行ニ寄与セリ。事變関係文書ニシテ主ナルモノハ事變記録、功績調査、軍事輸送及給養、情報、調査、其ノ他軍機文書等ナリ

所属　總裁室文書課

氏名　宇澤壽子

371

13　56

列次 361

秘

甲號

軍事功績調査資料

（自昭和十二年七月七日 至昭和　年　月　日）

本籍 氏名 戸籍謄本照合濟　責任者印

所屬：總裁室文書課

歷略：
昭和一二、七、七　事変勤務ニ就ク（總裁室文書課打字手）
同　一二、一〇、一六　日給一圓二九錢
同　一二、一〇、三〇　天津北支事務局ニ派遣
同　一二、一二、二　帰還
同　一三、三、一四　北京北支事務局ニ派遣
同　一三、四、一九　帰還
同　（一三、一二、一六）　11修一、五三
同　（一四、五、三一）　退職

部長査定等級及序列：

官位勲功爵氏名：
資格職名：傭員打字手；同；同
俸給：二四〇〇；二六〇〇；三一円
官位爵氏名：野村よし子（ノムラ）　女
舊氏名（　年　月改姓）
大正八年一月二九日生

勲功：種別等級；勲記番號；發令年月日及事由；敍勲當時ノ資格職名
功　瑞　旭

本籍地：宮城縣仙台市南鍛冶町一〇六番地

居住地：

箇所長査定等級及序列：

（13.12.50,000枚 滿日社印）

372

362

乙號

功績等級及序列	年月日	戰闘若クハ勤務ノ名稱
	自一二、七、七 至一三、一〇、元	事変関係文書浄書
	自一三、一〇、三〇 至一三、一二、二	北支事務局ニ於ケル事変関係浄書

所屬：總裁室文書課

氏名：野村よし子

功績事項

本名ハ上記期間中文書課浄書事務ニ携リタルガ事変發生スルヤ軍事輸送ニ直接スル軍関係文書及満鉄自体ニ於テ為ス事変関係文書激増シ加フルニ時局関係情報、事変関係功績ノ記録、事変関係往復文書輻輳シ何レモ速急且機密ヲ保持シツヽ打字スルモノノミナルガ克ク之ヲ浄書シテ事変ノ進展ニ寄与セリ

本名ハ上記期間北支事務局ニ派遣ヲ命セラレ堆積セル事変関係文書ノ浄書ヲ克ク完行シ為ニ満鉄ノ使命タル軍鉄一致ニ基キ軍事處理事項ヲ遂行セシメ凡有困苦ニ堪ヘ其ノ任務ヲ

373

363

乙號

所屬	總裁室文書課
氏名	野村よし子

功績等級及序列	年月日	職闘若クハ勤務ノ名稱
	自一二、一二、三 至一三、三、一三	事変関係文書ノ浄書
	自一三、三、一四 至一三、四、二九	北支事務局ニ於ケル事変関係浄書

功績事項

果セリ

本名ハ上記期間中事変関係文書ノ浄書ニ従事シ常ニ軍鉄一致ノ精神ニ基キ迅速、正確且機密ヲ厳守シテ業務ヲ完遂シ事変進行ニ寄与セリ

事変関係文書ニシテ主ナルモノハ事変記録、功績調査、軍事輸送及給養、情報、調査、其ノ他軍事輸送及給養、情報、調査、其ノ他軍機文書等ナリ

本名ハ上記期間北支事務局ニ派遣ヲ命セラレ

374

364

乙號

功績等級及序列	
年月日	自一三、四、二五 至一四、三、三一
戰鬪若クハ勤務ノ名稱	本社ニ於ケル事變關係文書ノ淨書

所屬 總裁室文書課
氏名 野村よし子

功績事項

堆積セル事變關係文書ノ淨書ヲ克ク完行シ為ニ満鐵ノ使命タル軍鐵一致ニ基ク軍事處理事項ヲ遂行セシメ凡有困苦ニ堪ヘ其ノ任務ヲ果セリ

本名ハ上記期間中事變關係文書ノ淨書ニ從事シ常ニ軍鐵一致ノ精神ニ基キ迅速、正確且機密ヲ嚴守シテ業務ヲ完遂シ事變進行ニ寄与セリ。事變關係文書ニシテ主ナルモノハ事變記録、功績調査、軍事輸送及給養、情報、調査、其ノ他軍機文書等ナリ。

375

一13

列次 365

57

秘

甲號

軍事功績調查資料

（自昭和十二年七月七日 至昭和　年　月　日）

所屬	總裁室文書課
官位勳功爵氏名	女 北支那方面軍囑託（軍屬） 宮川富美子（ミヤカワフミコ） 舊氏名 崎山富美子（昭和十二年十一月改姓） 大正八年十月二日生
資格職名俸給	備員打字手 二四圓；同 二六圓；同 二八圓；同 三一圓
本籍地	長崎縣上縣郡仁田村大字久原一八〇番地
居住地	

歷略	
昭和一二、七、七	事變勤務ニ就ク（總裁室文書課打字手）
一二、一〇、一六	日給一圓二九錢
一二、一一、一二	在津北支部派遣軍ニ派遣
一二、一二、一	歸還
一三、三、一二	北支北支事務局ニ派遣
一三、四、九	歸還
一三、一〇、一六	日給一圓三九錢
一三、一二、三	上海事務所ニ派遣
一三、一二、一六	日給一圓五三錢（給額改訂）
一四、六、二	歸還

勳功			
種別等級	旭	瑞	功
勳記番號			
發令年月日及事由			
敘勳當時ノ資格職名			

部長查定等級及序列：

箇所長查定等級及序列：

本籍戶籍謄本照合濟 氏名

責任者印

（13. 12. 50,000枚 滿日納）

376

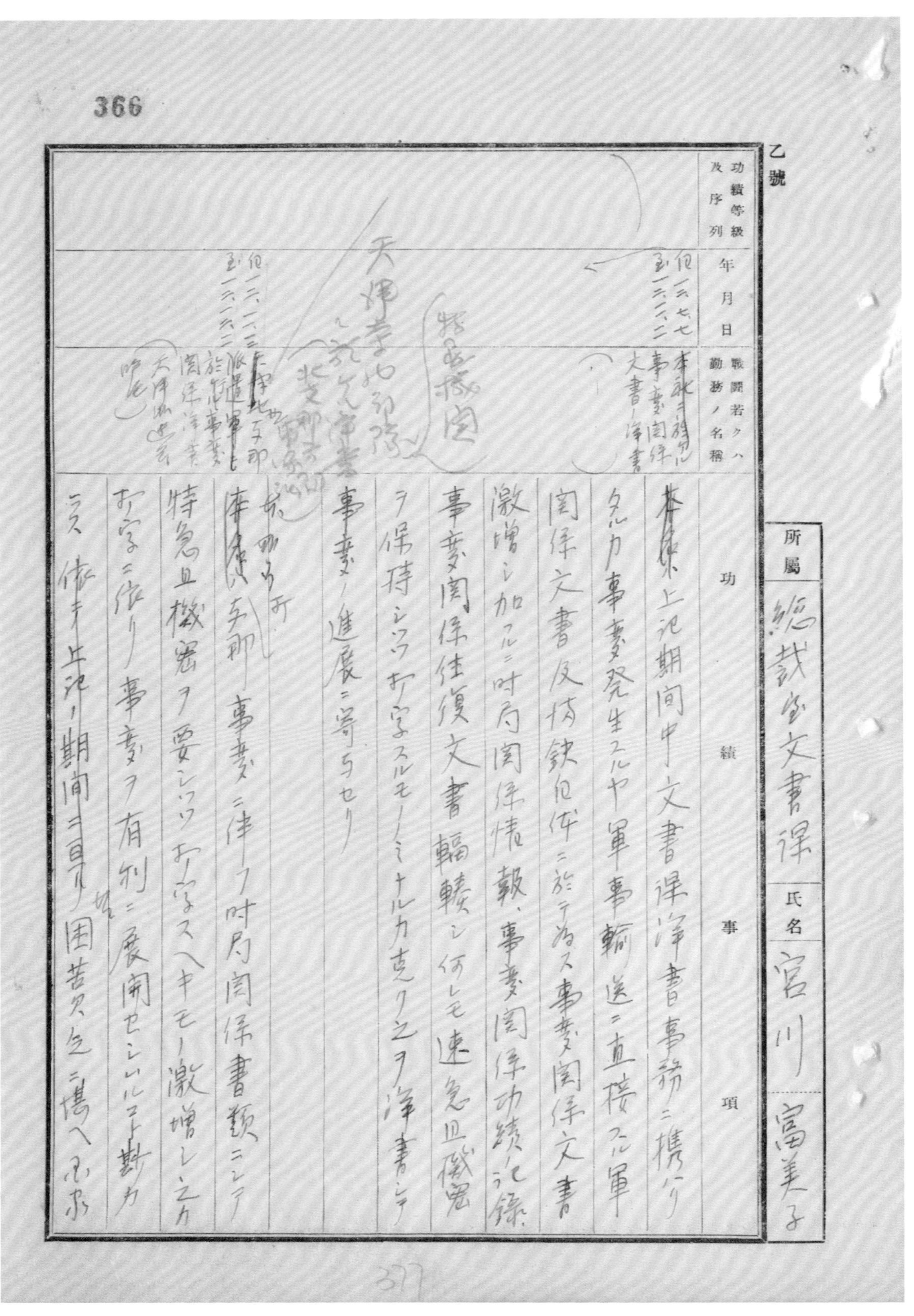

366

乙號

功績等級及序列	年月日	戰闘若クハ勤務ノ名稱
	自一二、七、七 至一三、一二、二	本社文書課ニ於ケル事変関係文書浄書
	自一三、一二、三 至一三、一二、二	天津北支事務所派遣軍ニ於ケル事変関係浄書

所属　總裁室文書課

氏名　宮川富美子

功績事項

本社文書課ニ於テ上記期間中文書課浄書事務ニ携リタルカ事変発生スルヤ軍事輸送ニ直接スル軍関係文書及満鉄自体ニ於テ為ス事変関係文書激増シ加フルニ時局関係情報、事変関係功績記録、事変関係往復文書輻輳シ何レモ速急且機密ヲ保持シツツ処理スルモノニテナルカ克ク之ヲ浄書シテ事変ノ進展ニ寄与セリ

天津北支事務所
本社北支事務所ニ於テ事変ニ伴フ時局関係書類ニシテ特急且機密ヲ要シツツ処理スヘキモノ激増シ之カ処理ニ依リ事変ヲ有利ニ展開セシムルコト甚大ナルカ
之ニ依リ上記ノ期間ニ亘リ困苦欠乏ニ堪ヘ忠求

377

乙號

所屬	氏名
総裁室文書課	宮川冨美子

功績等級及序列	
年月日	自一二、一二、一二 至一三、三、一一
戰鬪若クハ勤務ノ名稱	本社ニ於ケル事變關係文書ノ浄書
功績事項	的使命ヲ念慮シ男子社員ニ伍シテ早出晩退休養ヲ得ルノ遑モナク北支寺内部隊及陸軍機関ニテ軍事變關係機密文書ノ浄書ニ携ハル。 其ノ功績ハ別紙功績現認證明ノ如シ 本名ハ上記期間中事變關係文書ノ浄書ニ從事シ常ニ軍鉄一致ノ精神ニ基キ迅速、正確且機密ヲ嚴守シテ業務ヲ完遂シ事變進行ニ寄与セリ。事變關係文書ニシテ主ナルモノハ事變記録、功績調査、軍事輸送及給養、情報、調査、其ノ他軍機文書等ナリ

378

368

乙號

功績等級及序列	
年月日	自一三、三、一二 至一三、四、二九
戦闘若クハ勤務ノ名称	北京北支事務局ニ於ケル事変関係浄書
年月日	自一三、四、三〇 至一三、一二、二
戦闘若クハ勤務ノ名称	本社ニ於ケル事変関係文書浄書

功績事項

本名ハ上記期間北支事務局ニ派遣ヲ命セラレ堆積セル事変関係文書ノ浄書ヲ速ク完行シ為ニ満鉄ノ使命タル軍鉄一致ニ基ク軍事処理事項ヲ遂行セシメ大凡ユル困苦欠乏ニ堪ヘ其ノ任務ヲ果セリ

本名ハ上記期間中ノ事変関係文書ノ浄書ニ従事シ常ニ軍鉄一致ノ精神ニ基キ迅速、正確、且機密ヲ厳守シテ業務ヲ完遂シ事変進行ニ寄与セリ　事変関係文書ニシテ主ナルモノハ事変記録、功績調査、軍事輸送及給養、情報調査、其ノ他軍機文書等ナリ

所属　総裁室文書課

氏名　宮川 富美子

379

乙號

所屬	總裁室文書課
氏名	宮川富美子

功績等級及序列	年月日	戰闘若クハ勤務ノ名稱
	自一三、一二、三 至一四、一一、二一	上海事務所ニ於ケル事變関係淨書
	自一四、一一、二二 至一五、一、一二	本社ニ於ケル事變関係文書淨書

功績事項

支那事變ノ擴大ニ伴ヒ、上海事務所管内ニ於ケル軍関係文書ノ淨書激増セルヲ以テ本名ハ上記期間内上海ニ在リテ上記文書ノ淨書ニ從事シ同鉄ノ担当スヘキ中南支方面ニ於ケル軍事協力事項ノ完遂ニ邁進セリ

本名ハ上記期間中事變関係文書ノ淨書ニ從事シ常ニ軍鉄一致ノ精神ニ基キ迅速、正確且機密ヲ嚴守シテ業務ヲ完遂シ事變進行ニ寄与セリ。事變関係文書ニシテ主ナルモノハ事變記録、功績調査、軍事輸送及給養、情報調査、其ノ他軍機文書等ナリ

380

370

乙號

所屬	總裁室文書課
氏名	宮川富美子

功績等級及序列	
年月日	自一三、一、三 至一五、四、二八 中
戰闘若クハ勤務ノ名稱	漢口事務所ニ於ケル事変関係浄書引続キ派遣

功績事項

支那事変ノ進展ニ伴ヒ満鉄上海事務所ニ於テハ軍ノ行動前進ト共ニ社員ヲ漢口方面ニ派シ軍事ニ関スル諸調査ヲ行ヒ又宣撫派遣員ト連絡ヲ行ハシメタルカ本名ハ上記期間漢口ニ派遣ヲ命セラレ前記調査、情報其ノ他事変関係機密文書ノ浄書ニ従事セリ

当時ハ全ク治安維持セラレス往復共揚子江ニ於ケル軍用船ニ便乗シ弾丸ノ下ヲ潜リ凡ユル困苦ヲ忍ヒテ克ク其ノ任務ヲ果シ充分ニ使命ヲ遂行セリ

381

列次 371

㊙

甲號

軍事功績調査資料

（自昭和十二年七月七日 至昭和　年　月　日）

氏名 本籍 戸籍謄本照合濟 責任者印

所屬：總裁室文書課

歷略：

昭和一二、七、七　事變勤務ニ就ク（總裁室文書課打字手）
同一二、一〇、三〇　日給一圓二八錢
同一二、一一、二　天津北支事務局ニ派遣
同一三、三、一四　歸還
同一三、四、二九　北京寺内部隊報道部ニ派遣
同一三、一〇、一六　歸還（命令ニヨル）
同一三、一二、一六　日給一圓三八錢
同一三、一二、二　日給一圓五二錢（給與改正）
同一四、一、一二　上海事務所ニ派遣
同一四、七、一　歸還　日給一圓六三錢

部長査定等級及序列：一四、一一、一五　退職

官位勳功爵氏名：

資格職名	俸給
備員打字手	二四圓
同	二八圓
同	三一圓
同	三三圓

官位爵氏名：能美政子（ノウミ マサコ）　女

舊氏名（　年　月改姓）

大正九年五月十八日生

本籍地：佐賀縣唐津市大字唐津二三四五番地

居住地：

箇所長査定等級及序列：

勳功：種別等級／勳記番號／發令年月日及事由／敍勳當時ノ資格職名

（13. 12. 50,000枚 滿日印刷）

372

乙號

功績等級及序列	
年月日	自一二、七、七 至一三、一〇、一五 / 自一三、一〇、三〇 至一三、一一、一二
戰闘若クハ勤務ノ名稱	事変関係文書浄書 / 天津北支事務局事変関係浄書事務

所屬	總裁室文書課
氏名	能美政子

功績事項

本名ハ上記期間中文書課浄書事務ニ携リタルガ事変発生スルヤ軍事輸送ニ直接スル軍関係文書及満鉄自体ニ於テ為ス事変関係文書激増ニ加フルニ時局関係情報、事変関係功績ノ記録、事変関係往復文書輻輳シ何レモ速急且機密ヲ保持シツツ打字スルモノノミナルカ克ク之ヲ浄書シテ事変ノ進展ニ寄与セリ

本名ハ上記期間中天津北支事務局ニ於テ支那事変ニ伴フ時局関係書類ニシテ特急機密ヲ要シツツ打字スベキモノ激増シ、之ガ打字ニ依リ事変ヲ有利ニ展開セシムルコト尠カラズ即チ業務ニ當リテハ困苦

383

乙號

所屬　總裁室文書課

氏名　能美政子

功績等級及序列	年月日	戰闘若クハ勤務ノ名稱
	自一二、一二、三 至一三、三、三	事變關係文書ノ淨書
	自一三、三、一四 至一三、四、二九	北京寺内部隊報道部ニ於ケル淨書事務

功績事項

欽之ニ堪ヘ國家的使命ヲ念慮シ男子社員ニ伍シテ早出晩退休養ヲ得ルノ遑モナク日夜精勵セ

本名ハ上記期間中事變關係ノ淨書ニ從事シ常ニ軍欽一致ノ精神ニ基キ迅速、正確且機密ヲ嚴守シテ業務ヲ完遂シ事變進行ニ寄與セリ

事變關係文書ニシテ主ナルモノハ事變記録、功績調査、軍事輸送及給養、情報、調査、其ノ他軍機文書等ナリ

本名ハ上記期間北京寺内部隊報道部ニ於テ軍事行動ニ直接ナル機密文書ノ淨書ニ從事シ恪勤精

384

乙號

所屬：總裁室文書課

氏名：能美政子

功績等級及序列：

年月日：自一二、四、三〇 至一三、三、三一

戰闘若クハ勤務ノ名稱：事変関係文書ノ浄書

功績事項：

勤克ク任務ヲ果シ軍事上重要ナル報道任務ヲ遂行セシメタリ

依テ其ノ功績別紙北支那方面軍報道部長功績現認書ノ如ク勲労金申請ニ該當スルモノト認ム

本名ハ上記期間中事変関係文書ノ浄書ニ従事シ常ニ軍鉄一致ノ精神ニ基キ迅速、正確且機密ヲ厳守シテ業務ヲ完遂シ事変進行ニ寄與セリ

事変関係文書ニシテ主ナルモノハ事変記録、功績調査、軍事輸送及給養、情報、調

375

乙號

功績等級及序列	年月日	戰鬪若クハ勤務ノ名稱
	自三、一二、二 至四、一、三一	上海事務所時局關係事務
	自四、一、三一 至四、一一、四	文書課淨書事務

所屬 總裁室文書課

氏名 能美政子

功績事項

查、其ノ他軍機文書等ナリ

支那事變ノ擴大ニ伴ヒ上海事務所所管內ニ於ケル軍關係文書ノ淨書激增セルヲ以テ本名ハ上記期間內上海ニ在リテ上記文書ノ淨書ニ從事シ滿鐵ノ担當スヘキ中南支方面ニ於ケル軍事協力事項ノ完遂ニ邁進セリ

本名ハ上記期間中事變關係文書ノ淨書ニ從事シ常ニ軍鐵一致ノ精神ニ基キ迅速、正確且機密ヲ嚴守シテ業務ヲ完遂シ事變進行ニ寄與セリ

386

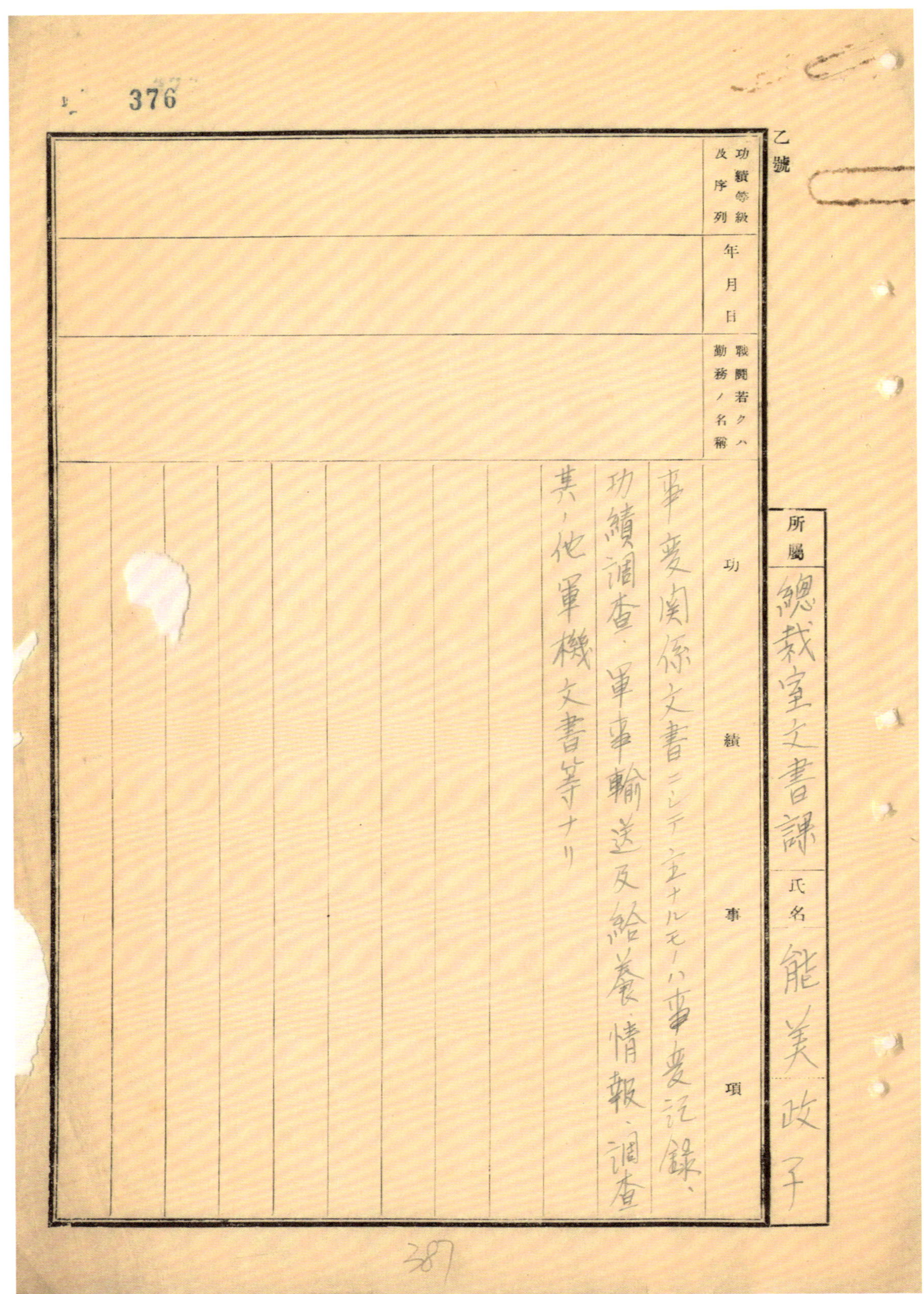
376

乙號

功績等級及序列	
年月日	
戰鬪若クハ勤務ノ名稱	
功績事項	事変関係文書ニシテ主ナルモノハ事変記録、功績調査、軍事輸送及給養、情報、調査其ノ他軍機文書等ナリ

所屬	總裁室文書課
氏名	能美政子

387

14 59

列次 377

㊙ 甲號

軍事功績調查資料

（自昭和十二年七月七日 至昭和　年　月　日）

所屬：總裁室文書課

資格職名：傭員打字手

俸給：三二圓 / 三二、六圓 / 三三、五圓

官位勳功爵氏名：森脇梅野（モリワキウメノ）女

舊氏名：ナシ（　年　月改姓）

大正三年十一月五日生

本籍地：京都府天田郡西中筋村字土

居住地：

功勳：種別等級 / 功・瑞・旭 / 勳記番號 / 發令年月日及事由 / 敍勳當時ノ資格職名

略歷：

昭和一三、七、七　事變勤務ニ就ク

同　一三、三、一四　天津陸軍特務機關派遣（總裁室文書課打字手）

同　一三、四、一六　日給一圓五九錢

同　一三、五、一五　歸還

同　一三、一二、一六　日給一圓七五錢（給額改訂）

同　一四、三、三　退職

部長查定等級及序列

箇所長查定等級及序列

氏名 本籍 戶籍謄本照合濟 責任者印

(13. 12. 50,000枚 滿日社納)

388

378

乙號

所屬	總裁室文書課
氏名	森脇梅野

功績等級及序列		
年月日	自一二・七・七 至一三・三・三一	自一三・六・四 至一三・五・五
戰闘若クハ勤務ノ名稱	事變關係速記	天津陸軍特務機關ニ於ケル事變關係浄書

功績事項

本名ハ上記期間事變關係速記業務ニ從事シ満鉄ニ於ケル事變關係諸計画ヲ敏速ナラシメタリ.

本名ハ支那事變ニ伴フ時局關係書類ニシテ特急且機密ヲ要シ而モ打字スヘキモノ激増シ之カ打字ニ依リ事變ヲ有利ニ展開セシムルコト尠カラス依テ上記ノ期間ニ亘リ困難欠乏ニ堪ヘ國家的使命ヲ念慮シ男子社員ニ伍シテ早出晩退休養ノ遑モナク天津陸軍特務機關ニテ軍事事變關係機密文書ノ浄書事ニ携ハル

389

乙號

功績等級及序列	
年月日	自一三、五、五 至一四、三、三一
戰鬪若クハ勤務ノ名稱	本邦ニ於ケル事變關係文書浄書
所屬	總裁室文書課
氏名	木林脇 梅野

功績事項

本名ハ上記期間中事變關係文書ノ浄書ニ從事シ常ニ軍鉄一致ノ精神ニ基キ迅速、正確且機密ヲ嚴守シテ業務ヲ完遂シ事變進行ニ寄与セリ事變關係文書ニシテ主ナルモノハ事變記録、功績調査、軍事輸送及給養、情報、調査、其ノ他軍機文書等ナリ

390

总裁室文书课职员江头千代子军事功绩调查资料（一九三七年七月七日）

14　60

列次 380

秘

甲號

軍事功績調查資料

（自昭和十二年七月七日 至昭和　年　月　日）

氏名 本籍 戸籍謄本照合濟

責任者印

所屬：總裁室文書課

歷略：
昭和一二、七、七 事変勤務ニ就ク（總裁室文書課打字手）
同 一三、八、三 奉天鉄道總局ニ派遣
同 一三、九、四 帰還

部長查定 等級及序列

官位勳功爵氏名：
資格職名：傭員打字手
俸給：三〇圓
官位爵氏名：江頭（エガシラ）千代子（チヨコ）女
舊氏名：大正十二（　年　月改姓）
大正四年六月六日生

勳功：種別等級、勳記番號、發令年月日及事由、敍勳當時ノ資格職名（旭、瑞、功）

本籍地：佐賀縣佐賀市水ヶ江町五七番地

居住地：

箇所長查定 等級及序列

（13. 12. 50,000枚 滿日社納）

391

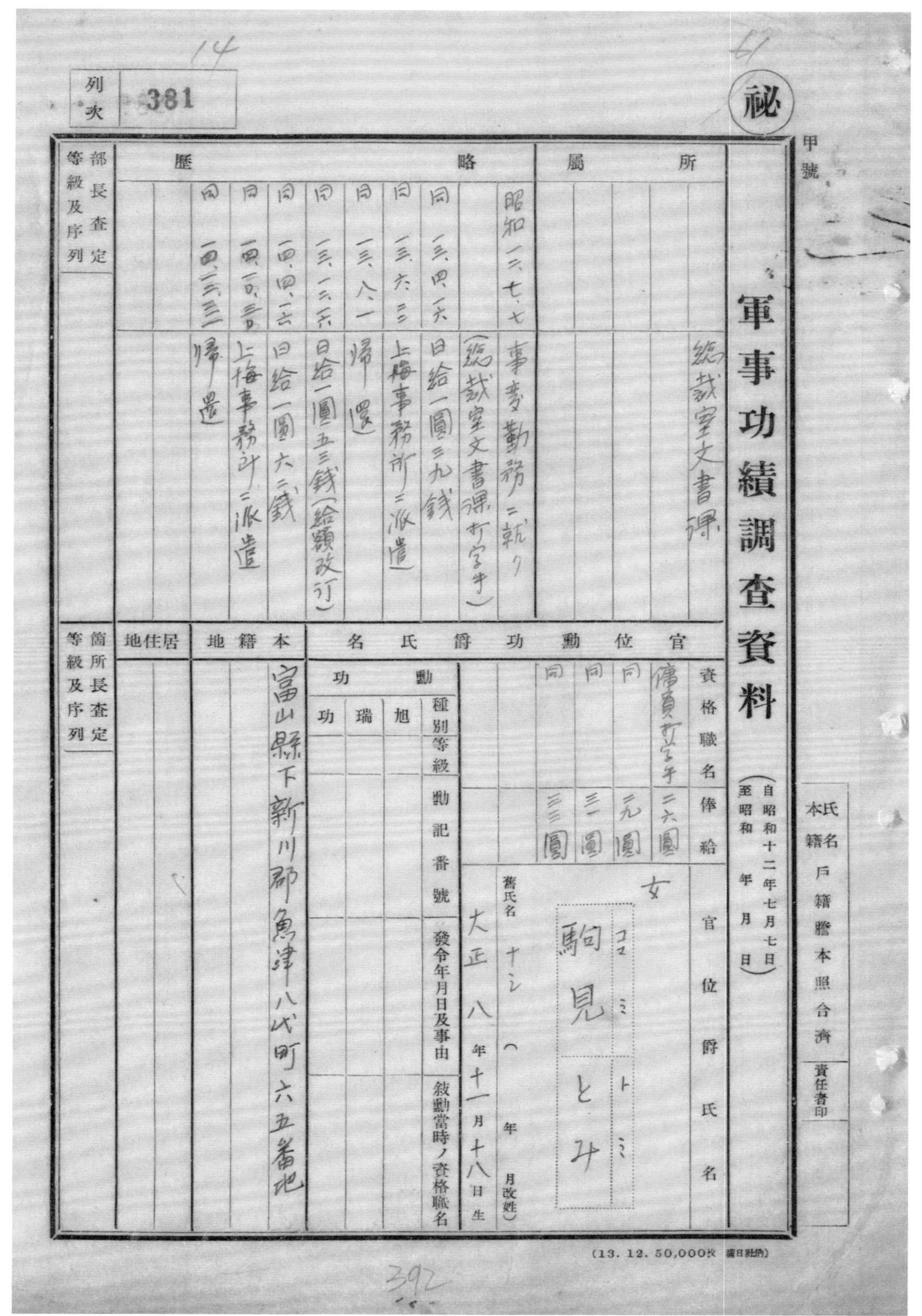

列次 381

秘

甲號

軍事功績調査資料
（自昭和十二年七月七日 至昭和 年 月 日）

所屬	總裁室文書課
略歴	昭和一二、七、七 事变勤務ニ就ク（總裁室文書課打字手）
	同 一三、四、一六 日給一圓三九銭
	同 一三、六、三 上海事務所ニ派遣
	同 一三、八、一 帰還
	同 一三、一二、一六 日給一圓五三銭（給額改訂）
	同 一四、四、一六 日給一圓六二銭
	同 一四、五、一三 上海事務所ニ派遣
	同 一四、一二、三一 帰還
部長査定等級及序列	

官位勲功爵氏名

資格職名	俸給
傭員打字手	二六圓
同	二九圓
同	三一圓
同	三三圓

官位爵氏名	駒見（コマミ） とみ（トミ） 女
舊氏名	（ 年 月改姓）
生年月日	大正八年十一月十八日生

勲功

種別等級	勲記番號	發令年月日及事由	叙勲當時ノ資格職名
旭			
瑞			
功			

本籍地	富山縣下新川郡魚津八代町六五番地
居住地	
箇所長査定等級及序列	

氏名本籍戸籍謄本照合濟 責任者印

（13. 12. 50,000枚）

382

乙號

所属	總裁室文書課
氏名	駒見 ヒ斗

功績等級及序列	年月日	戰闘若クハ勤務ノ名稱
	自一二、七、七 至一三、六、三	事変関係速記
	自一三、六、三 至一三、八、一	上海事務所ニ於ケル事変関係浄書
	自一三、八、二 至一四、一〇、元	事変関係速記

功績事項

本名ハ上記期間事変関係速記業務ニ従事シ満鉄ニ於ケル事変関係諸計画ヲ敏速ナラシメタリ

支那事変ノ拡大ニ伴ヒ上海事務所管内ニ於ケル軍関係文書ノ浄書激増セルヲ以テ本名ハ上記期間内上海ニ在リテ上記文書ノ浄書ニ従事シ満鉄ノ担当スヘキ中南支方面ニ於ケル軍事協力事項ノ完遂ニ邁進セリ

本名ハ上記期間事変関係速記業務ニ従事シ満鉄ニ於ケル事変関係諸計画ヲ敏速ナラシ

393

乙號

所屬	總裁官文書課
氏名	駒見とみ

功績等級及序列	年月日	戰鬪若クハ勤務ノ名稱
	自一四、一〇、三〇 至一四、三、三一	上海事務所ニ於ケル事變關係淨書
	自一五、一、一 至一五、四、二八	本府ニ於ケル事變關係文書淨書

功績事項

ニ努メタリ

支那事變ノ擴大ニ伴ヒ上海事務所管内ニ於ケル軍關係文書ノ淨書激增セルヲ以テ本名ハ上記期間内上海ニ在リテ上記文書ノ淨書ニ從事シ協欽ノ担当スヘキ中南支方面ニ於ケル軍事協力事項ノ完遂ニ邁進セリ

本名ハ上記期間中事變關係文書ノ淨書ニ從事シ常ニ軍欽一致ノ精神ニ基キ迅速、正確且機密ヲ嚴守シテ業務ヲ完遂シ事變進行ニ寄与セリ。事變関係文書ニシテ

384

乙號

功績等級及序列	
年月日	
戰闘若クハ勤務ノ名稱	
功績事項	主ナモノハ事変記録、功績調査、軍事輸送及給養、情報、調査、其ノ他軍機文書等ナリ

所屬	總裁室文書課
氏名	駒見とみ

395

总裁室文书课职员衣笠三重子军事功绩调查资料（一九三七年七月七日）

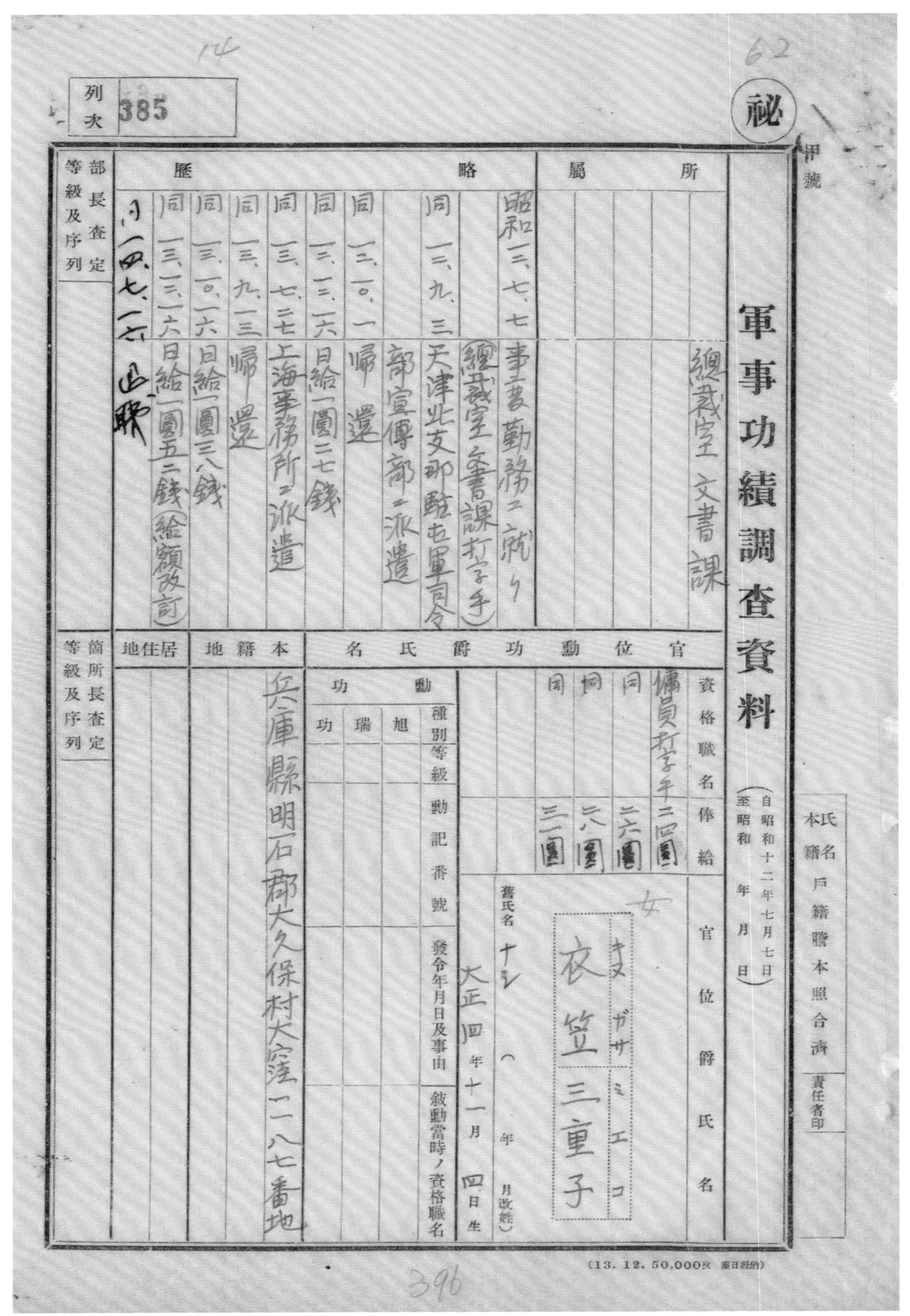

列次 385

秘

軍事功績調査資料

（自昭和十二年七月七日 至昭和　年　月　日）

甲號

所属：總裁室文書課

略歴：
昭和一三、七、七　事變勤務ニ就リ（總裁室文書課打字手）
同　一三、九、三　天津北支那駐屯軍司令部宣傳部ニ派遣
同　一三、一〇、一　歸還
同　一三、一二、一六　日給一圓二七錢
同　一三、七、二七　上海事務所ニ派遣
同　一三、九、一三　歸還
同　一三、一〇、一六　日給一圓三八錢
同　一三、一二、一六　日給一圓五二錢（給額改訂）
一四、七、一六　退職

官位勳功爵氏名：
資格職名俸給：傭員打字手 二四圓；同 二六圓；同 六八圓；同 三一圓

氏名：衣笠三重子（キヌガサミエコ）女
舊氏名：ナシ
大正四年十一月四日生

本籍地：兵庫縣明石郡大久保村大窪一一八七番地

（13.12.50,000枚）

本籍氏名戸籍謄本照合濟　責任者印

386

乙號

功績等級及序列	
年月日	自一二、七、七 至一三、九、二 自一三、九、二 至一三、一〇、一
戦闘若クハ勤務ノ名稱	事変関係文書ノ淨書 北支那駐屯軍ニ於ケル淨書

所屬	總裁室文書課
氏名	衣笠三重子

功績事項

本名ハ上記期間中文書課淨書事務ニ携リタルカ事変発生スルヤ軍事輸送ニ直接スル軍関係文書及満鉄自体ニ於テ處ス事変関係文書激増シ加フルニ時局関係情報、事変関係功績ノ記録、事変関係往復文書輻輳シ何レモ速急且機密ヲ保持シツツ打字スルモノノミナルカ克ク之ヲ淨書シテ事変ノ進展ニ寄與セリ

本名ハ支那事変ニ伴フ時局関係書類ニシテ特急且機密ヲ要シツツ打字スヘキモノノ激増シ之カ打字ニ依リ事変ヲ有利ニ展開セシムルコト尠少ナラズ依テ上記ノ期間ニ亘リ困苦缺乏ニ堪ヘ國家的使命

397

387

乙號

所屬　總裁室文書課

氏名　衣笠　三重子

功績等級及序列	年月日	戰闘若クハ勤務ノ名稱	功績事項
			ヲ念慮シ男子社員ニ伍シテ早出晩退休養ノ遑 モナク北支那駐屯軍司令部宣傳部ニ軍事 變關係機密文書ノ淨書事務ニ携ハル
	自一三、一〇、二 至一三、七、二六	事變關係文書淨書	本名ハ上記期間中事變關係淨書ニ從事シ常ニ 軍鉄一致ノ精神ニ基キ迅速、正確且機密ヲ嚴 守シテ業務ヲ完遂シ事變進行ニ寄與セリ 事變關係文書ニシテ主ナルモノハ事變記錄、功績 調査、軍事輸送及給養、情報、調査其ノ他 軍機文書等ナリ
	自一三、七、二七 至一三、九、一三	上海事務所ニ於ケル事變關係淨書	支那事變ノ擴大ニ伴ヒ上海事務所所管内ニ於

398

388

乙號

所屬	總裁室文書課
氏名	衣笠三重子
功績等級及序列	
年月日	自一三、九、四 到一四、七、一六
戰闘若クハ勤務ノ名稱	華北ニ於ケル事変関係文書ノ浄書
功績事項	ケル軍関係文書ノ浄書激増セルヲ以テ本名ハ上記期間中上海ニ在リテ上記文書ノ浄書ニ従事シ満鉄ノ担當スベキ中南支方面ニ於ケル軍事協力事項ノ完遂ニ邁進セリ 本名ハ上記期間中事変関係文書ノ浄書ニ従事シ常ニ軍鉄一致ノ精神ニ基キ迅速正確且機密ヲ嚴守シテ業務ヲ完遂シ事変進行ニ寄与セリ 事変関係文書ニシテ主ナルモノハ事変記録、功績調査、軍事輸送及給養情報、調査、其ノ他軍機文書等ナリ

399

总裁室文书课职员冈山美代军事功绩调查资料（一九三七年七月七日）

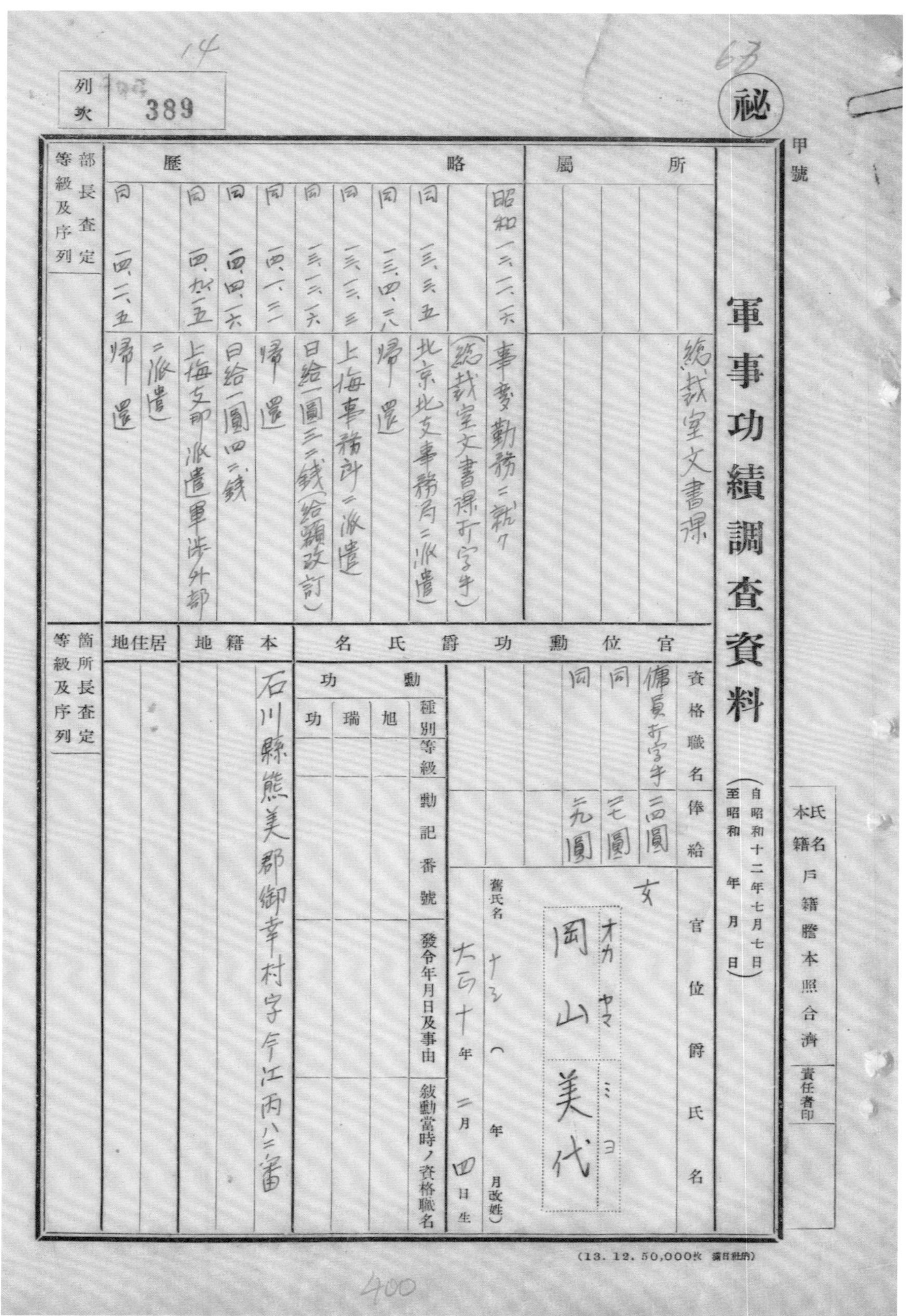
14

63

列次 389

秘

甲號

軍事功績調查資料

（自昭和十二年七月七日 至昭和 年 月 日）

本籍 氏名 戸籍謄本照合濟 責任者印

所屬：總裁室文書課

歷略：

昭和一二、一二、一六	事變勤務ニ就ク（總裁室文書課打字手）
同 一三、三、五	北京北支事務局ニ派遣
同 一三、四、一八	帰還
同 一三、一二、三	上海事務所ニ派遣
同 一三、一二、一六	日給一圓三二銭（給額改訂）
同 一四、一、二一	帰還
同 一四、四、一六	日給一圓四二銭
同 一四、九、一五	上海支那派遣軍特務部ニ派遣
同 一四、一二、五	帰還

部長查定等級及序列

官位勲功爵氏名

資格職名	俸給
傭員打字手	三四圓
同	三七圓
同	三九圓

官位爵氏名：岡山美代（オカヤマミヨ） 女

舊氏名 （ 年 月改姓）

大正十年二月四日生

勲功：種別等級 / 勲記番號 / 發令年月日及事由 / 敍勲當時ノ資格職名 — 旭 瑞 功

本籍地：石川縣能美郡御幸村字今江丙八二番

居住地：

箇所長查定等級及序列

（13. 12. 50,000枚 滿日社納）

400

乙號

功績等級及序列	
年月日	自一二、八、二六 至一二、一二、四
戰鬪若クハ勤務ノ名稱	本社ニ於ケル事変関係文書浄書
年月日	自一三、三、五 至一三、四、二八
戰鬪若クハ勤務ノ名稱	北京北支事務局ニ於ケル事変関係浄書

所屬：總裁室文書課

氏名：岡山美代

功績事項

本名ハ上記期間中文書課浄書事務ニ携リタルカ事変発生スルヤ軍事輸送ニ直接スル軍関係文書及満鉄自体ニ於テ為ス事変関係文書激増シ加フルニ時局関係情報、事変関係功績ノ記録、事変関係往復文書輻輳シ何レモ速急且機密ヲ保持シツツ打字スルモノノミナルカ克ク之ヲ浄書シテ事変ノ進展ニ寄与セリ

本名ハ上記期間北支事務局ニ派遣ヲ命セラレ堆積セル事変関係文書ノ浄書ヲ克ク完ウシ為ニ満鉄ノ使命タル軍鉄一致ニ基ク軍事処理事項ヲ完行セシメ凡ユル困苦ニ堪ヘ其ノ任務ヲ

391

乙號

所屬	総裁室文書課
氏名	岡山 美代

功績等級及序列	年月日	戰鬪若クハ勤務ノ名稱
	自一三、四、元 至一三、一二、二	本社ニ於ケル事変関係文書ノ浄書
	自一三、一二、三 至一四、一、二一	上海事務所ニ於ケル事変関係浄書

功績事項

果セリ

本名ハ上記期間中事変関係文書ノ浄書ニ従事シ常ニ軍鉄一致ノ精神ニ基キ迅速、正確且機密ヲ厳守シテ業務ヲ完遂シ事変進行ニ寄与セリ、事変関係文書ニシテ主ナルモノハ事変記録、功績調査、軍事輸送及給養、情報、調査、其ノ他軍機文書等ナリ

支那事変ノ拡大ニ伴ヒ上海事務所所管内ニ於ケル軍関係文書ノ浄書激増セルヲ以テ本名ハ上記期間内上海ニ在リテ上記文書ノ浄書ニ従事

402

392

乙號

功績等級及序列	年月日	戰鬪若クハ勤務ノ名稱
	自一四、六、三 至一四、九、四	本社ニ於ケル事變関係文書ノ浄書
	自一四、九、一五 至一四、一二、五	上海支那派遣軍渉外部ニ於ケル関係浄書

所屬 総裁室文書課

氏名 岡山美代

功績事項

ニ満鉄ノ担当スヘキ中南支方面ニ於ケル軍事協力事項ノ完遂ニ邁進セリ

本名ハ上記期間中事變関係文書ノ浄書ニ従事シ常ニ軍鉄一致ノ精神ニ基キ迅速、正確、且機密ヲ嚴守シテ業務ヲ完遂シ事變進行ニ寄与セリ、事變関係文書ニシテ主ナルモノハ事變記録、功績調査、軍事輸送及給養、情報、調査、其ノ他軍機文書等ナリ

本名ハ支那ニ於ケル軍事工作ニ伴フ時局関係書類ニシテ特急且機密ヲ要シタル打字スヘキモノ

403

乙號

功績等級及序列	
年月日	
戰鬪若クハ勤務ノ名稱	

功績事項

所屬 總裁室文書課

氏名 岡山 美代

激增シ之カ打字ニ依リ事務ヲ有利ニ展開セ
シムルコト能ハス依テ上記ノ期間ニ亘リ治安
漸ク回復シツツアリトハ雖、危険未タ去ラサル上海ニ
於テ奉公的使命ヲ念慮シ凡ユル困苦欠乏ニ
堪ヘ陸軍軍人ニ伍シテ早出晩退休養ヲ得ルノ
遑モナク上海陸軍囑託滿鉄顧問斉藤良衛
博士ノ指揮下ニ入リ支那派遣軍總司令部渉
外部ニ於テ事務關係書類淨書事務ニ携リ
此ノ間渉外部ニ於テハ事務關係文書激增シ日夜
ノ激務ニ軍専屬タイピスト一員病ニ罹リ内地還送
トナリタル爲之ニ代リ斉藤博士起案文書以外
軍ニ於テ爲サルル渉外事項情報蒐集關係文

394

乙號

功績等級及序列	
年月日	自一四、二、六 至一五、四、二八
戰鬪若クハ勤務ノ名稱	本社ニ於ケル事変関係文書浄書

功績事項

書等最重視スヘキ防諜ニ意ヲ用ヰ浄書事
務ニ携ル、斯クシテ満鉄ノ使命トスル軍事行動
援助ノ目的ヲ達成セシムルコトニ努力セリ

本名ハ上記期間中事変関係文書ノ浄書ニ
従事シ常ニ軍鉄一致ノ精神ニ基キ迅速、正確
且機密ヲ厳守シテ業務ヲ完遂シ事変進行ニ
寄与セリ。事変関係文書ニシテ主ナルモノハ事
変記録、功績調査、軍事輸送及給養、情
報、調査、其ノ他軍機文書等ナリ

所屬 総裁室文書課

氏名 岡山美代

405

列次 395

15

64

祕

甲號

軍事功績調查資料

（自昭和十二年七月七日 至昭和　年　月　日）

所屬	總裁室文書課
歷略	昭和一二、七、七　事變関係速記ノ擔任（總裁室文書課）勤務ニ就ク
	同一三、四、一　月俸九三圓
	同一四、一一　月俸一〇三圓（改與改正）
	同一四、一〇、一　月俸一一〇圓
部長查定等級及序列	

資格職名	俸給
職員	八九圓
同	九三圓
同	一〇三圓
同	一一〇圓

官位爵氏名	
氏名	タキ 瀧 カワ 川 ヨ 與 イチ 市
舊氏名	（　年　月改姓）
生年月日	明治三七年十一月二十日生

勳功	種別等級	勳記番號	發令年月日及事由	敍勳當時ノ資格職名
旭				
瑞				
功				

本籍地	三重縣一志郡竹原村大字竹原四〇三番地
居住地	
箇所長查定等級及序列	

氏名本籍戶籍謄本照合濟

責任者印

(13. 12. 50,000枚 滿日印刷)

406

396

乙號

功績等級及序列	
年月日	自一二、七、七 至一五、四、六
戰鬪若クハ勤務ノ名稱	事变関係速記
功績事項	支那事变発生スルヤ満鉄ハ単ニ全幅ノ協力ヲ惜マズ事变ノ進展ニ凡ユル努力ヲ為セリ之ガ為満鉄自体ニ於テ又満鉄ト共同スル軍、官衙、会社ニ於テ事变対応ノ重要会議屡開催セラレタリ、本名ハ是等枢要ナル會議ノ速記ニ従事シ能ク記録ヲ整理シテ事变善処ノ功績顕著ナリ

所屬	氏名
総裁室文書課	瀧川 與市

407

总裁室文书课职员山内定子军事功绩调查资料（一九三七年七月七日）

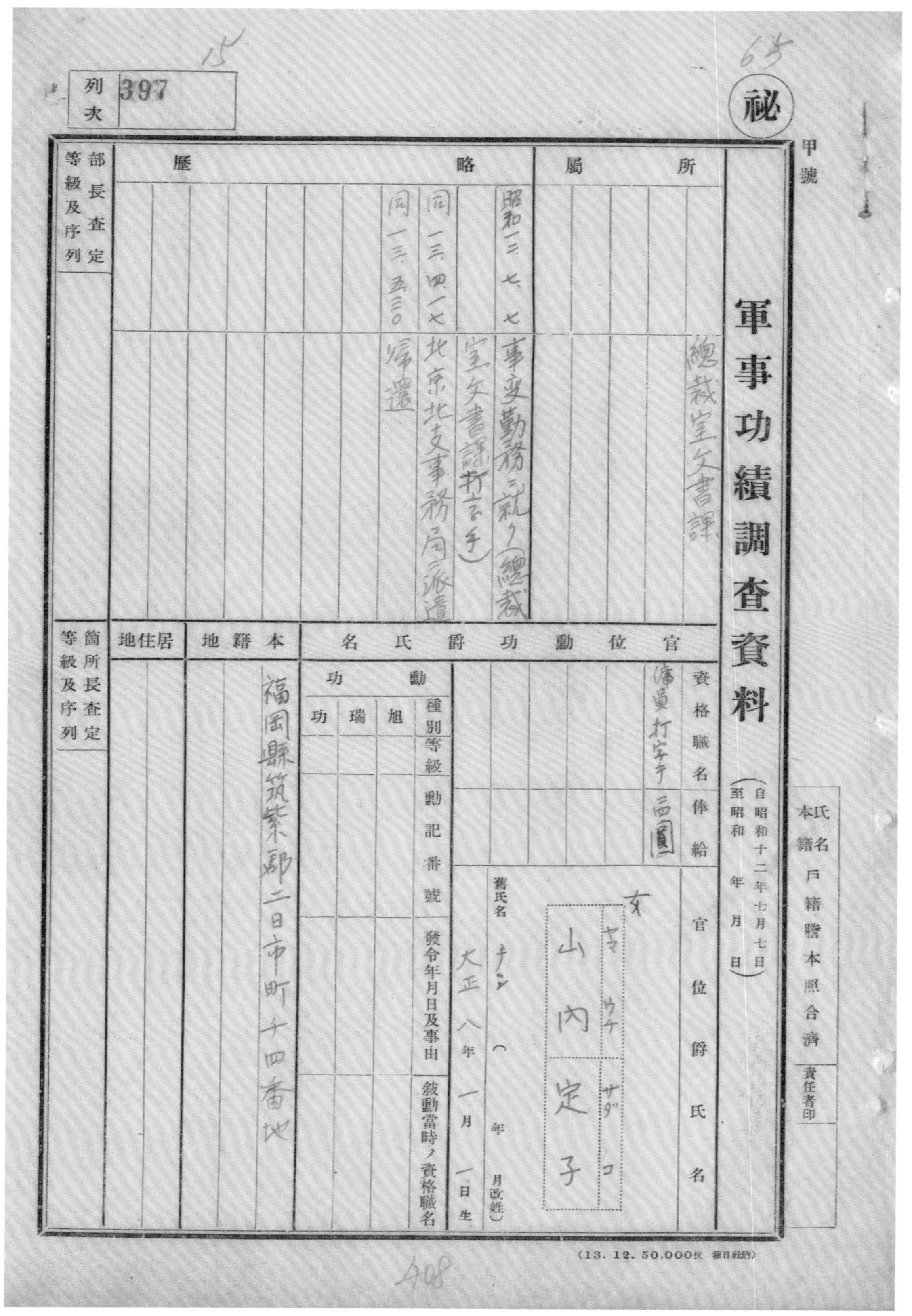

列次 397

秘

甲號

軍事功績調查資料

（自昭和十二年七月七日 至昭和　年　月　日）

所屬	略歷
總裁室文書課	昭和一二、七、七　事變勤務ニ就ク（總裁室文書課打字手） 同一三、四、一七　北京北支事務局ニ派遣 同一三、五、三〇　帰還

官位勳功爵氏名	
資格職名	傭員打字手
俸給	二〇圓
官位爵氏名	山内定子（ヤマウチ サダコ）女
舊氏名	ナシ（　年　月改姓）
生年月日	大正八年一月一日生
本籍地	福岡縣筑紫郡二日市町千四番地
居住地	

勳功：種別等級、勳記番號、發令年月日及事由、敍勳當時ノ資格職名、功、瑞、旭

部長查定等級及序列

箇所長查定等級及序列

氏名本籍 戸籍謄本照合濟 責任者印

（13. 12. 50,000枚 新日社納）

398

乙號

功績等級及序列	
年月日	自一二、七、七 至一三、四、六 自一三、四、二七 至一三、五、三〇
戰闘若クハ勤務ノ名稱	事変関係文書浄書 北支事務局ニ於ケル事変関係浄書

所屬 總裁室文書課

氏名 山内定子

功績事項

本名ハ上記期間中文書課浄書事務ニ携リタルカ事変発生スルヤ軍事輸送ニ直接スル軍関係文書及満鉄自体ニ於テ為ス事変関係文書激増ニ加フルニ時局関係情報、事変関係功績記録、事変関係往復文書輻輳シ何レモ速急且機密ヲ保持シツヽ打字スルモノノミナルカ克ク之ヲ浄書シテ事変ノ進展ニ寄与セリ

本名ハ上記期間北支事務局ニ派遣ヲ命セラレ堆積セル事変関係文書ノ浄書ヲ克ク完行シ為ニ満鉄ノ使命タル軍鉄一致ニ基ク軍事ニ處理事項ヲ遂行セシメ凡有困苦ニ堪ヘ其

409

399

乙號

所屬	總裁室文書課
氏名	山吹 定子

功績等級及序列	
年月日	自一三、五、三一 至一三、一二、一
戰鬪若クハ勤務ノ名稱	本社ニ於ケル事變関係文書ノ浄書
功績事項	任務ヲ果セリ 本名ハ上記期間中事變関係文書ノ浄書ニ従 事シ常ニ軍鉄一致ノ精神ニ基キ迅速ニ確 且機密ヲ嚴守シテ業務ヲ完遂シ事變進行 ニ寄与セリ、事變関係文書ニシテ主ナルモノハ事 變記録、功績調査、軍事輸送及給養、情報 調査、其ノ他軍機文書等ナリ

410

总裁室文书课职员布施ハナ军事功绩调查资料（一九三七年七月七日）

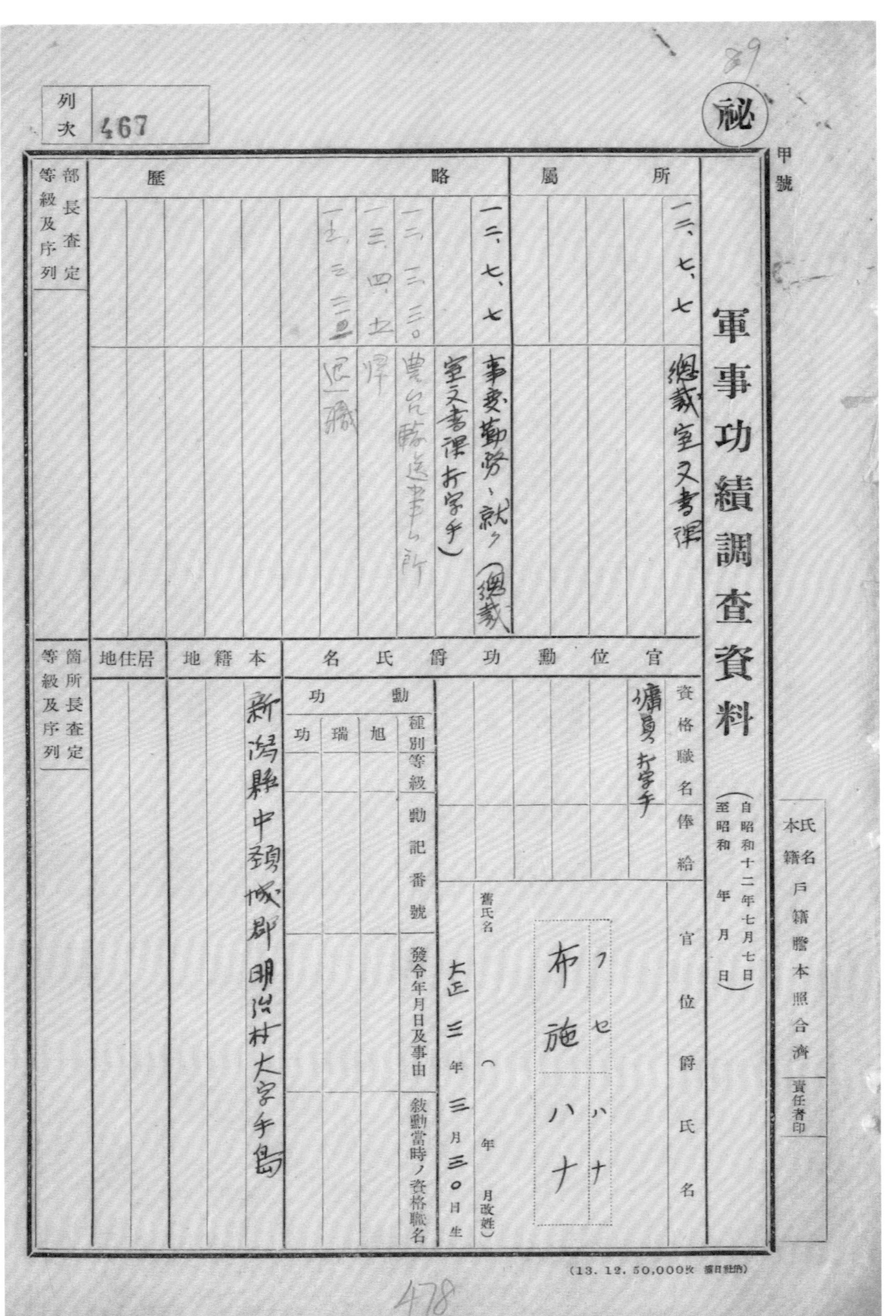

列次 467

秘

甲號

軍事功績調査資料

（自昭和十二年七月七日 至昭和 年 月 日）

所屬	略歷
一二、七、七 總裁室文書課	一二、七、七 事變勤務ニ就ク（總裁室文書課和文打字手）
	一二、一二、三〇 豊台驛送事務所
	一三、四、廿 歸
	一三、三、二四 退職

部長查定等級及序列

官位勳爵氏名	
資格職名俸給	傭員 打字手
官位爵氏名	布施（フセ）ハナ（ハナ）
舊氏名	（ 年 月改姓）
	大正三年三月三〇日生

勳功 種別等級	旭	瑞	功
勳記番號			
發令年月日及事由			
敍勳當時ノ資格職名			

本籍地：新潟縣中頸城郡明治村大字手島

居住地：

箇所長查定等級及序列

氏名 本籍 戸籍謄本照合濟

責任者印

89

（13. 12. 50,000枚 滿日社印）

478

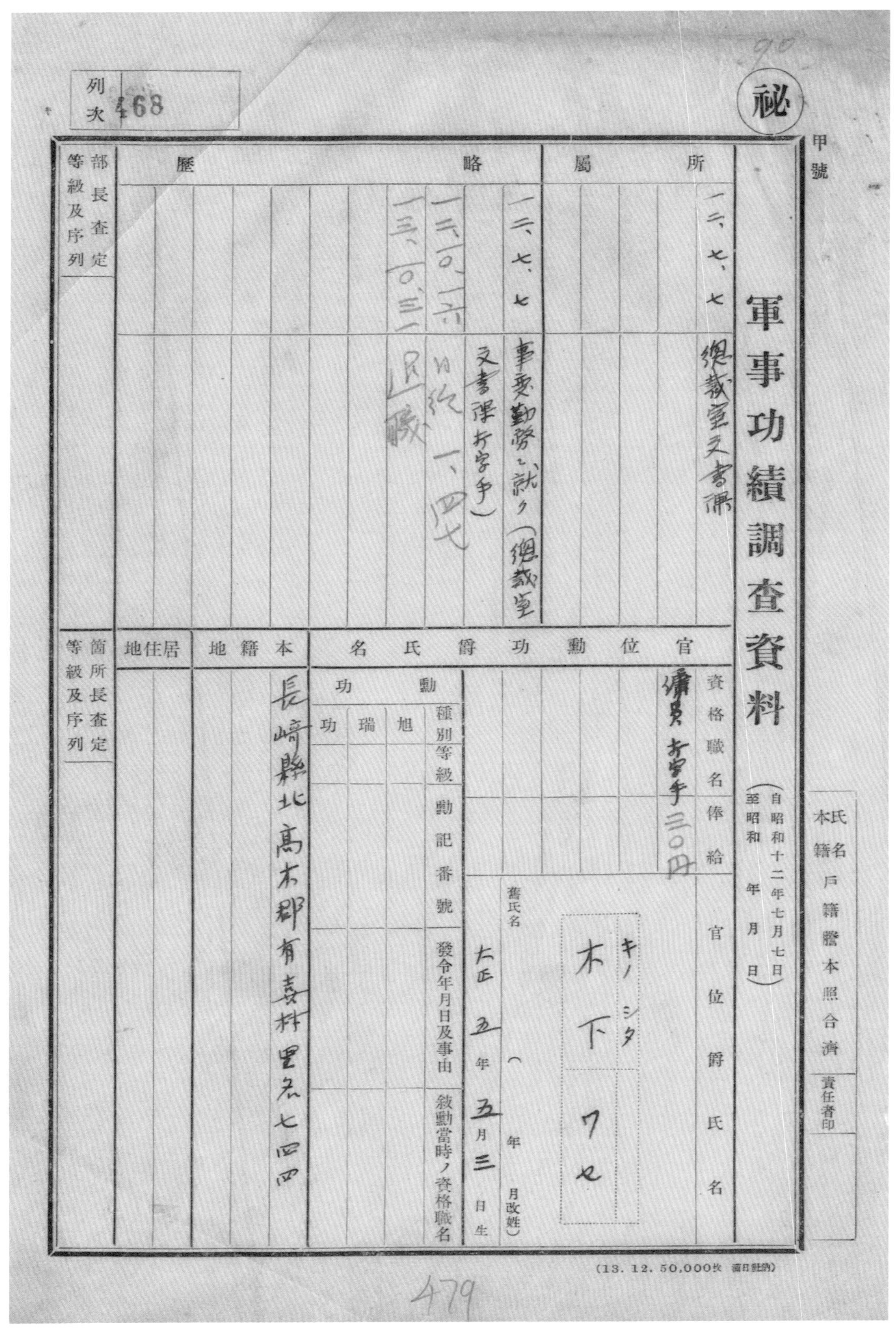

秘

列次 468

甲號

軍事功績調查資料

（自昭和十二年七月七日 至昭和　年　月　日）

所屬	略歷
一二、七、七 總裁室文書課	一二、七、七 事變勤務ニ就ク（總裁室文書課打字手）
	一三、一〇、一五 日給一·四円
	一三、一〇、三一 退職

官位勳功爵氏名	
資格職名俸給	傭員 打字手 三〇円
官位爵氏名	キノシタ 木下ワセ
舊氏名	（　年　月改姓）
生年月日	大正五年五月三日生
本籍地	長崎縣北高來郡有喜村里名七四四
居住地	

氏名 本籍 戶籍謄本照合濟

責任者印

（13. 12. 50,000枚 滿日社印）

479

总裁室文书课职员百武以志枝军事功绩调查资料（一九三七年七月七日）

列次 498

秘

甲號

軍事功績調査資料

（自昭和十二年七月七日 至昭和　年　月　日）

氏名 本籍 戸籍謄本照合濟

責任者印

所屬　略歷

一二、七、七　總裁室文書課

一二、七、七　事変勤務ニ就ク（總裁室文書課打字手）

一二、八、三　奉天鉄道総局ニ派遣

一二、八、二五　帰還

一二、一〇、九　死亡

部長査定等級及序列

官位勳功爵氏名

資格職名俸給：甲傭　打字手　二六円

官位爵氏名：ヒヤクタケ　イシエ　百武　以志枝

舊氏名（　年　月改姓）

大正六年七月一九日生

勳功：種別等級　勳記番號　發令年月日及事由　敍勳當時ノ資格職名

功　瑞　旭

本籍地：佐賀縣神埼郡蓮池村大字蓮池二三二

居住地

箇所長査定等級及序列

（13. 12. 50,000枚 滿日社納）

499

列次 461

87

祕

甲號

軍事功績調查資料

（自昭和十二年七月七日 至昭和　年　月　日）

所屬	總裁室文書課
略歷	昭和一二、七、七　事變勤務ニ就ク（總裁室文書課打字手） 同　一二、九、一三　奉天鉄道總局ニ派遣 同　一二、一〇、五　歸還
部長查定等級及序列	

官位勳功爵氏名	
資格職名俸給	傭員打字手　二六圓
官位爵氏名	女　アキミツリツコ　秋満律子
舊氏名	岡野律子（　年　月改姓）
生年月日	大正六年十一月十日生
本籍地	福岡縣京都郡祓郷村參百番地
居住地	
箇所長查定等級及序列	

勳功 種別等級	旭	瑞	功
勳記番號			
發令年月日及事由			
敍勳當時ノ資格職名			

氏名	本籍	戶籍謄本照合濟	責任者印

(13. 12. 50,000枚 滿日社印)

472

462

乙號

功績等級及序列	
年月日	自一二、七、七 至一二、九、三
戰鬪若クハ勤務ノ名稱	事変関係文書浄書
年月日	自一二、九、三 至一二、一〇、五
戰鬪若クハ勤務ノ名稱	奉天鉄道総局ニ於ケル事変関係浄書

所屬　総裁室文書課

氏名　秋満律子

功績事項

本名ハ上記期間中文書課浄書事務ニ携リタルカ事変発生スルヤ軍事輸送ニ直接スル軍関係文書及満鉄側ニ於テ為ス事変関係文書激増シ加フルニ時局関係情報、事変関係功績ノ記録、事変関係往復文書輻輳シ何レモ速急且機密ヲ保持シ印字スルモノ多キナルカ克ク之ヲ浄書シテ事変ノ進展ニ寄与セリ

本名ハ事変ニ直面シテ軍事輸送其ノ他軍事関係計画ノ根幹タル鉄道総局ニ上記期間派遣ヲ命セラレ迅速、正確ヲ要スル文書ノ浄書ニ従事シ克ク其ノ任務ヲ果セリ社業遂行ニ貢献セリ

473

乙號

所屬	總裁室文書課
氏名	秋満律子

功績等級及序列	
年月日	自一二、七、五 至一六、一一、五
戰鬪若クハ勤務ノ名稱	本社ニ於ケル事変関係文書浄書
功績事項	本名ハ上記期間中事変関係文書ノ浄書ニ従事シ常ニ軍鉄一致ノ精神ニ基キ迅速ニ而モ確且機密ヲ厳守シテ業務ヲ完遂シ事変進行ニ寄与セリ 事変関係文書ニシテ主ナルモノハ事変記録、功績調査、軍事輸送及給養、情報、調査、其他軍機文書等ナリ

474

总裁室文书课职员铃木静子军事功绩调查资料（一九三七年七月七日）

列次 464

秘

甲號

軍事功績調査資料

（自昭和十二年七月七日 至昭和　年　月　日）

所屬：総裁室文書課

歷略：
昭和一二、七、七　事変勤務ニ就ク（総裁室文書課傭員）
同　一二、一〇、七　北京陸軍特務機関ニ派遣（総裁室文書課傭員）
同　一二、一二、五　帰還

部長査定等級及序列：

官位勳功爵氏名：
資格職名：傭員（打字手）
俸給：三二圓
官位爵氏名：スズキ シズコ 鈴木静子　女
舊氏名：池田静子（　年　月改姓）
大正五年九月十八日生

勳功：功／瑞／旭
種別等級
勳記番號
發令年月日及事由
叙勳當時ノ資格職名

本籍地：山形縣飽海郡觀音寺村大字荓田字前田三番地

居住地：

箇所長査定等級及序列：

氏名・本籍：戸籍謄本照合濟
責任者印

（13. 12. 50,000枚 滿日印刷）

475

乙號

功績等級及序列	
年月日	自一二、七、七 至一二、一〇、六
戰鬪若クハ勤務ノ名稱	本社ニ於ケル事變關係文書淨書
年月日	自一二、一〇、七 至一三、二、五
戰鬪若クハ勤務ノ名稱	北京特務機關ニ於ケル事變關係淨書

所屬　總裁室文書課

氏名　鈴木靜子

功績事項

本名ハ上記期間中文書課淨書事務ニ携ハリ
タルカ事變發生スルヤ軍事輸送ニ直接スル軍關
係文書及満鉄自体ニ於テ為ス事變關係文書
激增シ加フルニ時局關係情報、事變關係功績ノ
記録、事變關係往復文書輻輳シ何レモ速急且
機密ヲ保持シツツ浄字スルモノノミナルカ克ク之ヲ浄
書シテ事變ノ進展ニ寄與セリ

本名ハ支那事變ニ伴フ時局關係書類ニシテ特
急且機密ヲ要シツツ浄字スヘキモノ激增シ之カ浄
字ニ依リ事變ヲ有利ニ展開セシムルコト尠カラス
依テ上記ノ期間ニ亘リ困苦欠乏ニ堪ヘ忠实的使

476

466

乙號

功績等級及序列	
年月日	自一二、八、六 至一三、三、三一
職職若クハ勤務ノ名稱	本社ニ於ケル事変関係文書ノ浄書
功績事項	命ヲ念慮シ男子社員ニ伍シテ早出晩退休養ノ 遑モナク北京陸軍特務機関ニテ軍事変関係 機密文書ノ浄書事務ニ携ル 本名ハ上記期間中事変関係文書ノ浄書ニ従 事シ常ニ軍鉄一致ノ精神ニ基キ迅速ニ正確且 機密ヲ厳守シテ業務ヲ完遂シ事変進行ニ 寄与セリ。事変関係文書ニシテ主ナルモノハ事変 記録、功績調査、軍事輸送及給養、情報、 調査、其ノ他軍機文書等ナリ

所属	総裁室文書課
氏名	鈴木静子

477

列次 472 473

93

秘

甲號

軍事功績調查資料

（自昭和十二年七月七日 至昭和 年 月 日）

氏名 本籍 戸籍 謄本照合濟

責任者印

所屬：總裁室文書課

歷略：
昭和一二、七、七 本ニ在 勤務ニ就リ（總裁室文書課打字手）
同 一二、一二、七 天津陸軍機関ニ派遣
同 一三、一、九 歸還
同 一三、三、九 北京北支事務所ニ派遣
同 一三、四、一六 日給一圓二八錢
同 一三、五、三一 歸還
同 一三、一二、一六 日給一圓四一錢（給額改訂）
同 一四、一、一五 上海事務所ニ派遣
同 一四、三、九 歸還

部長查定等級及序列

官位勳功爵氏名：
資格職名：傭員打字手 同 同
俸給：二四圓 二六圓 二九圓

氏名：ヤマグチ ツルコ 山口ツル子　女
舊氏名：ナシ（ 年 月改姓）
大正九年一月二十九日生

勳功：種別等級 功 瑞 旭；勳記番號；發令年月日及事由；敍勳當時ノ資格職名

本籍地：佐賀縣藤津郡鹿島町大字高津原八六六ノ三

居住地：

箇所長查定等級及序列

（13. 12. 50,000枚 淵日經納）

483

473

乙號

功績等級及序列	
年月日	自一二、七、七 至一三、六、六 / 自一三、七、七 至一三、一〇、九
戰鬪若クハ勤務ノ名稱	事變関係文書淨書 / 北支寺内部隊天津陸軍機関ニ於ケル淨書

所屬 總裁室文書課

氏名 山口ツル子

功績事項

本名ハ上記期間中文書課淨書事務ニ携リタルカ事変發生スルヤ軍事輸送ニ直接スル軍関係文書及満鉄自体ニ於テ為ス事変関係之文書激増シ加フルニ時局関係情報、事変関係功績記録、事変関係往復文書輻輳シ何レモ速急且機密ヲ保持シツツ、打字スルモノノミナルカ克ク之ヲ淨書シテ事変ノ進展ニ寄與セリ

本名ハ上記期間北支寺内部隊天津陸軍機関ニ於テ軍事行動ニ直接スル機密文書ノ淨書ニ従事シ恪勤精勵克ク任務ヲ果シ軍事上重要ナル淨書任務ヲ遂行セシメタリ

484

474

乙號

所屬　總裁室文書課

氏名　山口ツル子

功績等級及序列	年月日	戰闘若クハ勤務ノ名稱
	自一三、一、一〇 至一三、三、二八	事変関係文書ノ浄書
	自一三、三、二九 至一三、五、二一	北支事務局ニ於ケル事変関係浄書

功績事項

依テ其ノ功績別紙天津陸軍特務機関長
功績現認書ノ如ク慰労金ニ該当スルモノト認ム

本名ハ上記期間中事変関係文書ノ浄書ニ従事
シ常ニ単鉄一致ノ精神ニ基キ迅速、正確且
機密ヲ厳守シテ業務ヲ完遂シ事変進行
ニ寄与セリ
事変関係文書ニシテ主ナルモノハ事変記録、
功績調査、軍事輸送及給養、情報、調査
其ノ他軍機文書等ナリ

本名ハ上記期間北支事務局ニ派遣ヲ命セラレ堆積

485

475

乙號

所屬	總裁室文書課
氏名	山口ツル子

功績等級及序列	
年月日	自一三、五、一三 至一四、一二、四
戰鬪若クハ勤務ノ名稱	事変関係文書浄書

功績事項

セル事変関係文書ノ浄書ヲ克ク完行シ為ニ満鉄ノ使命タル軍鉄一致ニ基ク軍事處理事項ヲ遂行セシメ凡有困苦ニ堪ヘ其ノ任務ヲ果セリ

本名ハ上記期間中事変関係文書ノ浄書ニ従事シ常ニ軍鉄一致ノ精神ニ基キ迅速、正確且機密ヲ厳守シテ業務ヲ完遂シ事変進行ニ寄与貢献セリ

事変関係文書ニシテ主ナルモノハ事変記録、功績調査、軍事輸送及給養、情報、調査、其ノ他軍機文書等ナリ

486

乙號

所属　総裁室文書課

氏名　山口ツル子

功績等級及序列	年月日	戦闘若クハ勤務ノ名称
	自一四、一一、一五 至一四、三、九	上海事務所ニ於ケル事変関係浄書
△	自一四、三、一〇 至一四、三、三一	本社ニ於ケル事変関係文書ノ浄書

功績事項

支那事変ノ擴大ニ伴ヒ上海事務所所管内ニ於ケル軍関係文書ノ浄書激増セルヲ以テ本名ハ上記期間上海ニ在リテ上記文書ノ浄書ニ従事シ満鉄ノ担当スヘキ中南支方面ニ於ケル軍事協力事項ノ完遂ニ邁進セリ

本名ハ上記期間中事変関係文書ノ浄書ニ従事シ常ニ軍鉄一致ノ精神ニ基キ迅速正確且機密ヲ厳守シテ業務ヲ完遂シ事変進行ニ寄与セリ、事変関係文書ニシテ主ナルモノハ事変記録、功績調査、軍事輸送及給養情報、調査、其ノ他軍機文書等ナリ

总裁室文书课职员渡边妙子军事功绩调查资料（一九三七年七月七日）

列次 492

祕

甲號

軍事功績調查資料

（自昭和十二年七月七日 至昭和 年 月 日）

本籍戶籍謄本照合濟

責任者印

官位勳功爵氏名

資格職名	俸給
傭員打字手	二六圓
同	二八圓
同	三一圓
同	三三圓

官位爵氏名：女　渡邊妙子（ワタナベタエコ）

舊氏名：ナシ（ 年 月改姓）

大正九年一月六日生

勳功	種別等級	勳記番號	發令年月日及事由	敍勳當時ノ資格職名
功				
瑞				
旭				

本籍地：熊本縣阿蘇郡白水村大字中松二三四二番地

居住地：

箇所長查定等級及序列：

所屬：總裁室文書課

略歷

昭和一二、七、七	事務勤務ニ就ク
	（總裁室文書課打字手）
同 一三、四、一六	日給一圓三九錢
同 一三、四、一五	北京北支事務局ニ派遣
同 一三、六、一四	帰還
同 一三、一二、一六	日給一圓五三錢（給額改訂）
同 一四、四、一六	日給一圓六二錢
同 一四、七、二	上海事務所ニ派遣
同 一四、九、一五	帰還
同 一五、三、六	上海事務所ニ派遣
同 一五、四、二八	派遣中

部長查定等級及序列：

（13. 12. 50,000枚 滿日印納）

493

乙號

所屬　總裁室文書課
氏名　渡邊妙子

功績等級及序列	年月日	戰鬪若クハ勤務ノ名稱	功績事項
	自一二、七、七 至一三、四、一四	事變關係速記	本名ハ上記期間事變關係速記業務ニ從事シ満鉄ニ於ケル事變關係諸計畫ヲ敏速ナラシメタリ
	自一三、四、一五 至一三、六、一四	北京北支事務局ニ於ケル事變關係浄書	本名ハ上記期間北支事務局ニ派遣ヲ命セラレ、堆積セル事變關係文書ノ浄書ヲ克ク完行シ為ニ満鉄ノ使命タル軍鉄一致ニ基ク軍事処理事項ヲ遂行セシメ凡ユル困苦ニ堪ヘ其ノ任務ヲ果セリ
	自一三、六、一五 至一四、七、二〇	本社ニ於ケル事變關係速記	本名ハ上記期間事變關係速記業務ニ從事シ満鉄ニ於ケル事變關係諸計畫ヲ敏速ナラシメタリ

504

494

乙號

功績等級及序列	年月日	戰闘若クハ勤務ノ名稱
	自一四、七、三 至一四、九、一五	上海事務所ニ於ケル事変関係浄書
	自一四、九、一六 至一五、三、五	本社ニ於ケル事変関係速記
	自一五、三、六 至一五、四、六 引続キ派遣中	上海事務所ニ於ケル事変関係浄書

所属 總裁室文書課

氏名 渡邊妙子

功績事項

支那事変ノ拡大ニ伴ヒ上海事務所所管内ニ於ケル軍関係文書ノ浄書激増セルヲ以テ本名ハ上記期間内上海ニ在リテ上記文書ノ浄書ニ従事シ傍鉄ノ担当スヘキ中南支方面ニ於ケル軍事協力事項ノ完遂ニ邁進セリ

本名ハ上記期間事変関係速記業務ニ従事シ傍鉄ニ於ケル事変関係諸計画ヲ敏速ナラシメタリ

支那事変ノ拡大ニ伴ヒ上海事務所所管内ニ於ケル軍関係文書ノ浄書激増セルヲ以テ本名ハ上記期間内上海ニ在リテ上記文書ノ浄

505

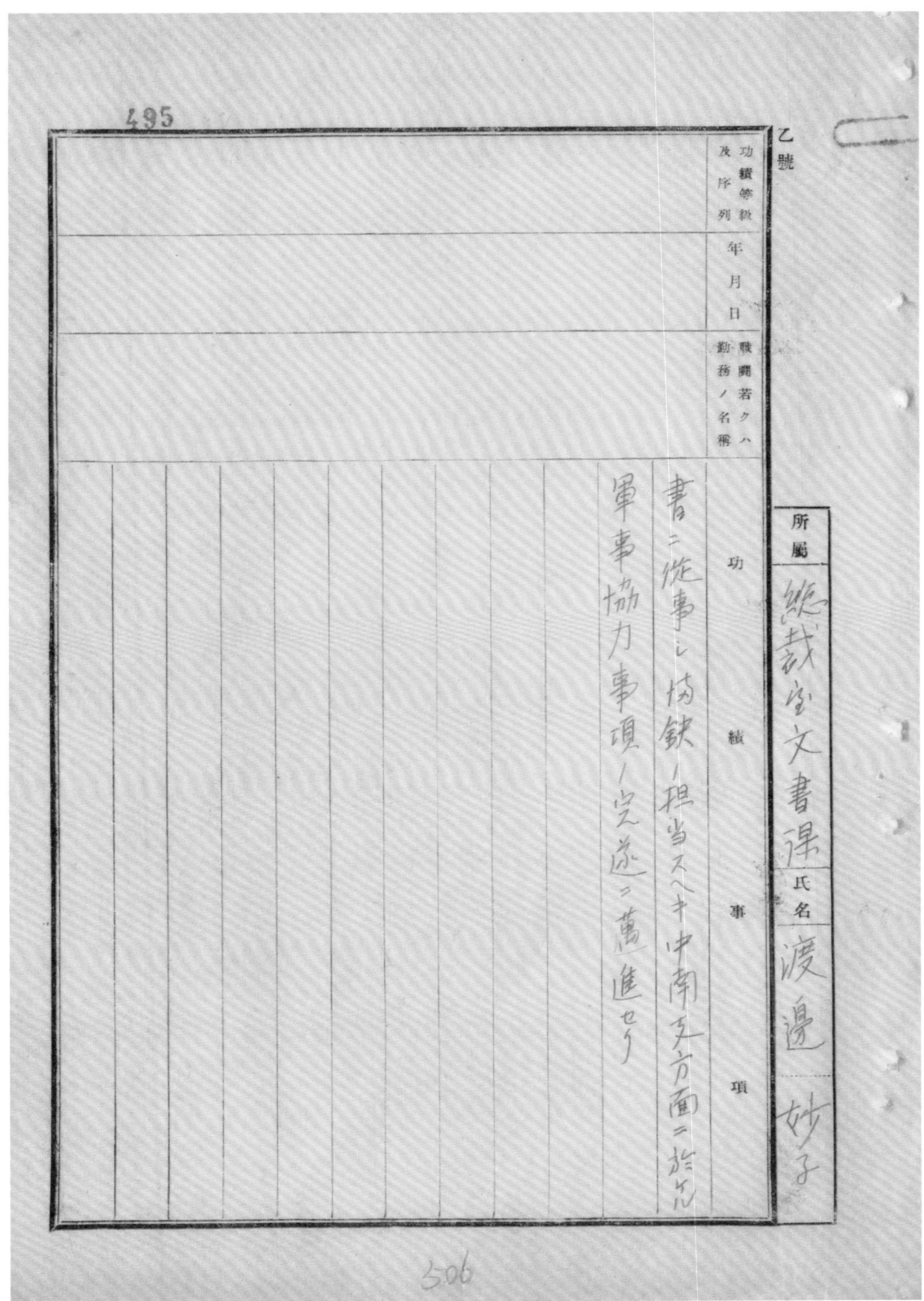
495

乙號

功績等級及序列

年月日

職爾若クハ勤務ノ名稱

功績事項

書ニ従事シ協鉄ノ担当スヘキ中南支方面ニ於ケル軍事協力事項ノ完遂ニ邁進セリ

所屬 總裁室文書課

氏名 渡邊妙子

506

总裁室文书课职员上村米子军事功绩调查资料（一九三七年七月七日）

列次 412

秘

甲號

軍事功績調查資料

（自昭和十二年七月七日 至昭和　年　月　日）

氏名 本籍 戸籍謄本照合済　責任者印

所屬：昭和一二、八、一六　總裁室文書課

略歷：
- 昭和一二、八、一六　事變勤務ニ就ク（總裁室文書課打字手）
- 昭和一三、一二、一六　日給（圓三二錢）（給額改訂）
- 昭和一四、四、一六　日給一圓四〇錢
- 昭和一四、六、六　上海事務所ニ派遣
- 昭和一四、七、二七　歸還
- 同　一四、一〇、一五　退職

部長查定等級及序列：

官位勳功爵氏名

資格職名	俸給
傭員打字手	二四圓
同	二七圓
同	二八圓

官位爵氏名：上村（カミムラ）米子（ヨネコ）　女

舊氏名：ナシ（　年　月改姓）

大正六年八月二九日生

勳功：種別等級　勳記番號　發令年月日及事由　敍勳當時ノ資格職名（功　瑞　旭）

本籍地：鹿児島縣日置郡東市来町長里一六一番地

居住地：

箇所長查定等級及序列：

（13. 12. 50,000枚 滿日經濟）

423

413

乙號

所屬	總裁室文書課
氏名	上村米子

功績等級及序列	年月日	戰鬪若クハ勤務ノ名稱
	自一二、八、一六 至一四、六、一五	事變關係淨書
	自一四、六、一六 至一四、七、三一	上海事務所ニ於ケル事變關係淨書

功績事項

支那事變發生以來滿鐵ハ軍ト協力シテ徹頭徹尾事變ノ進展ニ善處セリ從テ軍事輸送、人員配置、事變情報其ノ他軍事工作ニ關スル淨書激增シ些ノ餘裕ナキ程多忙ナリシカ萬難ヲ排シテ之カ淨書ニ從ヒ克ク困苦ヲ征服シ社業ノ遂行ト時局ノ進展ニ寄與セリ

支那事變ノ擴大ニ伴ヒ上海事務所所管内ニ於ケル軍關係文書ノ淨書激增セルヲ以テ本名ハ上記期間上海ニ在リテ上記文書ノ淨書ニ從事シ滿鐵ノ擔當スヘキ中南支方面ニ於ケル軍事協力事項ノ完遂ニ邁進セリ

424

414

乙號

功績等級及序列	
年月日	自四、七、二八 至四、一〇、五
機關若クハ勤務ノ名稱	本社ニ於ケル事変関係文書浄書
所屬	総裁室文書課
氏名	上村米子

功績事項

本名ハ上記期間中事変関係文書ノ浄書ニ従事シ常ニ軍鉄一致ノ精神ニ基キ迅速、正確且機密ヲ厳守シテ業務ヲ完遂シ事変進行ニ寄与セリ　事変関係文書ニシテ主ナルモノハ事変記録、功績調査、軍事輸送及給養、情報、調査、其ノ他軍機文書等ナリ

425